概念為本的探究實作
促進理解與遷移的策略寶庫

卡拉・馬修（Carla Marschall）、瑞秋・法蘭奇（Rachel French）——著

劉恆昌、李壹明——譯

琳恩・艾瑞克森（H. Lynn Erickson）/ 洛薏絲・蘭寧（Lois Lanning）——聯合推薦

Concept-Based Inquiry in Action

Strategies to Promote Transferable Understanding

Carla Marschall and Rachel French

Foreword by H. Lynn Erickson and Lois A. Lanning

Illustrations by Andrea Mosteller

現場教師怎麼說…

「概念為本的學習固然擁有清晰的教學法，但不可諱言，其操作一直複雜而困難。這本書緊密結合概念為本與探究為本的學習，釐清了兩者的理論背景，並提供豐富的課堂實作策略，最終，這些策略可以用來深化學生的概念性理解。這本書正是此刻我的學校迫切需要，用來幫助教育工作者以書面的概念為本課程為基礎，使教導的課程更上層樓——以達到最高的層級。」

——內孚・柯騰（Neville Kirton），哥倫比亞波哥大市
哥倫比亞英國學院中學部副校長

「我覺得這本書及時滿足了想更瞭解概念為本探究課堂實作的需求，這是教育工作者能夠學會、瞭解，並應用在課堂的資源。」

——布苑妲・布詩（Brenda Booth），美國華盛頓州柏靈頓市
柏靈頓一愛迪生學區教學輔導教師召集人
概念為本培訓講師

「這本書充滿了策略、插畫、圖表和照片，著實提供你需要的洞見以幫助學生更瞭解所學，加上有那麼多可以在課堂運用的點子，本書是教育工作者必讀之作。」

——阿曼妲・麥基（Amanda McKee），美國南卡羅來納州姜森維爾市
姜森維爾高中九年級代數 / 幾何教師
中學部授證講師 / 輔導教師

「你所閱讀的教育文獻將會立即影響你教學實務的發展與改進——這種事不會天天發生！這本書如嚮導般帶領你逐步變成更優秀的概念為本教師。這是一本教師會帶去課程規劃會議、每天閱讀並參考的書。正如導遊帶你體驗新發現，這本書將帶著你在概念為本的探究中獲得新發現。用這本書，你不只會看到自己教學實務上的改變與成功，你還會看到學生在學習中獲得理解。」

——楚蒂・麥米林（Trudy McMillin），德國威瑪市
圖林佳國際學校小學部數學召集人
國際文憑課程小學課程五年級教師

獻給我們的孩子——

每天延展我們的思考、
教我們小孩如何學習的小小概念思考者。

Dedicated to our own children,
young conceptual thinkers who extend our thinking
and teach us every day about how children learn.

CONTENTS
目次

CHAPTER

04 投入　　071

CHAPTER

05 聚焦　　103

CHAPTER

06 調查　　141

CHAPTER

07 組織　　163

CHAPTER

08 建立通則　　201

CONTENTS

圖表目次

關於作者

卡拉・馬修（**Carla Marschall**）

網　　站：www.connectthedotsinternational.com

　　卡拉具備學前至十二年級（Pre-K-12）課程設計與實施的豐富經驗，在過去十年擁有瑞士、德國、香港等地國際文憑（IB）學校的各種課程領導角色的經驗。目前任職於新加坡東南亞聯合世界書院，擔任課程研究與發展主管及副校長職務。

　　身為琳恩・艾瑞克森（Lynn Erickson）概念為本課程與教學的授證顧問以及 IB 工作坊主持人，卡拉曾在世界各地協助琳恩・艾瑞克森與瑞秋・法蘭奇，或獨力舉辦概念為本的工作坊。她也跟有興趣的學校直接合作發展課堂中的概念為本探究。

　　卡拉擁有哥倫比亞大學師範學院的小學教育碩士，以及倫敦大學教育學院應用教育領導與管理碩士等學位。

瑞秋・法蘭奇（Rachel French）

電子郵件：Rachel_french@prolearnint.com

網　　站：www.professionallearninginternational.com

　　瑞秋是教育碩士以及全職教育顧問與講師。經由工作坊並持續提供顧問諮詢，瑞秋協助全球各地學校規劃並實施概念為本探究。她也輔導教師團隊進行課程發展並提供回饋，並擁有整合概念為本探究與 IB 課程的豐富經驗。

　　瑞秋曾在南美、非洲、歐洲以及大洋洲等地的學校擔任國際教師，她是一位獲得琳恩・艾瑞克森與洛薏絲・蘭寧（Lois Lanning）授證的獨立顧問、講師與培訓師，曾在歐亞各洲舉辦的無數工作坊中擔任講師，包括與艾瑞克森博士、蘭寧博士以及卡拉・馬修舉辦的工作坊。

　　瑞秋同時是專業學習國際（Professional Learning International, PLI）公司的總監，她創辦這家公司以提供國際學校與教師先進的專業成長課程。瑞秋同時藉由 PLI 公司獨家舉辦琳恩・艾瑞克森博士與洛薏絲・蘭寧博士的概念為本課程與教學授證學院的培訓師與講師課程。

　　卡拉・馬修偕同瑞秋・法蘭奇創辦了連點國際（Connect the Dots International）顧問公司，以協助有興趣實施概念為本探究實作的學校與教師。她們在網站中為教育工作者建置大量資源，包括本書策略實作的影片連結以及自由下載的模板與設計範本。

　　歡迎造訪這個網址找出更多資訊：www.connectthedotsinternational.com

　　並加入本書會員獨享的社群，認識其他也在實踐概念為本探究的教師：

www.connectthedotsinternational.com/members-only

關於插畫作者

安綴雅・謀思泰勒（Andrea Mosteller）

電子郵件：me@andreamosteller.com

網　　站：andreamosteller.com

安綴雅是一位藝術家也是教師。

她在大學時代特別熱衷於創作動畫短片，並修習相關課程而獲得德州大學奧斯丁分校學位。之後她加入奧蘭多迪士尼世界擔任青少年課程引導師——設計並執行從幼稚園到高中的實作性學習經驗。

懷抱著藉由旅遊體驗廣大世界的想望，安綴雅帶著神經兮兮的小狗豆豆搬到德國威斯巴登。她加入法蘭克福國際學校，擔任這所 IB 學校的小學部教師，至今已經擁有超過十年的小學課堂教學經驗。

安綴雅對藝術與教育充滿熱忱，尤其喜愛透過探究引導學生，使她成為本書插畫作者的不二人選。

關於譯者

劉恆昌博士

　　曾任公立國高中代課教師，現任職濯亞國際學院實驗教育機構。進入教育場域之前，歷經台灣松下、渣打銀行、奧美廣告、KPMG、友訊科技及 Resources Global Professionals 台灣區總經理等歷練。

　　在這些以人為核心的工作經驗中，恆昌自省而發現學校教育對思考、溝通、協作、領導，以及態度、情緒與自我調節等悠長人生所需能力的培養不足。因而投入國民教育，倡導淬鍊思考的概念為本課程與教學，引導學生以知識與技能為基礎，經由綜效性思考而獲得深層理解以利學習遷移；同時在學習經驗中融入協作性任務與任務挑戰以涵養溝通、領導、自我調節、內在動機、成長心態與恆毅力等非認知素養。

　　為了追求教育改善的夢想，恆昌於天命之年修得國立臺灣師範大學教育學博士，並取得「概念為本課程與教學獨立講師與培訓師」認證，經常為各級教師開設工作坊與培訓課程。在此之前，他擁有紐約市立大學柏魯克（Baruch）學院企管碩士以及國立成功大學企管學士學位，同時是一位美國註冊會計師。

李壹明老師

　　擔任台北市立中正高中英文老師多年。除了英語文教學外，他也參與國家教育廣播電台「魔法英語」（Magic English）及瘋英語（Fun English）等雙語學習節目，亦活躍於自主性教師社群，積極參與各地的英語文研習與工作坊等活動。

　　壹明長年關注低成就學生的英語文學習改善，運用生活化題材及概念為本英語文課程，設計創意、活潑而差異化的教學，帶領學生脫離對英語文的恐懼，領略「我可以學習英文」的勝任感，進而促發學生內在的學習動機。

　　身為英語文老師，壹明經常利用寒暑假期間在國外旅遊，除了持續精進英語聽說能力，沉浸於不同國際文化，更是他在教學及社會參與中，藉由語文反映與學習國際多元文化的養分來源。

前奏

　　在這本貼近課堂的書中，作者卡拉・馬修和瑞秋・法蘭奇帶給老師們一章又一章源源不絕的禮物，揭開概念為本課程與教學的面紗後，跳出一個接一個具體的探究策略、建議、模板以及影片供老師使用。進行概念為本的探究時，老師們可以直接運用這些策略、改編以因應課堂需求，或做為創意性想法的跳板。

　　本書對概念為本的課程與教學具有重大貢獻，它牽起老師的手，示範**如何**運用探究來帶動學生，將學習由低階層次的知識與技能提升到深度的理解與遷移。

　　《**概念為本的探究實作**》一書文筆流暢，布局邏輯嚴謹：前面三章奠立「概念為本教學」與「概念為本探究」的基礎。馬修跟法蘭奇將探究為本的教學取徑放在一個連續進程中，清楚界定並解釋從結構式到開放式等不同的探究形式。不同於其他有關探究的著述，本書內容更加深入，兩位作者抓緊概念形成、發展通則以及遷移等探究歷程中的核心目標。其餘各章則展示探究的不同階段，並解釋各階段如何持續建構學生的概念基模。但不只於此，這些章節還包括大量明確的教學策略，讓讀者看到如何完成探究。

　　本書最有價值的一點或許是錄影短片，讓你一窺真實的概念為本課堂中如何進行探究；這些影片來自世界各地學校中不同的年級與學科。俗諺道：「一圖勝千言」，正是這些影片產生的效果——讓你想要一腳踏進這個課堂。

　　馬修跟法蘭奇成功的運用概念性理解、遷移、概念透鏡、引導問題以及綜效性思考等概念為本教學與學習的核心原則，為設計各章的探究工具箱下錨定向。如果回到任教之初，我們肯定會愛上這本集策略、建議、說明及影片於一體的傑作。

琳恩・艾瑞克森與洛薏絲・蘭寧

謝辭

首先對大衛・法蘭奇致上最高謝忱，大衛花費無數時間為本書攝影並編輯影片。除了攝影知識，我倆最感謝你整合這些影片——尤其當我們希望多剪輯一次時你的耐心。

感謝琳恩・艾瑞克森與洛薏絲・蘭寧兩位良師益友，謝謝妳們啟發了我們，並且挑戰我們的思考。我們真心感謝妳們的回饋以及洞見，妳們改變了我們對教育的想像。

接下來要感謝安綴雅・謀思泰勒，妳的視覺化註記和插畫把這本書變得活潑生動。妳真正瞭解我們的作品，又能夠把我們的文字化為符號、圖像以及圖表，幫助讀者瞭解我們的理念。跟這樣一位老師和藝術家協力合作真是無比愉悅。

要感謝我們的家人，謝謝你們在我們完成這個作品的過程中給予的耐心、愛以及支持。

感謝瑪特・孟蘭德斯（Marta Melendez）和艾索・安妮羅（Ethel Aniero）在我們投身寫作時照顧我們的孩子。老實說是妳們讓我們能夠寫完這一本書！

感謝所有我們帶過的學生，你們的思考深度啟發了我們！謝謝你們在這本書裡分享你們的作品，幫助我們讓世界各地的老師們看到，如果我們退後一步讓學生去進行思考時，你們可以做到什麼程度。

本書呈現的影片、照片、小故事以及作品範例來自以下教師：蓋兒・安布朗（Gayle Angbrandt）、維琪・柏曼（Vicky Berman）、茱莉亞・布羽格斯（Julia Briggs）、蒂芙妮・布朗（Tiffanee Brown）、瑪麗亞・卡多納（Maria Cardona）、基卡・寇爾斯（Kika Coles）、莉亞・庫恩（Leah Coon）、凱薩琳・德意志（Katherine Deutsch）、南西・費爾伯恩（Nancy Fairburn）、大衛・法蘭奇（David French）、內森紐・海斯坦（Nathaniel Highstein）、西雅・哈伯德（Shea Hubbard）、潔西卡・韓柏─克羅夫茲（Jessica Humble-Crofts）、珍妮芙・賈格曼（Jennifer Jagdmann）、凱歐西・瓊斯（Kelsey Jones）、泰歐瑪・臘簡（Telma Largent）、史都華・馬可歐潘（Stuart MacAlpine）、費翁娜・麥開瑟威柏（Fiona McArthur-Weber）、安主・麥卡錫（Andrew McCarthy）、克羽絲緹娜・麥凱勒（Christina McKellar）、楚蒂・麥米林（Trudy McMillin）、鳩伊雅・摩亞許（Gioia Morasch）、安綴雅・謀思泰勒（Andrea Mosteller）、梭尼雅・林惠斯（Sonya Nienhuis）、佩卓斯・帕帕沛卓（Petros Papapetrou）、杰米・饒斯金（Jamie Raskin）、山姆・羅斯（Sam Ross）、佳蜜・柔爾（Jamie Rowe）、凱

特‧松德斯（Kate Saunders）、安納‧斯坎內爾（Anna Scannell）、莫娜‧希爾麥（Mona Seervai）、馬克‧席利托（Mark Shillitoe）、梅萊妮‧史密斯（Melanie Smith）、布萊恩‧史塔德（Bryne Stothard）、伊恩‧提姆斯（Ian Tymms）、潔妮‧范‧蓋稜（Jenny Van Gaalen）、安迪‧法西里（Andy Vasily）、卡歐‧瓦（Carl Waugh）、大衛‧懷特（David White）、波妮‧文恩（Bonnie Winn）以及艾咪‧萊特（Amy Wright）。透過你們的課堂實作，這些策略得到了鮮活的生命！

感謝蓋兒‧安布朗、莉亞‧庫恩、大衛‧法蘭奇、南西‧費爾伯恩、史黛西‧爾文（Stacy Irvin）、莎拉‧馬克修（Sarah McHugh）、楚蒂‧麥米林、安潔拉‧特納（Angela Turner）以及海倫‧衛卜斯特（Helen Webster）讓我們跟你們的學生一起試驗這些策略。

要感謝以下學校的校長對策略實作計畫的支持：塞浦路斯美國國際學校（American International School in Cyprus）、柯耳貝預科學校（Corbett Preparatory School of IDS）、英基學校協會（English Schools Foundation）、法蘭克福國際學校（Frankfurt International School）、香港國際學校（Hong Kong International School）、盧森堡國際學校（Luxembourg International School）、圖林佳國際學校（Thuringia International School）、東南亞聯合世界書院（United World College South East Asia）以及蘇黎世國際學校（Zurich International School）等。

還要感謝卡柔蘭‧卡拉翰（Caroline Joslin Callahan）、凱歐‧布如爾登（Kyle Brewerton）、凱西‧科斯坎司基（Cassie Koscainski）、凱歐溫‧史巴克（Kelvin Sparks）以及南西‧費爾伯恩。多年以來我們精采的討論與辯論，形塑了我們對探究真諦的思維與理解。

也要感謝我們的編輯：科文（Corwin）出版社的艾瑞兒‧柯瑞（Ariel Curry），妳在計畫開始的提問幫助我們從提案中理出概念，進而釐清我們的思路。感謝妳全程支持，並持續致力於推動概念為本課程與教學的重要性。

最後，感謝參加我們工作坊以及繼續接受諮詢的老師們，我們真心享受幫助你們深入思考你們希望學生理解的內容、支持你們找到搭建思考的鷹架並促進概念性思考的方法。你們對學生學習的熱情，就是推動我們前進的力量。

中文版推薦文

恆昌老師於 2018 年出版了第一本概念為本課程設計的書《創造思考的教室：概念為本的課程與教學》，為現場教師提供素養導向課程設計原則和具體操作的指引。2021 年，期待已久的新作：《概念為本的探究實作：促進理解與遷移的策略寶庫》，終於可以出版了；此書以概念為本的教學探究策略為主軸，想必將為現場的教與學再翻新頁，展現成熟的新風貌，讓課綱素養教學的理想不再只是紙上談兵，而是讓學生習慣於思考、探究、討論、手作和反思的主動學習。這本書除了介紹與析論知識性結構、歷程性結構的概念為本課程設計原則，同時提供提問的多種形式，並以探究循環的層級與方法引導教與學的發生，包括投入、聚焦、調查、組織、建立通則、遷移與反思，相信不論是教師教學或學生學習，皆能因此深度探索，進而產生學習加深加廣的連結和意義。

這本新書帶給現場老師的不只是把玩各種策略，而是讓他們知道為何而教，以及這些改變帶給學生的益處與價值。再次啟動老師陪伴老師，以及增強同儕互助互惠的專業協作文化之深耕行動，負起培養未來人才的共同責任。

老師幫助老師的同儕互助模式是本次課綱行動的重要特性。以我們所認識的老師為例，繼學習共同體的跨校共備社群經驗之後（例如，履行者跨校國文社群），一群老師於 2015 年成立 T-Lab 教練實踐社群，尋求同儕互助的教學精進與自我實現方式，創立了「協作教練」實作模式〔請見《師說新語》（2021）一書〕。基於 T-Lab 實踐社群基礎，2017 年我們又成立跨校教師愛思客團隊，這群高中老師披星戴月的共同研發課程之後，以其親身經驗轉化為跨領域素養導向課程設計流程，提供早期跨領域素養導向課程設計完整架構與模型。也因為素養課程發展的高度與難度，我們進一步組織與培訓種子老師成為協作老師，投入工作坊與學員近身對話，讓手作思考的認知形式自然發生，「協作」一詞很快就普及用於其他工作坊當中，彰顯老師陪伴老師的好處與效果。

愛思客團隊也連結到中央輔導團核心教師，共同為縣市輔導團的素養課程與教學增能提供服務，並與其他教師社群合作，掀起素養同行之課程共力行動。這群國中小和高中老師爾後經由增能學習和試行教學探究策略，且以其實際教案共同編纂《探究策略 55》這本工具書，為《概念為本的探究實作》提供本土脈絡下的具體實踐示例。經由老師的教學改變，使得連結生活經驗和強調探究過程的學習不再只是口號，而是經由具體的流程與工

具，讓探究性的教與學自然發生。當然，老師需要先行熟悉概念為本與探究策略的教學，經由刻意設計，讓探究在課堂中能夠自然發生，這樣才能吸引學生投入學習、樂於討論與分享，以及互助合作完成實作任務，如此，學習的過程變得多元與豐富。這樣的風景確實已經在許多工作坊的場合發生，也在課堂中發生。

　　近十年由下而上教師社群的共學動能，顯示現場教師已經準備好面對概念為本的課程與教學之挑戰，恆昌老師翻譯的概念為本系列叢書，為教師素養課程與教學創新行動提供更堅實的理論和實務基礎。相信在全國各地的老師與社群，可以透過這系列書籍讓教學工作得以持續精進，能夠更有信心的培養我們的下一代，進而發揮專業不可替代的價值。

陳佩英

國立臺灣師範大學教育學系教授

2021 年 8 月 23 日

推薦語

【教育部國教署中央輔導團國中小彈性暨素養課程發展計畫核心教師】

　　概念為本的探究課程能引發學生學習興趣，促進其對話與深度思考，真正把學習的主權和責任交給學生。以國語文基本聽說讀寫的技能為例，我曾在課堂中給孩子一個核心問題：「作家如何吸引並留住讀者目光？」課堂中我提取出一些概念進行教學，讓學生體驗探究實作，最後，學生形成可遷移的通則：「作家透過對話、動作、表情和心聲，進行人物塑造。」並試著將此通則遷移到自己的寫作上進行創作。

　　我們在課堂中透過閱讀多篇文本，學習如何分析歸納出作者寫作的技巧，學生在看完一本小說或故事後，除了會說好好看，還能說出精彩動人之處；進行故事創作時也懂得運用對話、動作、表情和心聲等創作出角色的特質，吸引讀者的目光。

　　想點燃學生的學習熱情嗎？想啟發老師的教學專業素養？《概念為本的探究實作》一書，正是我們所期待的！

陳惠珍——苗栗縣銅鑼國小教師

　　甫進行英語文與社會的跨領域探究教學時，依著 *Concept-Based Inquiry in Action: Strategies to Promote Transferable Understanding* 原文書指引，順利完成了一學期的跨領域課程實踐。實踐後對此書愛不釋手，依循書中探究階段順序設計課程，可自然而然的走向深度思考的探究課程；每個階段所對應的探究策略，是課堂中容易操作的學習活動，更是培育學生掌握學科概念的工具。

　　該書中的每一個策略也可應用於單一學科的探究式學習。以英語教學為例，「四角辯論」或「胡搞瞎搞」策略適合於啟動學生對主題的好奇；「問題延伸」可促進閱讀理解並培養學生提問能力；「弗瑞爾模型」讓文法句型變得容易理解，並且可遷移到各種句型的學習。此書提供課程設計者循序漸進脈絡，增添課程實踐者課程轉化的工具，欣聞《概念為本的探究實作》出版，此中文版本絕對值得入手，並放在案頭作為隨時翻閱的寶典。

許琇敏——桃園市青溪國中英文教師

　　低年級的學童也能進行概念為本的探究學習嗎？答案是 YES！孩子天生充滿好奇，期待教師在課程歷程的引導下開啟學習之窗。如果您也認同運用策略與方法有益於學習的理解與遷移，但卻苦於手邊沒有可供參酌的策略用書，這本書能提供教師在規劃探究為本的教學設計時，依據概

念探究的階段循序漸進的參考策略，面向多元且輔以圖、文或實作照片等表徵方式，讓您第一次翻閱就能快速上手。這是實施素養教學不可或缺的一本參考用書，您絕對會驚豔選用策略實踐後看見的課室學習風景，以及孩子們遇見學習的美好！

呂淑娟——新竹市舊社國小生活課程教師

國中綜合活動課程非常強調將所學應用到生活情境、實踐力行。但實際上卻因為大部分都在教零碎事實知識，因此要學生遷移應用，實在有困難！

概念為本的課程與教學是以概念發展的脈絡為基礎，提取概念之後形成通則，進而能夠遷移應用在生活情境中。就健康早餐的教學而言，過去學生雖然學習到製作健康早餐的知識與技能，但是日常早餐一樣吃得不健康！因此我運用「問題延伸」策略，引導學生提出核心問題：「早餐很重要嗎？為什麼？」「一份健康的早餐要包含哪些要素？評核自己吃的早餐健康嗎？」從中提取出均衡與需求這兩個核心概念。接著讓學生分組，調查小組成員家中的早餐是否均衡而滿足需求？再運用「交叉比對表」幫助學生整理調查發現，形成「為了要獲得健康，飲食要符合個人需求並保持均衡」這樣可以遷移到一日三餐的通則。

這些探究策略幫助學生有脈絡與方向感的學會通則，達到深度理解並可以在不同情境中運用自如、自行創作！誠摯的推薦給您《概念為本的探究實作》一書！

吳美枝——嘉義縣民雄國中綜合領域暨輔導教師

【教育部國教署中央輔導團專案教師】

這是一本素養導向教學課程設計必備的工具書。除了有脈絡的提供進行概念為本探究所需要的策略工具，更清楚的在每個策略中示範多個已經落地實踐的教學示例。對於沒有耐心看各種理論的我而言，《概念為本的探究實作》中文版問世，不僅有助於數學老師突破既有教學框架，同時也開啟學生從害怕轉而接近數學的可能！這本書真的是讓老師愛教、學生更愛學的教學設計指南。

彭甫堅——台中市中港高中數學教師

《創造思考的教室》一書開啟了我和社會跨科學思達共備社群夥伴的概念為本課程設計探索之旅；《概念為本的探究實作》則提供了我們更具體的探究式學習策略，讓我們能從知道、理解，進而能做到。

社會科教學透過概念為本的課程設計，以生活議題的探究驗證概念與通則，學生的生活經驗經由概念遷移得以成為課堂探究學習的文本之一，經驗和知識產生了密切的連結。書中的一段內

容詮釋了社群教學夥伴們想要達成的社會科教學學科價值：「在快速變遷的世界，將概念遷移到陌生脈絡的能力賦予我們巨大的認知優勢，無需記憶所有的新資訊，我們可以運用心智基模瞭解新事例。瞭解概念幫助我們對物體、情境與想法產生意義並建立連結，因而建構了學生的批判思考技能，與分析並深入理解周遭世界的能力。」

《概念為本的探究實作》是讓每個孩子的價值都能在課堂中被看見，同時又能逐步建構核心素養的金鑰匙。

沙寶鳳——台南市永康國中地理教師

本書是引導教師一窺概念為本探究式教學奧妙的領航手冊。書中有豐富多元的實用教學策略，教師運用這些策略在課堂現場引導學生投入探究歷程，能有效深化學生對於概念的真正理解。書中針對七個探究階段都有一個章節深入淺出的說明與示範多元的教學策略，教師可依據學生的學習需求與核心概念，選用適合的探究策略進行課程設計與教學評量引導學生投入學習，於歷程中引導學生啟動思考、真正理解，進而轉化遷移至真實情境中應用。學生經歷概念為本課程與教學的洗禮之後，深刻體會到歸納式探究的思考與發現之樂，對於學習充滿了好奇與期待，師生共構探究發現的歷程可謂教學一大樂事。

林健豐——高雄市右昌國中英文教師

【愛思客團隊與其他高中、大學教師】

本書提供清楚的步驟與方法，讓各種學習階段的老師都能很容易的找到適合的策略，設計出讓學生深度探究的概念為本課堂。書中所有的策略讓課堂不僅是學習好好玩，而是學習好有用！因為藉由概念的理解，學生能自己組織各種相關的事例，像專家一樣的進行歸納，尤其因為是真實理解，學習能遷移到其他情境，達到真實的素養學習！

蘇淑菁——國立臺灣師範大學附屬中學化學教師

這是一本教學上的武功秘笈，記載許多實用又可行的招式，協助教師將概念與探究注入教室，打通教與學的經脈，啟動思考與理解。本書的適用對象很廣泛，從幼兒園到 12 年級，涵蓋語文、自然、社會、數學、藝能的學習領域，各個教師都能夠從書中獲得概念式理解與探究式教學的啟發。尤其難得的是，書中配合行文附上許多教學現場的照片與影片，以及學生的實作表現，這些具體的畫面能夠開啟教師對於「學習空間」、「學習活動」與「學習表現」更豐富的認知及想像，而不只停留在抽象理解甚至是口號複誦而已。

由衷推薦這本書給每位教學工作夥伴。在這本以學習科學為基礎、以課堂實踐為驗證的譯作

中，你會發現「概念」的理解其實根植於學習本能，而「探究」的起點是人皆有之的好奇心與能動性。這樣的教學不僅活絡學生學習，也激發教師的教學成就感與創新動力。最後將會反思：各種策略畢竟是應用的工具，回溯根源，如何正確、有效的應用策略，依然取決於自覺的教學意識與師生相互的正向關係——這或許正是貫通這部教學秘笈的關鍵心法。

吳昌政—— 台北市建國中學國文教師

大家都認為教室裡的學習風貌需要改變，學習要從老師的講授，轉變成學生的探究。美好的課堂願景總是迷人，教室裡的真實狀況卻不見得如此。有衝勁的老師，辛苦嘗試調整學習活動，卻常常只能獲得部分成功，擔心部分目標未達成。感謝恆昌翻譯此書，幫大家再一次把課堂裡的探究教學設計說得更清楚，也有更多的真實應用範例。有了這本書，相信大家要把講述教學轉換成探究教學時，可以無痛接軌，不必再擔心活動設計不夠精準，可以放心將教室裡的學習主動權交到學生手中。

林春煌—— 台北市教育局課程督學暨大理高中物理教師

自從接觸了 Rachel 老師所帶的概念為本探究策略工作坊，並閱讀《創造思考的教室》後，對於「思考」與「遷移」就產生了極大的興趣。「思考」與「遷移」不僅是新課綱著重的重點，更是傳統台灣學生所缺乏而極為需要的！

從我的教學經驗發現，思考及遷移並非只有菁英高中學生能達成；相反的，以實際課堂上實踐概念為本的經驗，非菁英高中／技高的學生反而更能跳脫傳統教學的思考模式，透過概念為本的歸納與探究式教學策略一步步往持久性的理解邁進！而《概念為本的探究實作》正是我所運用的課程設計工具，與實踐「思考」與「遷移」的最好工具書之一。透過本書的七個探究階段，以搭鷹架的方式一步一步讓學生歸納與探究，相信會帶給現場教師一個不一樣的課堂風景！

鄭錚易—— 桃園市私立光啟高中英文教師

108 課綱上路後，最常問自己的一句話就是：「怎麼讓學生對學習內容產生好奇，願意多想想」。如果透過提問可以讓學生產生對話，進入思考，那麼這一本書就是下一個階段：透過概念為本探究實作策略，學生的學習將更有邏輯性、脈絡性與統整性，更能將學習歷程歸納收斂概念成果。

108 年我在多元選修金融課程中，想要讓學生理解「心理帳戶」的意涵。過往經驗中，提供文本，學生可以「知道」這個名詞的意思；我們在共備過程中，運用策略寶庫中的「弗瑞爾模型」歸納支付工具的定義，「鑽石分層」探詢支付工具運用習慣的原因，「推力、拉力、阻力」

探究使用行動支付的推力、拉力、阻力，最後運用「概念座標」找到最佳的支付工具。將四個策略層層脈絡延續推展，過程中雖未提到心理帳戶這個名詞，卻讓學生在理解支付行為的歷程中，領會到相同的錢幣面額卻有不同的心理帳戶價值，再與文本對應之後，學生的眼睛發光了！那是一種從「知道」到「學會」的差異！隨後談及金錢本身的價值時，學生能夠遷移概念，更易於理解新的學習內容。《概念為本的探究實作》是我推薦的好書。

邱健銘——台北市南港高中數學教師

期待恆昌老師的新作《概念為本的探究實作》，因為在以概念為本進行探究學習的實例中，能夠看見國外教育現場裡學生腦中探究過程的慣流是如何一步一步透過課程設計引導，從而讓思考變得可見。而後，改變學習基模，從學習基線開始，建構以概念為本的課室，讓教學者、學習者、共學者學習交融，進入同一個通道 UsTube 中，完成學習任務並進行後設。這八十幾個探究實作策略恰好成為印證慣流的最佳素材，不論是教師授課心流、學生學習思考串流，都可在書中找到對應學習點。讓我們一起在書中 Inquiry，然後進入 UsTube 吧！

陳光鴻——台中市台中一中數學教師

培養學生閱讀、思考與表達能力，是現今教育重要的目標，但究竟應該怎麼教才能達成這個理想？《概念為本的探究實作》解答了我多年來摸索的疑惑，書中不僅提出各項探究策略，同時搭配具體的教學設計示例，能夠幫助老師們在進行課程設計時參考實務的操作經驗，刺激教學創意。在我的國文課堂中，「註解」、「句子架構」、「如果……會怎樣？」、「任務分析」等策略的課堂操作，都讓學生在國語文的閱讀與思考上展現出學習探究的動力。誠摯的向您推薦本書，教學融入探究策略，絕對讓您的學生更加熱愛學習。

黃琪——台北市中山女高國文教師

地理是一門解決人地互動問題與空間決策的學科，108 課綱更是強調透過問題導向學習法培養學生宏觀統整的視野、系統邏輯的思維和解決問題的學科素養，但這些學科素養如何具體落實？二年前因愛思客團隊而有幸接觸到《概念為本的探究實作》，如獲至寶般欣喜，此書為培養學生思考和解決問題能力提供具體可行的策略，既可營造多元的學習經驗，又能讓思考在探究體驗中被看見，因此成為我在學習活動設計中的秘密武器。以問題引動學習熱情，以探究策略作為學習路徑，最後以概念和通則作為指引方針，達致遷移應用之效益。

我將此邏輯脈絡和探究策略實際運用於部定必修、探究實作和校定必修課程，課室裡學生在探究中摸索、對話、辯護、聚焦組織的風景令人驚豔！學習活動在明確的脈絡中開展，卻又在探

究策略中允許模糊和創思，過程中看見學生的思考力在萌動，我和孩子都熱愛極了！這是一本具有教育哲思又提供教學實踐策略的好書，我樂於推薦！

孫細——台北市中正高中地理教師

設計概念為本的教學，是件複雜的工程，本書提供一個參考的路徑，從研擬學生需要獲得的概念出發，輔以適當的提問設計，編織刺激學生探究思考的意義教學網絡。加上本書有提供不同學科的教學案例，這是目前素養教學設計的出版品中，既有理論、案例又有方法策略者，誠摯推薦給大家。

莊德仁——台北市建國中學歷史教師

20 年前，我跟一群 T 大教授一起編寫高中地球科學教科書，那是一段成長快速且收穫豐饒的歷程。有一天，我突發奇想請教授們分析某一頁內容中究竟包含了多少個概念，結果竟然超過 15 個，但這一頁的預期教學時間僅有 20 分鐘！現場剎時出現了驚訝與錯愕的氛圍。我想這也適度的反映出了目前高中教學現場以知識為導向的困境。

高中與國中小的課程學習內容有很大的差異，高中已經偏向專業化發展，所面對的學科知識內容通常是複雜且龐大的。雖然自然領綱中有列舉出「主題」與「次主題」，類似本書所談的概念（concept），然而，教科書與教學現場的焦點還是在次主題之下那些更實質而具體的「學習內容」。最後導致所學習到的大多停留在事實性（factual）知識的層面，零碎、孤立且無法抽象化，但有助於考試。這些「知識化的概念」源自於特定主題的學習而產生，無法被通則化而產生理解與遷移。

108 課綱實施後，教師需要自行設計許多課程，包含多元選修、校訂必修、探究與實作。這雖是危機，但也是轉機。若老師們能在課程研發時善用此書的概念：概念為本的探究實作，亦即以發展可遷移的想法為課程主軸，並利用師生間主動提問的教學策略，再活用本書第二章所提的「概念為本的探究模型」，我相信教室風貌一定會為之改變，走向多元豐富且精彩。

洪逸文——國立臺灣師範大學附屬中學地球科學教師

108 素養導向新課綱的教學，其本質是一種「探究取向」的學習。那麼如何引導學生進行探究式學習呢？這對現場老師而言可能是一種新的挑戰，其中也包含在師培學院任教的我。

個人這學期在臺師大新開「健康與體育領域探究與實作」這門課，很開心這本書就像及時雨，提供了國外進行探究與實作豐富的教學策略。這本書讓我更有信心將探究式教學設計導入師培課程，透過師培生「做中學」的歷程，培育未來的教師能熟悉「探究與實作」的教學設計。

高松景——國立臺灣師範大學師培學院助理教授

譯者序

　　身為老師，我們都知道課程設計、教學歷程與評量三者必須扣合，但教學現場的確如此嗎？這當中，老師最熟悉的是教學，然而教學就是拿起課本來，解釋課文讓學生聽懂嗎？評量就是從題庫中挑幾個難題來考學生嗎？如果上述三者扣合，教學將是老師幫助學生學會的歷程，評量則是用來檢測學生學會的程度，而要學會什麼跟評量什麼，則是老師在進行教學之前藉由課程設計設定的學習目標。因此，先要進行課程設計以確認學習目標，確定學習目標後，評量目標隨之決定，接下來就是教學歷程與評量方法的設計，三者扣合下的學習就能兼具效率與效能。否則，教學歷程可能發散或偏離，評量會跟課程與教學脫節。

　　教學現場常因學習內容繁重、行政事務繁瑣，加上會考、學測的壓力，課程、教學、評量常常化約成以應考為目標。教學變成快速消化內容知識，繼而進行測驗題練習。學習目標就是解題，針對題目的題型灌輸片段知識、反覆練習似乎是最符合應試目標的高效率與效能的教學。進行課程設計來決定學生應該知道什麼（知識）、會做什麼（技能）、達致什麼可遷移的深入理解等學習目標並不常見！

　　問題是，考完以後呢？學生擁有深入而可遷移的理解嗎？如果沒有，離開試題來到真實世界，年輕人能夠面對日益錯綜複雜的真實世界嗎？我們的確已經實施素養導向的新課綱，但是素養導向課程與教學的實踐儼然還在萌生中。

　　「概念為本」系列叢書中，已出版的《創造思考的教室：概念為本的課程與教學》與《邁向概念為本的課程與教學：如何整合內容與歷程》兩書的重心在於課程設計以決定知識、技能與理解的三維度學習目標。而本書《概念為本的探究實作：促進理解與遷移的策略寶庫》則提供老師上承課程設計，下接評量，有效轉化教學歷程的工具箱。

　　本書作者是兩位資深國際文憑（IB）學校老師，因為 IB 採納概念為本的課程與教學設計以及探究式教學理念，作者們在遍及歐、亞、美洲 IB 學校的教學及同儕互動中，看到許多傑出的概念為本探究式教學實作，於是開始蒐集教學案例與教學影片，歷經三年才撰寫出這一本探究實作工具書。

　　我在參加「概念為本課程與教學獨立講師與培訓師」認證課程時認識了作者之一瑞秋・法蘭奇。在陳佩英教授與愛思客團隊期盼、蓮溪教育基金會資助下，於 2018 年年底邀請瑞秋來台灣舉辦概念為本探究工作坊，在她的引導下播下種子。之後在中央輔導團種子教師與愛思客團隊的推動下，概念為本探究已經在台灣各地萌芽滋長。為了幫助精進的

老師從原作中深入汲取養分，我邀請李壹明老師共同翻譯本書，期望讓每一位華語老師都可以輕鬆容易的看懂這些探究與實作的策略，因應學習目標與學生狀態，選取適用的探究策略，搭配引導問題與選用教材，交織出導向深入可遷移理解的學習經驗。

在這樣的探究式教學歷程中，老師是設計引導問題、選取教材、運用探究策略作為學生任務的引導者，學生則在**投入**策略的任務中，因情感與智識挑戰而投入學習且自然顯現先備知識，在**聚焦**策略中自己形成重要概念，運用這些概念深入**調查**文本或個案，在探究任務中和同儕協作，用資料組織表來**組織**在個案調查中發現的資料，並找出概念間的關係來**建立通則**，進而在**遷移**策略中檢驗通則的合理性與可遷移性，且在整個學習歷程各階段中時時**反思**。

在這樣的學習經驗中，學生站上舞台的中心，投入、聚焦、調查、組織、建立通則並遷移通則，不再是被動的知識接受者而成為知識的創造者，同時在探究的策略任務中，淬鍊了各學科的學習方法。學生懂得學科本質，不只會操作，也懂得為什麼這樣操作及如何可以做好！這樣，老師就可以安心的看著孩子逐年升級，離開學校迎向真實世界，因為他們已經具備探究能力與遷移所學於不同情境脈絡的素養。

我們的學生普遍在電子遊戲與 3C 世界的聲光刺激下成長，僅靠老師口粲蓮花已經不足引發學習動機。由引人入勝的真實文本、刺激思考的引導問題、具挑戰性的任務構成學習經驗時，學生在提問與任務挑戰中動腦、動手、動耳、動口，在思考、聆聽、回饋、反思中，運用學習技能、策略與歷程得到深入理解。他們會發現自己是有能力的，因為有能力所以接受多一點、難一點學習挑戰的動機提高，這些都會在概念為本的探究歷程中發生！反之，被動的接受知識而沒有經過個人意義化的過程，不僅理解薄弱，也沒有體驗如何學習的歷程，填鴨只會形成貌似學會的虛假學習。

最後來談綁架許多老師和家長的會考與學測等大考。除了改變課程與教學外，大考是真實世界中不可迴避的事實，我建議視之為遷移所學的一種任務形式！如同其他遷移應用任務一樣，大考有其特定的範圍、形式、規則、趨勢等等，何不把大考看成主題式學習（PBL）任務，引導學生來瞭解、規劃與執行？從長遠的人生看，這樣的挑戰會不斷出現，視之為遷移所學的一個主題式學習任務將使大考更具意義，幫助我們的孩子成為有能力的終身學習者與能動者。

教育攸關社會與國家的未來發展，教育變革是一條艱辛的長路，身為譯者，我為老師們添增軍火糧草，期待你加入一起為更美好的未來結伴同行。

劉恆昌

2021 年 9 月 15 日

序曲

從學生思考
到教師行動

多年前，本書作者之一卡拉・馬修曾經和一位一年級老師共同進行「有生命的東西」（Living Things）這個單元。課程單元剛開始，老師已經從學生口中引出一連串問題，並將問題記錄在海報紙上。

我們對「有生命的東西」的問題

- 為什麼有些動物在冬天睡覺？
- 毛毛蟲是怎麼變成蝴蝶的？
- 為什麼蚊子的腳那麼長？
- 為什麼有些動物會游泳，有些不會？
- 為什麼螞蟻要搬東西？牠們怎麼辦到的？
- 為什麼蛇看起來神經兮兮的？
- 青蛙為什麼把腮幫子吹得鼓鼓的？
- 為什麼有些動物會死在馬路上？
- 為什麼蘋果的種子看起來像星星？
- 第一隻貓頭鷹從哪兒來的？

面對這些形形色色但明確具體的問題，很難解析下一步可以做什麼，可不可能、或值不值得繼續深究每個孩子個別的提問？或者這樣會不會穿梭在不同主題之間，變成一個拼裝的單元？那麼，用老師的問題來主導學習比較合適嗎？會不會貶抑了學生的思考？這些是學生**發自內心的疑惑**，而不是我們鼓勵學生提問時他們湊巧想到的嗎？這時候，還看不出如何整合「孩子建構的具體問題」與「老師引導學生從有生命的東西中得到的概念性理解目標」，如果我們讓學生兀自調查他們提出的問題，但沒有幫助學生連結到可遷移的想法，我們有信心他們會發展出超越事實的深入理解嗎？

我們大多曾經處於上述情境並遇到以下情形：我們要求學生思考，但未必知道如何運用學生的思考來引導教學。經驗告訴我們，有時我們盡心盡力蒐集學生的思考，結果只是在單元結束時產出一疊便利貼跟一些沒有解答的問題。問題不是出在缺乏動機，而是如何將學生的想法融入單元整體脈絡的組織問題，是因為還沒有找出一個架構，可以讓學生跟老師的思考在探究中結合，進而引發概念性理解。

本書旨在提出概念為本的探究（Concept-Based Inquiry）模式以及配套的教學策略以處理前述問題，這些教學策略在幼兒園到十二年級的課堂中支撐探究為本的學習而達致理

解。更明確的說：我們提供具體的方法讓老師跟學生形成通則，亦即概念性關係的陳述以共同建構理解。不論這樣的機會是否「自然而然」的發生，我們堅信所有學生都應該擁有運用概念思考的機會。即使每間教室裡都有些無需教師明示指導就能夠習得概念並建立概念間連結的學生，我們相信如果學生有機會將理解遷移到新的情境時，**所有**的孩子都可以學到概念層級的思考能力。在複雜而快速變遷的 21 世紀脈絡中，教師成為概念性理解引導者的角色比以往更加重要而急迫。

我們相信如果學生有機會將理解遷移到新的情境時，所有的孩子都可以學到概念層級的思考能力。

　　經過多年，我們協力發展出一套幫助老師們在課堂實踐概念為本學習的方法，我們的思考扎根於實務，並且在世界各地的學校中發展，包括美國、巴西、德國、瑞士、埃及、香港、新加坡以及紐西蘭等國家。這些不同的脈絡已經凸顯出可遷移的實作以及易於操作的策略的重要性，這些策略易於修改以應用在不同族群構成的學校。從一個教學錄影計畫開始，我們的協作已經擴展到以理解為目標的教學模式。

本書的結構

　　我們認為本書融合理論與實務極為重要，誠如電腦科學家瓦特・薩維奇（Walter J. Savitch, 1984）充滿說服力的感言：「從理論的角度看，理論跟實務沒有差別；但從實務的角度看的話，兩者確實有差別。」到了把想法應用在課堂的時候，我們認同這樣的說法。因此本書的篇章設計平衡了理論跟實務，藉以彰顯我們必須仰賴兩者才能夠創造對課堂有價值的策略。

　　我們也在本書各章節中示範各種策略，例如，每章開始時都呈現一篇概覽該章內容的視覺筆記；視覺筆記（Visual Note-Taking）是第七章介紹的一種資料組織策略。我們也在第一章運用了弗瑞爾模型（Frayer Model）、光譜排序（Spectrum Sort），以及全部、部分、沒有（All, Some, None）等策略。在全書各章介紹圖表時，我們也會引述相關的策略。讀者將可發現，這些策略對成人學習者也有幫助，因而可以在學校的組織學習層級使用。

　　本書第一部分包括第一章與第二章，旨在釐清我們對探究為本以及概念為本學習的意義。第一章討論探究的型態以及各種型態帶來的效益與挑戰。此外，我們也依據琳恩・艾

瑞克森博士（Dr. H. Lynn Erickson）與洛薏絲・蘭寧博士（Dr. Lois A. Lanning）的著作，在第一章分享了知識性結構與歷程性結構。第二章描繪出概念為本探究的定義性特徵是一種以理解為教學目標的歸納式探究，還包括我們的探究模式以及該模式中各探究階段的說明。

第二部分亦即第三章，集結全部的探究階段，並舉例說明我們的探究模式如何在課程單元中實施。本章聚焦於單元規劃歷程，並提供了在探究中統整概念性思考的幾個竅門。

第三部分包括第四章到第十章，我們帶著讀者逐步走過探究模式的每個階段，每章都分成兩個部分：首先簡短彙總該探究階段的理論背景，接著分享易於在概念為本探究課堂中實施的各種策略實作。讀者還可以在本書會員專屬網站（www.connectthedotsinternational.com/members-only）找到各章的相關影片及規劃表範本等補充資源。

我們希望本書的結構適合初學以及經驗豐富的概念為本探究教育工作者，如果你剛開始接觸概念為本的探究，我們建議你從第一章開始，熟悉探究為本以及概念為本的基本原則之後，再鑽研第二章的概念為本探究模式。如果你是有經驗的概念為本探究教師，你可能會想要先瀏覽我們的探究模式以及規劃建議，然後再投入第四章到第十章的各個探究階段。

選擇策略

有時人們會問：「什麼是進行概念形成的最佳策略？」或者「是否有些資料組織策略優於其他策略？」這些問題問得並不好，問哪種策略最好猶如探問在健身房做哪種訓練最好；做什麼訓練依據我們的目標而定：想要練出肌肉、減重、增加耐力，或者只是保持健康？重複做幾次、舉多重則依我們現在的健康和體能狀況而定。同樣的，雖然本書提供的策略大多可以運用於幼兒園到高中（K-12）各學科的教室，但每種策略都有其特定的目的。**意圖**（intent）才是重點，我們必須評估學生的先備知識（prior knowledge），並且考慮學生需要哪些知識跟技能作為基礎，才能完成課程單元企圖達到的概念性理解。

要當心你預設的策略。猶如我們每週重複自己最喜歡的菜色，教師們在課室也傾向重複運用相同的策略。即使最有經驗的概念為本探究教師都可以在本書發現新點子跟策略，但我們希望讀者經常重新檢視各個策略章節，帶著這本書參加課程規劃會議，針對各個探究階段發展並且分享自己的策略。這樣，我們可以建立身為實作者的發展力（capacity），並創造出促進概念性思考的豐饒學習環境。

　　本書並不企圖窮盡所有的策略，也不應該如此，我們希望提供一套策略，但也希望促發新構想與創造力。我們鼓勵讀者帶著書中的理念，調整變通，為你的課堂設計個別化的策略。

　　我們設計了快速的人形視覺指引來標示每一個策略適用的學齡程度，這些人形代表的學齡層次如下：

- **最小的**人形代表幼兒園到小學二年級的學生
- **第二個**人形代表小學中高年級學生（三至五年級）
- **第三個**人形代表國中學生（六至八年級）
- **最大的**人形代表高中學生（九至十二年級）

　　其中以黑色標示的人形代表策略適合該學齡層的學生。

會員專屬網站：www.connectthedotsinternational.com/members-only

　　身為教師，我們瞭解擁有可以幫助我們輕鬆的把構想變成課堂實作的資源，是多麼重要。在本書的會員專屬網站中，以下豐富資源可幫助讀者實踐我們在書中所分享的想法。

- **影片：**我們從世界各地蒐集了二十三支在 K-12 課堂中強調學習的影片，除了呈現各探究階段的真實情境，並解釋個別策略如何在課堂中應用。我們在全書各處穿插影片的「標示」（callouts），並以右側這個特殊影片符號提醒讀者。
- **資源：**我們瞭解教師要花多少時間幫學生準備教材資源，為了減輕讀者負擔，我們建置了錨形圖（anchor charts）以及可複製表格資源（blackline masters）等範本供讀者下載，我們的目標是提供容易使用的模板以簡化書中策略的實際運作。
- **規劃表範本：**會員專屬網站裡還提供了如何在課程單元中整合探究階段的規劃表範本。

　　讀者可以使用智慧型手機或附有鏡頭的平板電腦內建的應用程式讀取右側的 QR Code，即可進入我們的會員專屬網站。

01

概念為本探究
的基礎

結合探究為本與概念為本的學習

概念為本的探究結合了**探究為本的學習**（Inquiry-Based learning）與**概念為本的學習**（Concept-Based learning）兩種不同教學取徑。從這兩種取徑中，我們可以彙總出探究為本的學習重點是：教師跟學生共同運用主動提問以推動學習的方法。相較而言，概念為本的學習則以發展可遷移的想法為主軸，據以組織學科內與跨學科的學習。並非所有概念為本的學習都由探究主導，而探究為本的學習也不全都聚焦於發展可遷移的想法。如圖 1.1 的文氏圖（Venn diagram）顯示，概念為本的探究明確區分了探究式學習與通往**概念性理解**（conceptual understanding）的**探究式學習**（參見第 120 頁「全部、部分、沒有」策略），概念為本的探究代表探究式學習的一種形式，目的是幫助學生清楚表達可遷移的概念性理解，**同時**培養其他探究模式提出的探究技能與策略。

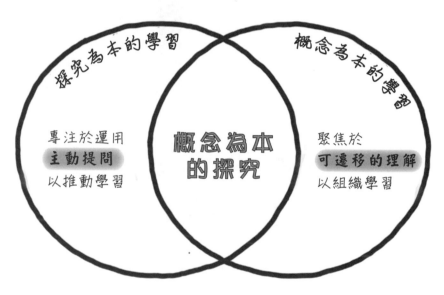

▶ 圖 1.1・結合探究為本與概念為本的學習
© Marschall and French, 2017

　　我們想要先詳細說明**探究為本的學習**以及**概念為本的學習**的定義，到第二章再來研究概念為本探究的具體歷程。因此，我們把本章分成兩個部分：第一部分釐清探究為本學習的面向，分析廣義的探究為本學習中各種取徑的優點與限制。第二部分描述我們對概念為本學習的定義，包括課程設計如何為課堂上的概念為本探究奠立基礎。第二部分大量引用琳恩・艾瑞克森博士與洛薏絲・蘭寧博士的著述，著眼於概念為本的課程與教學如何幫助我們以可遷移的理解為中心，安排並聚焦學生的學習。

概念為本的探究代表探究式學習的一種形式，目的是幫助學生清楚表達可遷移的概念性理解，同時培養其他探究模式提出的探究技能與策略。

第一部分：探討探究為本的學習

◆ 教與學的連續進程

　　探究與其他學習取徑有什麼區別？在探究式學習中，學生採取主動的角色提出問題並回答問題以建構意義。相對的，**直接教學法**（direct instruction）中則常見被動的學習方式，藉由講述、教材、或舉例示範的**告知**（telling）作為主要的教學取徑，如圖 1.2 的光譜排序（另參第 129 頁）顯示，直接教學法可以被當作跨越**結構式**到**開放式**教與學連續進程（continuum）的一個端點。

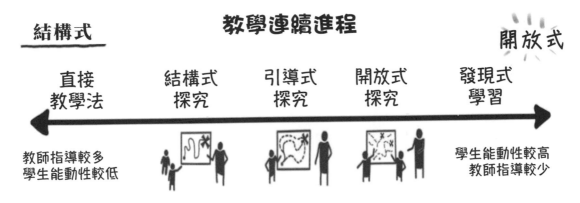

▶ 圖 1.2・教學連續進程中的取徑
© Marschall and French, 2017

　　藉由**結構式**與**開放式**，我們要談談學生共同建構單元內容與設計的能力，以及教師所提供結構的總數量。例如，在直接教學取徑的緊密結構中，不會有機會調查個別化問題或探討個人的興趣；**開放式**取徑明顯在連續進程的另一端，其特點是高度的學生能動性（agency）以及低度教師掌控。在開放式的學習情境中，學生自己發想問題及（或）設計解答的程序，有時教師僅給予極少的指導。

　　我們必須要強調開放式取徑不等於教師完全不管，教師的角色是學習的引導者，是以上連續進程中不可或缺的部分。在概念為本的探究中，採用**開放式探究**（open inquiry）取徑的教師仍然會設計鷹架，支撐學生能夠達到概念層級的思考。

　　在連續進程的開放式探究之上，還有**發現式學習**（discovery learning）這種純粹的形式。此時學生主導自己的學習，教師僅稍加指導或無須指導（Bruner, 1961）。在此取徑中，學習完全由自我導向，放手讓孩子獨力「發現」**概念**（concepts）。值得留意的是，這種取徑廣泛遭到成效不彰的批評，原因是在學習者身上施加了大量的**認知負荷**（cognitive load），可能引致更多的錯誤與迷思概念所致（Alfieri, Brooks, Aldrich, & Tenenbaum, 2011; Kirschner, Sweller, & Clark, 2006）。

　　我們想要強調，作為一個「探究的教師」不一定得在**每一**堂課都運用「探究」取徑。橫跨整個教學連續進程，每種取徑各有不同的適用目的。身為教學者，在探究單元中我們必須審慎選擇使用這些策略的時點。坐落在教學連續進程上的教學取徑提供概念為本探究各種可能性，供教師策略性選用以導向預期的學習結果。

· ·

橫跨整個教學連續進程，每種取徑各有不同的適用目的。

· ·

　　雖然有些人堅持學生自己提問且自己尋求解答是「真實探究」的唯一形式，但我們認為在教師主導（結構式）與學生主導（開放式）兩種探究之間，存有一條探究式學習的連續進程跨越其間，並建議在兩者之間加上半結構性的**引導式探究**（guided inquiry），其中的每種探究形式都以建構主義為核心，推崇學生在自己的學習中成為**具有能力的能動者**，積極建構知識的想法。因此，探究是一種培育好奇心、主動解決問題、發展假設以及產出可能解答的教學法。

　　單元設計以及學習任務中教師的指導量以及相應的學生能動性，區別了**結構式探究**（structured inquiry）、引導式探究以及開放式探究；每種探究形式都有各自的效益與挑戰。那麼，這些探究形式呈現出什麼風貌？各有什麼屬性呢？

結構式、引導式與開放式探究

 結構式探究
教師如同列車長（conductor）：*由我決定行車路線、時刻表以及在每個車站停留多久。*

共通屬性：
— 通常由學生依據指定的步驟調查教師構思的引導問題。
— 學生的思考聚焦於從探究過程發現的資訊中建構意義。因此，學生可能會提出問題，以驗證他們的發現或思索結果的重要性。
— 教師設計引導問題及尋求解答的方法，指引學生清楚說明符合國家、各州或學校課程目標的概念性理解。

▶ 照片 1.1・學生在結構式探究中檢測不同材料的特性

來源：Gayle Angbrandt

結構式探究詳述：
十一年級的學生正在視覺藝術課學習後現代藝術，以瞭解*藝術家可能藉著運用相互衝突的材料、技法以及主題內容以拒斥特定的意識形態*。為了支持學生建構通則，老師決定運用「連結四方塗鴉餐墊」（Connect 4 placemat，第 216 頁）策略，由全班針對相同的概念性問題比較並對比四件藝術作品。學生欣賞了芭芭拉・克如格（Barbara Kruger）、若伊・李成斯坦（Roy Lichtenstein）、傑夫・庫恩（Jeff Koons）以及潔妮・侯瑟（Jenny Holzer）的作品，並選擇他們產生共鳴的一個作品。閱讀有關這個作品的簡短概要後，學生自己分組，但要確定小組中每個人研究的作品不同。在小組裡面，學生找出藝術作品的共通點，彙總在他們的「連結四方塗鴉餐墊」中，然後以通則詳細說明小組思考的結果。

效益：
— 提供學生共同的學習經驗。
— 更多的結構促使課程的排序更緊密連結，讓學生易於辨識訊息中的模式。
— 在進行研究循環時，支持學生從結構較明顯的方法中受惠。
— 可能比引導式探究與開放式探究更節省時間。

挑戰：
— 由於教師指導探究而減少了學生的主導權。即便如此，並不意味運用這種取徑會剝奪學生的學習動機。
— 結構缺乏彈性意味著某些偏離主題，但與學生或課堂有關的探究通常會被忽略。
— 當教師加快教學腳步時，可能錯失或忽略統整或遷移的機會。

引導式探究

教師作為策略引導者（facilitator）：*創造路徑，傾聽並觀察，讓學生參與過程中的決策。*

共通屬性：
— 在引導式探究取徑中，通常教師提問是以調查為中心（Martin-Hansen, 2002）。和結構式探究一樣，提問要扣合課程的產出目標。
— 在獨力或小組調查中，經常應用學生的興趣與疑問。
— 教師協助學生培養探究調查與研究技巧等能力，學生因而獲得引導式探究所需的獨立性。
— 教師參考學生獲得的資訊與想法，再指導尋求解答的步驟。在同班學生間會有差異化處理。
— 通常會邀請學生決定如何綜整（synthesize）探究發現、怎樣溝通研究結果最為適切。

▶ 照片 1.2・孟買美國學校的學生在潔西卡・韓柏—克羅夫茲老師的自然課中測試自己造的小船

來源：Jessica Humble-Crofts

引導式探究詳述：
蘇黎世國際學校的二年級學生正在學習什麼是「工作」，目的是讓學生瞭解**人們從事的工作經常符合各自社區的需要與想要**（needs and wants）。就商品與服務怎樣能夠滿足社區的需要與想要，學生先進行發想與整理想法的活動。班導師山姆・羅斯希望這個課程單元連結學生的生活與當地社區，他詢問學生想要訪談哪些人可以更加瞭解工作？學生產出一個當地企業列表：麵包店、超市及花店。學生依據興趣自行分組，然後跟山姆老師一起設計訪談問題，以探討**工作**如何連結**需要**及**想要**。訪談完成後，山姆老師要求每一個專家小組對全班分享學習。學生比較社區中商品與服務各自滿足了什麼需要及（或）想要，將主要心得記錄在表格中，並彙總過程中衍生的新問題，作為未來規劃的形成性評量。

效益：
— 藉由區別個人的興趣及（或）研究疑問，可以鼓勵學生在學習中掌握更多的主導權。
— 能夠建立學生的能動感（sense of agency）。
— 允許學生運用多重路徑找出想法並溝通想法，藉以培養批判性思考。
— 積極培養學生的技能以及探究傾向，同時也提供支持架構，藉以幫助學生從結構式探究過渡到開放式探究。

挑戰：
— 教師在規劃過程中需要保留更多彈性。
— 重視探究技能意味著單元進度可能變慢。
— 學生找不到自己的探究方向時，需要更多教師的協助或設計鷹架支撐。
— 因年齡而異，學生可能需要更多成人或其他資源投入，才能夠完成個人或小組探究。

開放式探究

教師作為諮詢者（mentor）：詢問我們要去哪裡？如何才能到達目的地？在旅程中提問並提供建議。

共通屬性：

— 這種取徑的特色是著重於由學生提問或設計解決步驟，以處理教師提出的難題。

— 在某些案例中，例如專題導向學習（project-based learning）、創客運動（maker movement）或受到 Google 的「20% 時間」激發的個人化探究取徑中，學生發想問題的同時也尋求解答的程序（Google「20% 時間」在教育領域的資訊請參閱 Juliani, 2014）。

— 在此取徑中，教師可以引導學生討論以幫助他們形成通則。

▶ 照片 1.3・學生一邊做一邊修改電子積木（Little Bits）的開放式探究

來源：David French

開放式探究詳述：

蘇黎世國際學校的五年級老師凱薩琳・德意志重視學生的思考與個人的興趣，因而想要提供學生透過探究進行自我探索的機會。她調整了班級課程表以納入個人探究的時間。在這段時間，由學生選擇想要解答的主題與步驟，他們在獨立作業或在小組中探索了學校傳統課程沒有碰觸的大量主題。有些學生製作機器人模組，有些則調查舞蹈的種類與歷史。凱薩琳老師在這段時間像一個引導者，她對學生提出挑戰性的問題，讓他們更深入的思考主題，以輕推（nudging）學生進行更豐富的研究。當探究自然的告一段落時，她運用慶賀與陳列展示等方式製造分享的機會。她鼓勵這班五年級學生同時反思學到的知識，以及探究中運用的思考與研究歷程。

效益：

— 學生因為主導自己的學習以探索個人的興趣及問題，而獲得高度自主權和參與。

— 學生視老師與同學為幫助自己在探究中前進的學習資源。

— 學生選擇的主題通常觸及了學校傳統課程沒有教到的知識或歷程，因而擴展了學生理解的廣度。

挑戰：

— 探究中所需的廣泛技能組合可能壓垮欠缺經驗的學生。

— 學生在探究中的自由帶來高度模糊，可能導致學生跟老師都欠缺明確感。

— 學生選擇的探究主題可能沒有朝向課程結果發展。

— 依照結構而定，開放式的探究冒著學生最終只得到粗淺理解的風險。

概念為本探究中的探究取徑

我們要強調這三種探究取徑無所謂是非對錯，如果你已經在課堂中運用探究式教學，為了幫助學生學習，你很可能已經用過所有可能的探究形式。依據學習任務與學生的需求，我們會刻意的從探究光譜上選出適當的方法，以達到教出理解的目標。這時候的重點是**意圖**，在探究的連續進程上移動以創造學習任務，不應該產出沒有關聯、大雜燴式的方法。藉由釐清每個學習經驗企圖達成的目標，我們就可以針對教學目標刻意的進行教學設計。

我們也應該要反思學生的技能水準與先備知識如何影響教學設計，當學生精通提問與回答問題時，他們在更開放的取徑中的探究能力也隨之提升。不論如何建構課堂中的探究，基本的目標仍是逐層拆掉鷹架以促進提問與回答。如同李奧納多‧達芬奇（Leonardo da Vinci）的雋語：「可悲的是學生沒有超越他的老師。」我們的目標是將難度漸增的挑戰呈現在學生面前以創造學習的經驗，促使學生更深入學習以獲得智識方面的獨立性。

………………………………………………………………………………

不論如何建構課堂中的探究，基本的目標仍是逐層拆掉鷹架以促進提問與回答。

………………………………………………………………………………

第二部分：探討概念為本的學習

本節將概述概念為本探究的核心原則，藉以探討我們對**概念為本學習**的定義。琳恩‧艾瑞克森博士跟洛薏絲‧蘭寧博士就概念為本的課程與教學有大量豐富的著作，本節綜整她們論述中的觀點，並聚焦於兩個獨到的特色——我們將深思如何界定概念，以及知識與歷程如何提供概念層級理解的基礎。如何撰寫強而有力的**通則**等其他概念為本課程與教學的構成元素，則整合於本書其他相關章節中。

用概念來組織學習

　　概念是從主題或歷程中提取出的心智構念，可以遷移到新的情境與脈絡（Erickson, Lanning, & French, 2017）。概念幫助我們組織訊息、產生意義、分析訊息，並在複雜世界中與訊息互動。概念是思想的基石，進而創造了「在思維與世界之間的天然橋梁」（Rosch, 1999, p. 61）。概念減少了我們一再從頭學習的必要，讓我們把真實世界的經驗自動連結到思維中的分類系統。例如：在報紙文章中，我們看到一篇貧窮地區生活條件簡陋的報導，以及另一篇有關原住民團體用水權不公平的報導，即便兩件事的性質不同，我們會把這兩個真實世界的案例連結到我們對**不平等**的理解。

「在思維與世界之間的天然橋梁」
－羅煦（Rosch）

　　概念可以跨越時間、地點與情境遷移。回到前面的例子，我們對於**不平等**的理解使我們能夠辨識新的事例，即使這些事例和貧窮與用水權毫無關係。

> **心智基模：**組織並分類資訊、建立彼此間的模式與關係的心智架構（**Piaget, 1950**）。

　　在快速變遷的世界，將概念遷移到陌生脈絡的能力賦予我們巨大的認知優勢，無需記憶所有的新資訊，我們可以運用心智基模（mental schema）瞭解新事例。瞭解概念幫助我們對物體、情境與想法**產生意義**並**建立連結**，因而建構了學生的批判思考技能，與分析並深入理解周遭世界的能力。

　　那麼，我們如何定義**概念**以及其屬性？圖 1.3 的弗瑞爾模型（Frayer Model）彙總了概念是什麼與不是什麼（此策略詳見第五章，第 114 頁）。

定義： 概念是從主題或歷程中提取出的心智構念，可以遷移到新的情境與脈絡。	特性： ・兩、三個字（名詞）或短詞 ・不同程度的抽象、不受時間限制、具有普世性 ・事例具有共通屬性 ・跨越新的情境與脈絡遷移 ・可能是微觀的（特定）或宏觀的（廣博） 　（Erickson, Lanning, & French, 2017）
例子： ・故事 ・系統 ・發現	非例子： ・美洲原住民的民俗故事 ・東京的運輸 ・啟蒙運動

中央：概念

▶ 圖 1.3・弗瑞爾模型：定義「概念」

來源：Adapted from "A Schema for Testing the Level of Concept Mastery" by D. A. Frayer, W. C. Frederick, & H. G. Klausmeier, Technical Report No. 16. Copyright 1969 by the University of Wisconsin.

在學科領域與跨學科範疇中，概念存在於不同概括化（generality）的層級中（Erickson, Lanning, & French, 2017, p. 12），我們稱之為微觀概念（microconcept）與宏觀概念（macroconcepts）（詳見表 1.1）。宏觀概念諸如**觀點**（perspective）、**結構**（structure）或**平衡**（balance）代表了跨越學科的概念，同時也是單一學科中最廣博的概念，這些概念提供最大的**廣度**，也最能夠遷移到新的脈絡與情境中。例如：對**結構**的理解可以遷移到自然課對細胞結構、社會課對親屬結構、或英文課對敘事結構的理解。另一方面，葉綠體（chloroplast，一種細胞結構）等微觀概念則代表特定學科的概念知識，可以提供概念的**深度**並幫助學生發展**學科專長**。在概念為本的探究中，我們期待啟發學生對宏觀與微觀概念**兩方面**的理解。

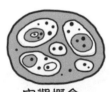

宏觀概念

微觀概念

表 1.1 ｜比較微觀與宏觀概念

概念型態	定義	例子
微觀概念	特定且增加探究深度的學科概念	・總合需求（Aggregate Demand）：經濟學 ・共生（Symbiosis）：生物學 ・寫實主義（Realism）：視覺藝術 ・線性函數（Linear Function）：數學 ・寓言（Allegory）：英文
宏觀概念	廣博而增加探究廣度的學科或跨學科概念	・模式（Pattern） ・功能（Function） ・互動（Interaction） ・運算（Operation）：數學* ・寫作歷程（Writing Process）：英文*

＊宏觀概念也可能是單一學科中最廣博的概念。

瞭解概念有大有小幫助我們找出概念之間的關係，也幫助我們規劃課程。概念可以循著高低階層由微觀概念建構到宏觀概念，像俄羅斯娃娃般一個「套」一個，最寬廣的概念像是所有相關微觀概念的容器。表 1.2 顯示了各學科幾個「嵌套概念」（nesting concepts）的示例。

為什麼「嵌套概念」對概念為本的探究很重要呢？在概念階層中的位階越高，概念就**更能夠遷移**。例如，像**系統**這樣廣博的概念，一定比**呼吸**這個微觀概念遷移得更廣，不過因為宏觀概念非常抽象，因此通常需要賦予情境脈絡。進行概念為本的探究時，我們可以從調查微觀概念開始，再找出宏觀概念。例如：先讓 5 歲小孩連結到**滋味**（taste）這個概

© Marschall and French, 2018

念，可能會讓「**感覺**」（senses）單元變得容易些。藉著反思單元概念的複雜性、學生的年齡與先備知識，我們得以在概念為本的探究中設計充分滿足學習者需求的學習。

表 1.2 ｜「嵌套概念」的示例

學科		英文	自然	體育	視覺藝術
宏觀	↑↓	寫作歷程	構造	動作	構圖
		編輯	動物特徵	靈活	空間
		慣用法	保護功能	帶球前進	負空間
微觀		字母大寫	爪子	運球	焦點

知識性與歷程性結構

　　我們需要知道知識與歷程如何構成，才能幫助學生形成可遷移的理解，就概念為本的探究而言，瞭解個別構成元素與構成元素之間的關係對說明概念性理解**至為關鍵**。知識性結構顯示**知識**與概念性理解的關係，另一方面，歷程性結構連結了**歷程**與概念性理解。這兩個模型說明了如何運用課程中離散而不連貫的部分，諸如需要背誦的事實或學會操作的技能等，以作為概念性思考的基礎。

　　艾瑞克森與蘭寧（Erickson & Lanning, 2014）發展出的知識性與歷程性結構涵蓋完整：模型下方的階層提供概念獲取與通則發展的基礎，「略過」這兩個模型的下方階層將導致錯誤或過度概化的理解。約翰‧梅迪那（John Medina, 2014）即認為缺乏事實基礎等同於「彈奏智識的空氣吉他」（p.38）（air guitar，譯按：不存在的、幻想的吉他）。在概念為本的探究中，我們採納由下而上的歸納式取徑，並提供學生機會去應用自己建構出來、以知識為基礎或以歷程為基礎的通則。

◆ 知識性結構

　　一個十年級學生正在自然課學習細胞的結構與功能，他已經花了兩堂課調查動物細胞中細胞核、核糖體及粒線體等胞器，他**知道**這些結構是什麼，但我們如何確認他真的**理解**它們彼此間的複雜關係呢？在資訊近在指尖的今日世界，我們必須確保我們的教學提升到事實層級之上，使學生能夠兼備知識、技能、理解與智識，成為適應力強的概念思考者。圖 1.4 中，琳恩‧艾瑞克森（Erickson, 1995）創造的知識性結構說明了事實如何提供可遷移理解的基礎。

在資訊近在指尖的今日世界，我們必須確保我們的教學提升到事實層級之上，使學生能夠兼備知識、技能、理解與智識，成為適應力強的概念思考者。

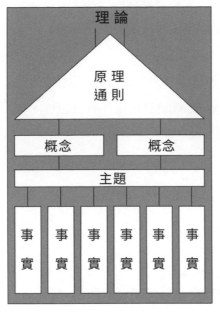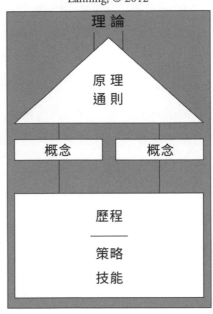

知識性結構
Erickson, © 1995

理論

原理
通則

概念　　概念

主題

事實　事實　事實　事實　事實　事實

歷程性結構
Lanning, © 2012

理論

原理
通則

概念　　概念

歷程
———
策略
技能

▶ 圖 1.4・知識性結構與歷程性結構

來源：Erickson, Lanning, and French (2017)

　　從提供探究基礎與脈絡的主題與事實開始，知識性結構沿著模型的底部一路向上。在重要的事實性內容中，我們可以萃取出重要的概念，並連結這些概念形成可遷移的理解，以下詳盡探討知識性結構各個部分。

　　主題（topic）說明了明確的學習焦點，在本質上屬於事實，因而鎖定在時間、地點或情境中且**不能遷移**。

　　例子包括：

・亞馬遜雨林的生態系統（地點）
・20 世紀的美國作曲家（時間與地點）
・2011 年埃及革命（時間、地點與情境）

　　事實（facts）構成主題的基礎，同樣被鎖定在時間、地點或情境中，像主題一樣不能夠遷移。事實性內容則提供了通則跟原理的基礎。

　　例子包括：

- 圓的面積等於 $\pi \times r^2$。
- 八分音符的時間值是全音符的八分之一，或四分音符的一半。
- 大氣壓力為 1 時，純水的沸點是攝氏 100 度或華氏 212 度。

概念（concepts）是從主題中提取出來，可以遷移到新的情境與脈絡的心智構念。概念通常是兩三個字的名詞或一個短詞，抽象、不受時間限制並具有普世性。概念可以跨越新的情境與脈絡而**遷移**，而且其事例具備共通屬性。

例子包括：

- 分數
- 運動
- 領導力

通則（generalizations）是說明兩個或更多個概念之間關係的陳述，可以跨越脈絡與情境**遷移**。通則用來表達普遍法則，因而可能需要用到**經常**（often）、**可以**（can）、**可能**（may）等限定詞。一般而言，這正是通則異於**原理**（principles）之處；因為原理是一個學科的基本規則或真理，因此不需要保留用語。在本書中，我們不區分原理或通則，都用**通則**與**概念性理解**作為**所有**概念性關係陳述的概括術語。

例子包括：

- 在國際衝突時期，國家窄化目標並排定資源運用的優先順序。
- 小數點代表存在於整數之間的數值。
- 除非受到外力作用迫使改變，任何物體將保持靜止或沿著直線等速運動。（牛頓第一定律——一個原理）

理論（theories）是依據現有最佳證據對一套特定現象的解釋，雖然我們有時會跟學生談到理論，尤其為了激發討論或辯論時，但概念為本探究的重點在於可遷移的通則。

例子包括：

- 相對論
- 弦理論（string theory）
- 大陸漂移說

盧森堡國際學校（Luxembourg）四年級老師發展出的通則：

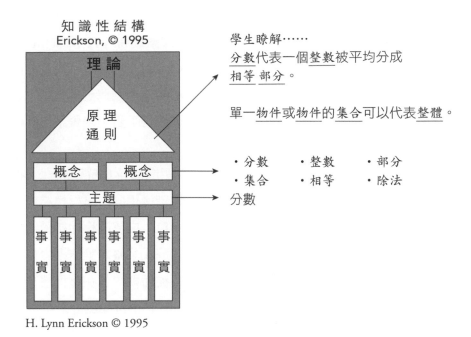

▶ 圖 1.5A · 數學：分數

孟買國際學校（Mumbai, India）的莫娜 · 希爾麥老師發展出的通則：

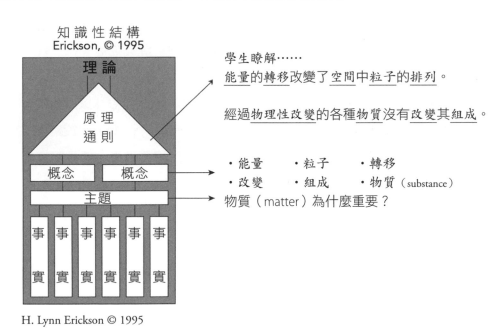

▶ 圖 1.5B · 自然：物質

◆ 歷程性結構

　　一個三年級學生上完引導式微型閱讀單元後，開始閱讀懷特（E. B. White）撰寫的《小不點司圖爾特》（*Stuart Little*）以演練**視覺化**（visualizing）的技巧。我們如何確認她瞭解視覺化的目的？她在閱讀其他文本時如何將這種技巧的效能發揮到極致？一如我們的課堂經驗，學生在抽離真實情境下會「操作」這項技能還不夠；若欠缺覺察何時與如何去應用這項技能，學生無法真的變成具有能力的探究者。

　　在圖 1.4 中，歷程性結構（Lanning, 2012）圖解說明像**閱讀理解**等歷程、**推論**等策略、以及**視覺化**等技能提供可遷移理解的基礎。與知識性結構相同，歷程性結構採納由下而上的取徑，但其模型的下半部不同。蘭寧（Lanning, 2012）描述歷程性結構以**歷程、策略**與**技能**為基礎。**歷程**的範圍最廣也最複雜；歷程可以拆解成**策略**，策略則由特定**技能**組成。在知識性結構中，我們絕對不會用單一真實案例來建構通則，但在歷程性結構中，我們可能運用一個複雜的技能，例如**找出主要想法**（finding a main idea）來建構通則，因此，歷程性結構將**歷程、策略**與**技能**三者框在同一個格子裡，以提醒我們可能從三者之一提取概念與通則。

　　以下利用蘭寧的定義詳細檢視歷程性結構的組成部件。

　　歷程（processes）是導向欲求目標或最終結果的一系列行動。歷程包括連續的階段或獨立的行動，集合起來支持歷程的整體目的，歷程可以被拆解成**策略**。

　　策略（strategy）可以想像成學習者採後設認知方式，因應並監控以改進學習表現的系統性計畫（Harris & Hodges, 1995，引自 Erickson 等人，2017, p. 39）。策略不僅複雜，其中還包括許多技能，例如，**解碼**（decoding）策略。學生需要獲得各種相關**技能**，並瞭解運用這些技能的適合情境才能有效運用策略。

　　技能（skills）則是使策略成功的細部組件或操作，例如，閱讀中的**解碼**策略包括**組塊**（chunking）與**拼讀**（blending，合成一個字的讀音）等特定的技能。

以知識與歷程為基礎的學科

　　我們用「以知識為基礎」或「以歷程為基礎」來描述不同學科，但要注意，重要的是**所有**的學科都應用這兩種模型（詳見第 27 頁，表 1.3）。例如：以知識為基礎的自然科包含大量由知識性結構提取出的重要內容，但自然科中也有許多專屬科學歷程的技能則屬於歷程性結構。知識與歷程對培育科學家都很重要。同樣的，視覺藝術是一門比較重視創意歷程的歷程學科（歷程性結構），但也包括了藝術傳統以及對藝術史的瞭解（知識性結構）。

以下是法蘭克福國際學校（Frankfurt, Germany）的鳩伊雅・摩亞許老師與蓋兒・安布朗老師所設計的通則：

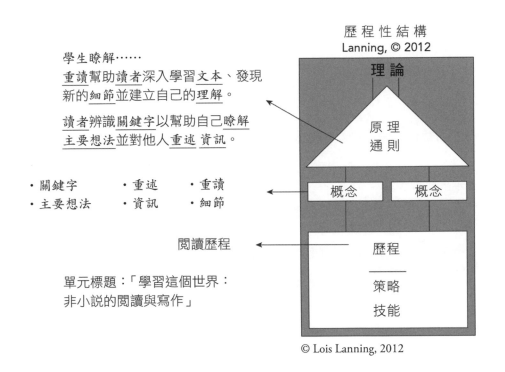

© Lois Lanning, 2012

▶ 圖 1.6A・英語文：閱讀

這是塞浦路斯美國國際學校（Nicosia, Cyprus）的佩卓斯‧帕帕沛卓老師設計的通則：

學生瞭解……
視覺化球的軌跡可以提升投籃準確度。

交叉走位削弱對手預期下一波行動的能力。

- 團隊　　　- 期望　　　- 視覺化
- 準確度　　- 球賽　　　- 對手

單元標題：「打團隊戰：籃球」

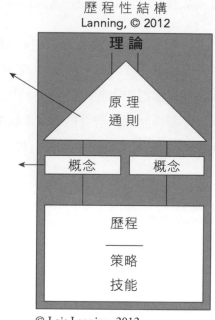

© Lois Lanning, 2012

▶ 圖 1.6B‧體育：籃球

以及英基學校協會智新書院（Hong Kong, S.A.R）的凱特‧松德斯老師設計的通則：

學生瞭解……
藝術家能夠創造訊息以說服觀看者改變他們的心態或行為。

藝術家運用大膽的色彩以創造重點並抓住觀看者的注意力。

- 觀看者　　- 重點　　　- 說服
- 色彩　　　- 訊息　　　- 心態

單元標題：「宣傳的魅力」

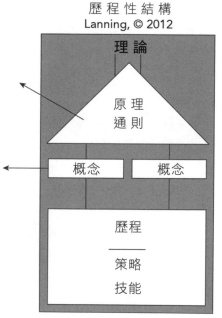

© Lois Lanning, 2012

▶ 圖 1.6C‧視覺藝術：宣傳

表 1.3 | 以知識為基礎和以歷程為基礎的學科

以知識為基礎的學科	以歷程為基礎的學科
社會科（地理、歷史） 自然科（包括電腦科學） 數學 工程學 體育（健康）	英語文 外國語言 視覺藝術 表演藝術（音樂、戲劇、舞蹈） 設計與科技 體育（策略與戰術）

　　一個概念為本的探究單元包含**五**到**九**個通則，結合了以知識為基礎的理解及以歷程為基礎的理解，我們的目標是讓學生在單元中擁有多重機會建構通則，以辨識具備單一學科與跨學科兩種性質的概念性關係。然而，瞭解這個學科較符合知識性結構或者歷程性結構將有助於我們建構通則，譬如：我們將會期望音樂課程單元包含較多歷程性通則，而較少知識性通則。結合以知識為基礎與以歷程為基礎的理解能使學生完全融入於學科中，並瞭解知識**與**歷程對於成為主動探究者的重要性。

　　在本章中，我們開始詳述探究為本與概念為本學習中，可以作為概念為本探究基礎的部分元素。藉由瞭解兩者的設計，我們可以結合兩者以支持學生發展概念性理解及探究技能與策略。在第二章中，我們將進一步考慮這些元素、勾勒出界定概念為本探究的特色以及我們的探究模式。

暫停與反思

在進入第二章之前，我們要請你先暫停一下，並反思下列問題：

· 目前你如何在課堂中運用探究為本的取徑？你的教學處於教學連續進程的哪個位置？

· 你運用可遷移想法為核心來設計課堂學習的程度如何？如何可能進一步發展？

· 目前在你的課堂實施概念為本探究的機會或阻礙有哪些？請解釋。

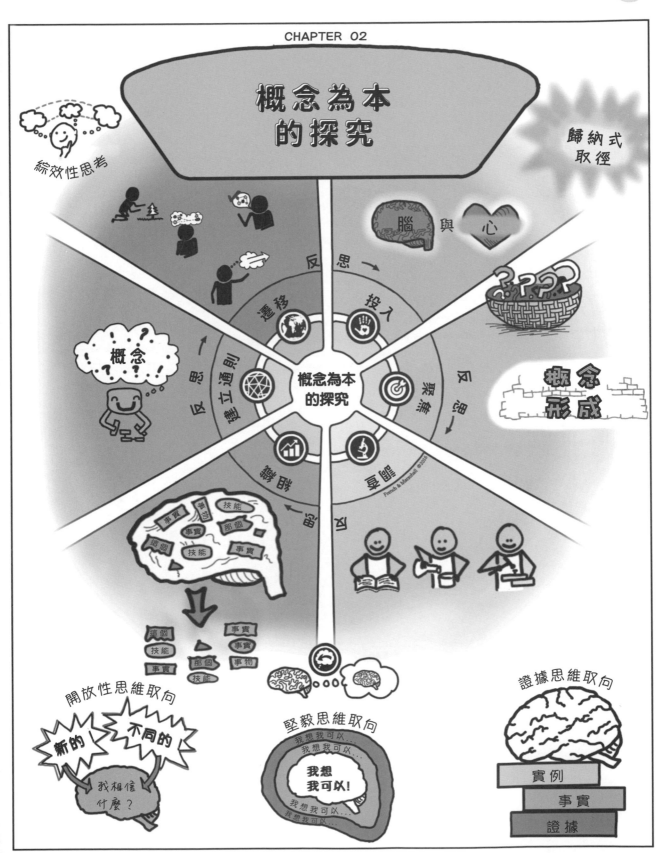

Designed by Andrea Mosteller, copyright Marschall and French, 2018

02

概念為本
的探究

為什麼進行概念為本的探究？

「我熱愛概念為本的課程，透過這種課程，學生發現自己可以掌控知識與理解，因而賦予學生能動性。當你在表面層次處理知識時，學生只會像鸚鵡一樣對你複誦；他們只是複製你教了什麼，但在學習歷程中沒有能動感。當學生深深投入深層的理解並建構自己的知識時，他們從概念為本的學習歷程中獲得高度增能，得以在新的思考情境中進行富有創意的思考與投入。」

——伊恩・提姆斯
東南亞聯合世界書院，國中部英語文領域召集人

「跟幼童深入鑽研概念性學習，讓我見證了我們應該對他們的能力抱持高度期許，我曾被他們所構成的明確通則感動。他們竟然在短時間內就開始建構可以遷移到不同情境的概念性理解。」

——梅萊妮・史密斯
阿姆斯特丹國際學校，二年級教師

 概念為本的探究模型

探究為本的學習已經發展出幾種強大的模式，這些模式形塑了我們對概念為本探究各階段目的與特色的想法（Dewey, 1938; Murdoch, 1998; Short, 2009）。我們的模式意圖幫助教育工作者反思如何透過探究為本的學習，及教師在探究歷程中**搭建鷹架**（scaffolding）的角色，以形成概念與概念性理解。本書的概念為本探究模式如圖 2.1 所示，描述了可以應用於單一學科與跨學科的教學與學習歷程，表 2.1 則簡述概念為本探究的各個階段。

▶ 圖 2.1 · 概念為本的探究模式

註：從本書會員專屬網站（www.connectthedotsinternational.com/members-only）可以下載本模型的彩色版本。

表 2.1 │ 概念為本的探究階段

探究階段	目的
投入	・從情感面與智識面吸引學生投入學習單元 ・啟動並評量學生的先備知識 ・引發學生初步的問題
聚焦	・運用概念形成策略對單元的主導概念發展出共通的理解 ・導入可以在探究的調查階段深入探索的相關真實事例
調查	・探索真實事例或個案研究，連結單元概念 ・藉提供具有複雜度及（或）引發更多問題的個案研究，以拓展學生對單元概念的理解 ・獲得單一學科與跨學科的技能
組織	・在事實與概念兩個層級整理想法 ・運用不同的教材、媒材及（或）主題領域以呈現概念與想法 ・辨認並分析情境脈絡中的技能
建立通則	・在真實事例之間建立連結並找出模式 ・說明、證實並溝通通則
遷移*	・測試並證實通則的有效性 ・將通則應用在新的事件或情境 ・運用經驗與理解以建立預測與假說 ・運用所學採取有意義的行動
反思**	・建立學生個人的能動感 ・使學生能夠規劃並監控自己的學習歷程 ・在探究進行中與完成時，評估個人與團體的學習進度

* 經常將課程單元延伸到教室上課之外的時間

** 鑲嵌在探究的所有階段中

© French and Marschall, 2016

投入（Engage）

　　探究取徑奠基於吸引學生對主題產生興趣，並連結學習者自身的經驗與先備知識。本探究階段旨在布置好舞台，界定接下來的學習範圍。投入階段運用方法導入學習主題與單元概念，點燃學生的興趣，目的是從情感面或智識面吸引學生，使他們願意將心力投注於探究並希望獲得更多發現。藉由啟動先備知識，學生得以對特定主題或一系列概念產生初步連結，包括分享已經產生的疑問。激發學生思考與好奇的學習經驗正是為了吸引學生而設計，讓教師有機會退後一步，觀察並蒐集有價值的評量資訊。第四章將深入思考在探究的投入階段中，情感面與智識面投入的種類與樣態。

▶ 照片 2.1・投入階段的課堂實作
在國際文憑（IB）高階化學課程的探究中，學生在投入階段
整理、分類並為問題類別命名（詳見第四章，第 92 頁）。
來源：Julia Briggs

 聚焦（Focus）

　　學生受到吸引而投入學習單元後，接著運用概念形成策略以發展對單元**概念透鏡**（conceptual lens）與**主導概念**（driving concepts）的理解。在學習單元初期進行概念形成

有多重效益：首先，確保所有學生對單元的主導概念形成共同理解，這可幫助學生做好後續思考的準備。當學生進入調查階段運用知識與技能時，他們可以延伸並擴充對單元概念的初步理解。

其次，聚焦於概念形成幫助老師處理在投入階段發現的迷思概念，這些迷思概念可能妨礙後續發展通則。例如在力學單元，如果某些學生認為施加力在物體上一定會發生運動，將會妨礙他們創造正確通則的能力。作為概念為本的實作者，我們必須明確顯示單元概念的關鍵屬性，並運用適切的例子與非例子幫助學生形塑想法。

最後，但同樣重要的是，藉由教學策略釐清並處理這些單元概念，因而可以確保概念、真實事例與我們希望學生產出的通則互相扣合。藉由反思並從通則逆向設計，我們得以規劃學習任務，以引導學生達致概念層級的思考。第五章將深入檢視探究的聚焦階段。

▶ 照片 2.2・聚焦階段的課堂實作
學生在探究的聚焦階段中，用曬衣繩參與光譜排序（詳見第五章，第 129 頁），以瞭解重複加法概念。

🔬 調查（Investigate）

確定對概念透鏡與主導概念獲得共同理解後，孩子們已經準備好進行自己的研究。調查階段邀請學生探索連結單元概念的一系列真實事例或技能，探究中的這個研究階段可能包括個人的、小組的及全班的探究。調查可因應課程單元中的結構數量而採取不同的形式，有時全班可以共同檢視相同的**個案研究**，而有時在脈絡較廣的主題範圍中，學生可能

選擇自己的研究。當學生研究特殊主題時，老師要維持雙向聚焦，使學生獲得事實性知識，並且發展出確保研究歷程成功的策略與技能。第六章將詳述在探究的調查階段設計並支持學生進行研究的方法。

▶ 照片 2.3・調查階段的課堂實作
學生在探究的調查階段中，用顯微鏡研究物質中的結晶如何
形成（詳見第六章，第 156 頁）。
來源：David French

 組織（Organize）

　　當學生開始探索調查發現中的模式時，組織階段讓學生有機會同時在事實與概念層級建構思考。在這個探究階段，學生組織調查階段發現的資料，運用圖、表或地圖等工具從資訊中產生意義，從不同的個案看出共通點，這對孩子來說是一個重要的步驟。組織發現可讓全班更易於瞭解內容並降低認知負荷，這個步驟支持了探究的下一個階段——發展通則。

　　同時，學生獲得機會用不同的媒材及（或）主題領域呈現聚焦階段學到的概念，這樣可使學生統整關於單元概念的想法。例如，三年級的乘法單元可能藉由畫畫或實物提供孩子呈現**序列**（array）概念的經驗，有機會展現自己的發現會鼓勵學生反思概念的重要屬性，以及如何用發散性方式描述這些屬性。第七章將詳細探討教師如何在組織階段幫助學生組織並呈現他們的思考。

▶ 照片 2.4・組織階段的課堂實作
調查結束後，學生運用文氏圖，依據屬性組織教材。
來源：Gayle Angbrandt

 建立通則（Generalize）

　　在建立通則階段，學生運用事實或技能為基礎，清楚的用一個陳述句表達概念性理解。運用之前階段發展出的**組織工具**（organizers），學生辨認模式並建立連結，然後辨識概念之間的關係，將結論寫成通則。如第一章所述，通則描述兩個或多個概念之間的關係，成為用來代表理解的陳述。例如，連結**聲音**（voice）與**閱聽者**（audience）兩個概念的通則可能是「寫作者在作品中運用聲音與閱聽者有效溝通」。

　　由於建立通則導向可遷移的理解，我們相信這是探究歷程中**最關鍵**的階段，少了這個階段，我們無法確認孩子是否能夠將思考應用於未來遭遇的新情境或脈絡。建立通則階段提供單元進行中或單元結束後各種遷移類型的基礎，包括學生啟動的行動等。第八章將檢視教師在建立通則階段搭建鷹架，以幫助學生思考發展概念性理解的方法。

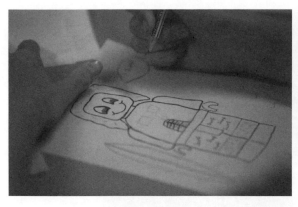

▶ 照片 2.5 與 2.6 · 建立通則階段的課堂實作
國中學生在卡歐 · 瓦老師的設計與科技課程中,將彩現
(rendering)在完稿設計中的角色建立成一個通則。
來源:David French

 遷移(**Transfer**)

　　學生形成通則後,我們要讓學生有時間應用並將這些通則遷移到新探究中的真實事例。在遷移階段,教師鼓勵學生「測試」他們的概念性理解,確認這些通則正確有效,並規劃學習任務,幫助孩子評估並改善通則的可遷移程度。我們可以針對不同遷移類型詢問下列問題:

- 針對我們研究的這些個案,這個理解**總是正確**嗎?
- 我們如何調整理解中的文字,才能更適切的反映所有的真實事例?
- 這個理解如何連結到時事及今日世界的議題?
- 我們能否將理解連結到新的情境並預測「適用程度」(fit)?
- 我們能否應用理解以創造新的想法、產品或專案?

　　雖然遷移階段只是概念為本探究歷程中的一個環節,但它常常延伸到課堂之外。學生遇到時事以及與探究有關的新學習時,將持續遷移他們的理解。當這些情境出現時,我們可以在討論中強調這些理解,以重述如何將我們的理解應用於教室外的世界。身為教育工作者,我們也可以選擇在單元結束一段時間之後重新檢視這個探究階段,特別是當幫助學生統整或延伸理解的「教學時機」浮現時。第九章將檢視遷移的類型,以及如何在探究的遷移階段鼓勵各種類型的遷移。

▶ 照片 2.7・遷移階段的課堂實作
潔西卡・韓柏—克羅夫茲老師在孟買美國學校的學生提出縮小
熱能轉移方法的假說,並在探究的遷移階段設計模型以測試這
些想法。
來源:Jessica Humble-Crofts

 反思(Reflect)

　　反思本身不構成一個探究階段,但反思鑲嵌在概念為本探究模式的所有環節中。在運用後設認知思考時,學生深思從單元中獲得的知識、技能與理解如何可能改變自己的心態、觀點或行為。我們鼓勵個人與全班在單元教學全程反思自己的學習,目的在於規劃成功的學習、監控歷程,並評估探究的結果。當反思成為教室中的經常性實作時,學生因為獲得激勵並將心力投注於學習歷程而促發堅實的能動感。我們在班級社群中示範反思對話,以創造所有學生**積極**運用所學的期望;就此而言,反思可以不著痕跡的跟遷移階段整合,且在探究結束時尤其適合。第十章將深入檢視反思在整個探究歷程中扮演的角色。

　　　　　　　探究的複雜性

　　按部就班的說明概念為本的探究模型,會有變成一套僵化步驟的固有風險。雖然模型有助於建構意義,但我們知道真實的探究其實凌亂又複雜,我們的概念為本探究模式中的

各個階段未必依照特定順序進行，因此應該被視為**遞迴的**（recursive）而不是線性的（linear）模式。例如，在單元中學生經常多次綜整發現並建構通則，每次都需要進行調查與組織階段，因此，探究單元看起來好像由一連串的「微型探究」相扣組成。探究固然是個複雜的歷程，但這個模式可以提供我們一套共同語言來進行討論並強化我們希望學生獲得的概念性理解。

概念為本的探究與歸納式取徑

如第一章所探討，我們可以將探究為本的取徑視為結構式探究與開放式探究之間的連續進程，針對連續進程中的所有取徑，我們都用主動提問作為主要工具來吸引學生投入學習、引導學生達到可遷移理解。**歸納式取徑**（inductive approach）因而成為概念為本探究模式的核心。

歸納式學習需要什麼呢？在歸納式取徑中，學生探索真實事例，搜尋事例間的共通點，進而形成通則以綜整這些發現；學生尋求模式以明確說明**每個人自己**的通則（詳見圖2.2）。就歸納式取徑而言，學生擔負思考的責任並主導自己的思考。

就啟發理解而言，與歸納相反的是**演繹式取徑**（deductive approach）：老師告訴學生這堂課要瞭解什麼，然後學生調查支持這個通則的真實事例。學生調查的目的是要證實之前**老師**在班上分享**的理解**。但在歸納法與演繹法中都需要**綜效性思考**（synergistic thinking），亦即事實層級與概念層級思考之間的交互作用以引發深度理解（Erickson & Lanning, 2014, p. 10）。

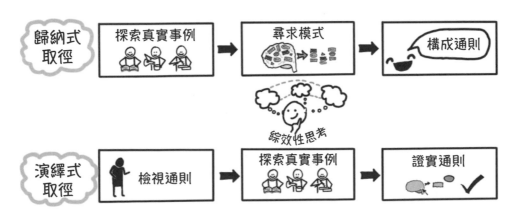

▶ 圖 2.2・促進理解的歸納式與演繹式教學
© Marschall and French, 2018

042　概念為本的探究實作

那麼，我們為什麼倡導歸納式取徑呢？如果在探討相關真實事例之前就告訴學生通則，那是我們幫學生做了思考，此舉意味著一種孩子沒有智識發展力（capacity）以自行建構理解的信念，同時也貶抑了學生的思考。如果我們想要創造思考的教室，我們必須信任學生能夠進行概念性思考，也具備概念性思考的技能。雖然教師在規劃課程時設想了一套通則，但我們不告訴學生也不「點破」這些通則，而是讓學生去建構並闡述自己的概念性理解。

如果我們想要創造思考的教室，我們必須信任學生能夠進行概念性思考，也具備概念性思考的技能。

創造概念為本探究的文化

身為教師，我們常注意到有些孩子天生就擅長概念性思考，這種學生只需要教師稍加提點或自己就能夠產生豐富的聯想、說出深具洞察的評論、將理解遷移到不同的學習。這些經驗可能讓我們相信有些孩子能夠運用概念思考但其他人就是不會——這並不是事實：**所有學生**都能夠成為概念思考者。如果我們希望教室成為豐富討論與意義建構發生的地方，我們必須反思如何建立概念為本探究的文化。這樣的教室空間創造了對學生的高度期望，同時也保障了協作與支持性關係。

所有學生都能夠成為概念思考者。

在課堂中，我們所示範並倡導的態度對創造概念為本探究的文化極為重要，在這樣的課堂中學生視自己為**有能力**的概念思考者。我們鼓勵學生採納下列思維架構，以利抽象思考並以有意義的方式連結概念（改編自 Geertsen, 2003）：

- **開放性思維取向**：考慮多重觀點與改變想法的意願。
- **證據思維取向**：保留評斷並客觀行動，直到通過檢驗得到適切證據的能力。
- **堅毅思維取向**：窮盡所有可能性、堅持通過認知挑戰、提出問題以深入探究主題的決心。

　　這三種思維取向在課堂中交織，以支持想法的分享與概念性思考的發展。如果少了**開放性思維取向**，學生可能墨守迷思概念或過度概化；若拒絕檢視所有的證據並比對證據與個人信念，學生不可能改變既有思想。少了**證據思維取向**，學生可能形成不正確或過度簡化的通則；若是不去檢查想法是否真確，學生可能棄眾多事例不顧，欠缺思慮就遽下結論。最後，少了**堅毅思維取向**，學生可能在想法間游移而掙扎於展開思路。教師應該知道如何鼓勵學生具體實現這三種思維取向，並反思怎樣在整個探究歷程中示範這三種思維取向的方法。表 2.2 描繪出幾種教師可以採納的行為，藉以促進課堂中概念為本探究的文化。在本書會員專屬網站中，讀者可以找到更多在課堂中促進這些思維架構的彙總表。

表 2.2｜促進概念為本探究文化的策略

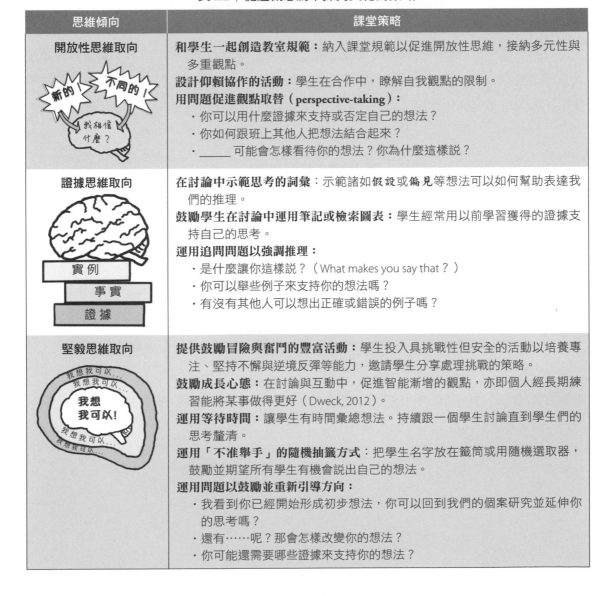

思維傾向	課堂策略
開放性思維取向 新的　不同的 我相信什麼？	**和學生一起創造教室規範：**納入課堂規範以促進開放性思維，接納多元性與多重觀點。 **設計仰賴協作的活動：**學生在合作中，瞭解自我觀點的限制。 **用問題促進觀點取替（perspective-taking）：** ・你可以用什麼證據來支持或否定自己的想法？ ・你如何跟班上其他人把想法結合起來？ ・_____ 可能會怎樣看待你的想法？你為什麼這樣說？
證據思維取向 實例 事實 證據	**在討論中示範思考的詞彙：**示範諸如假設或偏見等想法可以如何幫助表達我們的推理。 **鼓勵學生在討論中運用筆記或檢索圖表：**學生經常用以前學習獲得的證據支持自己的思考。 **運用追問問題以強調推理：** ・是什麼讓你這樣說？（What makes you say that？） ・你可以舉些例子來支持你的想法嗎？ ・有沒有其他人可以想出正確或錯誤的例子嗎？
堅毅思維取向 我想我可以… 我想我可以… **我想我可以！** 我想我可以… 我想我可以…	**提供鼓勵冒險與奮鬥的豐富活動：**學生投入具挑戰性但安全的活動以培養專注、堅持不懈與逆境反彈等能力，邀請學生分享處理挑戰的策略。 **鼓勵成長心態：**在討論與互動中，促進智能漸增的觀點，亦即個人經長期練習能將某事做得更好（Dweck, 2012）。 **運用等待時間：**讓學生有時間彙總想法。持續跟一個學生討論直到學生們的思考釐清。 **運用「不准舉手」的隨機抽籤方式：**把學生名字放在籤筒或用隨機選取器，鼓勵並期望所有學生有機會說出自己的想法。 **運用問題以鼓勵並重新引導方向：** ・我看到你已經開始形成初步想法，你可以回到我們的個案研究並延伸你的思考嗎？ ・還有……呢？那會怎樣改變你的想法？ ・你可能還需要哪些證據來支持你的想法？

教師對創造概念為本探究的文化**非常重要**，我們以身作則又是概念思考的引導者，順勢輕推讓學生在批判的分析與討論完成之前懸掛評斷。在概念為本探究的教室裡，我們嘉許**持續思考**而非捷思。我們意識到常常會因為「課程爆滿」而沒有時間教學生深入思考，最後一點（堅毅思維取向）因而難以內化成為信念。然而，如果我們真的重視**建構主義**（Constructivism）這種教學取徑，我們一定願意讓學生有機會梳理想法。在概念為本探究的課堂中，教師設計了一個慎思與觀點取替的空間，分享想法以促進個別和全體的理解。請注意，在概念為本的探究中，由於我們經常會和學生一起產出一組特定通則以扣合課程目標，因此分享想法通常發生在結構式或引導式的探究情境中。

在本章中，我們探索了以概念為本探究模式作為促進歸納式理解的教學與學習取徑，藉由說明教師促進思考與論證討論的角色，我們強調教室文化對建立學生能動感的重要性。概念為本的探究鼓勵學生主導自己的思考，因而成為扎實的批判思考者。

在第三章中，我們將務實的思考促進概念為本探究的規劃歷程，檢驗規劃步驟與策略以支持這些探究，並將探索如何創造概念嚴謹的單元以搭建學生思考的鷹架。我們將從教學單元與課程單元的角度深入思考規劃歷程中有關探究階段的角色。

暫停與反思

深入思考第三章規劃歷程之前，請你先暫停一下，花幾分鐘反思下列問題：

- 概念為本探究的模式如何引起你的共鳴？就你的課堂經驗而言，哪些部分覺得熟悉？哪些部分覺得陌生？
- 歸納式理解模式如何促進思考技能的發展？在你的課堂中有哪些歸納式理解模式的機會？
- 你的課堂文化如何促進開放性思維取向、證據思維取向與堅毅思維取向？請說明。

CHAPTER 03

規劃概念為本 的探究

單元規劃策略

要求教師找出學生在單元結束時將會……

- ☐ 理解什麼
- ☐ 知道什麼
- ☐ 會做什麼

概念為本 的探究模式 ～ 非線性

節奏　教師務必給學生時間 **建立通則** 與 **遷移**！

國小：六週單元的前一兩週用來啟動先備知識並形成概念的初步理解

國、高中：
- 可以快速完成探究階段
- 多次重新檢視探究階段

尋找渾然天成的跨學科連結

 學科的深度　 跨學科的深度

 當心被稀釋
↓
運用渾然天成的連結

單元規劃步驟

1. 創造單元**標題**
2. 辨識概念透鏡 🔍
3. 運用規劃工具 📷
4. 辨識主導概念 ▢
5. 確認單元支線 ✓
6. 撰寫通則 ✍
7. 設計引導問題 ???
8. 辨識關鍵內容 ▯▯▯✓
9. 辨識主要技能與策略 🔑
10. 撰寫評量與基準 ▦
11. 設計學習經驗 ☁
12. 撰寫單元概述

↑ 引導問題 ↱

搭建思考的鷹架
詳細說明理解

種類
事實性問題　概念性問題
激發性問題

腦力激盪　單元網絡

拆解通則

概念　關係　概念　問題
通則

通則排序

- 哪些最容易？
  - 哪些包括較多重要的 *主導概念*？
- 哪些是其他通則的前導？

繪製單元地圖

CHAPTER

03

規劃概念為本
的探究

概念為本規劃的重要性

「構思清楚的通則不只幫助我規劃並組織教學的內容，跟其他人協作撰寫通則更有助於找出概念的重要性順序與概念之間的關係。當我知道概念如何連結，我更能夠幫助學生找到這些連結。」

——瑪麗－得赫・懷海德（Marie-Theres Whitehead）

約堡美國國際學校普勒多利亞校區

國中部法語暨西語教師

本章回應了幾個有關概念為本探究課程規劃的共同問題，其中，規劃歷程概述是發展有效概念為本教學的重要步驟，詳述如下：

概念為本的探究有哪些基本規劃步驟？

規劃概念為本的探究要求教師找出學生在單元結束時將會**理解**、**知道**以及**會做**什麼，這些重要的構成元素帶出引導問題設計、評量任務及扣合概念性理解的學習活動。在單元規劃中，建構通則這個步驟使我們能夠：

- 詳細說明單元結束時將發生的可遷移的學習
- 設計促進綜效性思考的問題
- 使學習經驗扣合單元概念與通則
- 針對我們希望學生形成的概念性關係界定評量項目，設計由概念主導的形成性與總結性評量

本書第 50 至 52 頁呈現的單元規劃步驟提供了典型的規劃歷程概述，這些步驟源自艾瑞克森與蘭寧（Erickson & Lanning, 2014）的原著。針對概念為本學習規劃的新手，我們也推薦閱讀《創造思考的教室：概念為本的課程與教學》（*Concept-Based Curriculum and Instruction for the Thinking Classroom*）中的第三章（Erickson et al., 2017），其中詳細解析了規劃步驟的細節。

此外，讀者可以在本書的資源部分（第 306 頁）找到單元規劃表模板，以及一個八年

級人文課程規劃摘要。我們在會員專屬網站（www.connectthedotsinternational.com/members-only）也提供整套規劃範本表單，並且會持續增加範例。讀者可以花些時間瀏覽這些規劃表單，以深入瞭解如何將概念為本探究的組成要素整合在一起。

> **開始規劃前，反思你目前的規劃歷程。描述現行的規劃如何支持或阻礙理解的教學與學習？**
>
> _____
>
> _____
>
> _____
>
> _____
>
> _____

身為教師，我們在規劃概念為本的探究時必須運用概念思考，因此我們準備了一系列策略以支持教師團隊如何找出學生的概念學習目標，這些策略呼應了表 3.1 中列示的適切規劃步驟。

表 3.1 ｜ 單元規劃策略

策略	簡介	對應問題	規劃步驟	頁碼
單元網絡	教師設計單元網絡並辨識單元概念與重要內容，作為單元通則撰寫的基礎。	教師如何能夠增進自己對單元的理解？	**步驟三：運用規劃工具**	52
拆解通則	教師分析通則中的概念，以撰寫一系列概念性問題。	引導問題在概念為本探究中扮演什麼角色？	**步驟七：設計引導問題**	58
通則排序	教師安排通則的順序，以扣合沿著探究歷程建構的單元支線。	在單元中，這些概念為本的探究階段呈現什麼樣貌？	**步驟十一：設計學習經驗**	64
繪製單元地圖	教師為全學年各課程單元繪製單元地圖，以找出學科內與跨學科的課程連結。	教師如何產出渾然天成的跨學科連結？	**與單元規劃併行**	68

單元規劃步驟

以下規劃步驟係依據艾瑞克森與蘭寧（Erickson & Lanning, 2014）的原著為基礎，部分步驟稍有修改以搭配本書之探究目的。

步驟一：創造單元標題

單元標題提供概念性學習的脈絡，撰寫目的在於吸引學生興趣以投入單元課程。強而有力的標題勾勒出單元內容或方向。例如：有關第一次世界大戰的單元可以叫作「偉大的戰爭？」（The Great War?）以引發學生辯論。

步驟二：辨識概念透鏡

概念透鏡通常是一個寬廣的宏觀概念，可指出學習的焦點與深度，並確保綜效性思考。對國際文憑（IB）組織的老師而言，概念透鏡通常選自主要概念（key concepts）列表，但不限於此，第五章（第 107 頁）將提供更多有關概念透鏡的內容。

步驟三：運用如單元網絡等規劃工具（Erickson & Lanning, 2014）

在這個步驟中，我們運用單元網絡以辨識可能的概念與不同單元支線的概念之間的關係。我們將單元視覺化為結合的整體，但仍然可以看出個別的部分。教師有時忍不住會想在這個階段加上學習活動，但此時重要的是繼續聚焦於單元的概念與次主題。

運用單元網絡作為規劃工具時，我們從辨識單元支線，亦即探究領域開始，然後自然的向外擴展單元主題與概念，在每條支線的概念底下畫線，以便於下一步驟快速讀取。本章隨後會深入解釋單元網絡。

步驟四：辨識主導概念與微觀概念

創造單元網絡時，主導概念開始浮現。主導概念提供學習方向，以界定學習的範疇，這些概念通常反映了學習主題，因而在性質上屬於單一學科。在這個步驟中會找出四到七個引領單元學習的主導概念，過程中，與主導概念相關的微觀概念逐漸浮現。在有關第一次世界大戰的「偉大的戰爭？」單元，主導概念可能是**衝突、結盟、外交、科技、戰術與疆界**等，在第五章（第 108 頁）有更多有關主導概念的內容等待讀者發掘。

步驟五：確認單元支線

　　單元支線把單元拆解成容易掌握的探究領域（area of inquiry）。在跨學科單元中，支線則依學科領域區分，在學科內單元則由次級支線（譯按：次主題）構成。創造網絡之後我們已經意識到初步的支線，但在這個步驟中，我們將確認這些支線。教師務必交叉比對學校的課綱標準，以確保適切涵蓋課綱範圍。

步驟六：撰寫通則

　　通則是關於兩個或更多概念之間關係的陳述；利用網絡中辨識出的概念，清楚說明教師期待學生從單元中推演出的通則。在「偉大的戰爭？」單元中，運用我們找出的主導概念所建構的通則可能是**科技發展啟動新的戰術，致使人員傷亡與財產破壞擴大。**

　　依據課程的範圍與節數，每個單元包括五到九個通則。除了撰寫一兩個包括概念透鏡的通則，還要記得處理網絡支線，納入單元的主導概念與相關微觀概念，為每條支線形塑一、兩個通則。通則可能與一個或多個探究領域有關，在歷程導向的學科中尤其如此。第八章將進一步探討通則。

步驟七：設計引導問題

　　引導問題（guiding questions）搭建學生朝向通則思考的鷹架。我們建構出的問題可分為三類：事實性（factual）、概念性（conceptual）與激發性（provocative）。在規劃階段，每個通則需要設計三到五個事實性與概念性問題組合，以及兩、三個著眼於單元整體的激發性問題。本章隨後將就引導問題有更多探討。

步驟八：辨識關鍵內容

　　關鍵內容（critical content）是為通則奠立基礎、深入探討單元主題知識，並界定學生學習特定歷程所需的必要事實性知識。視單元而定，有時我們可能在撰寫通則之前就意識到關鍵內容。在此步驟中，我們也會考慮反映這些通則的「最佳」個案研究或真實事例。第六章對個案研究有更多探討。

步驟九：辨識主要技能與策略

　　主要技能與策略（key skills and strategies）確認學生在單元結束時必須會做什麼。主要技能可以遷移於不同的應用情境，因此要到設計學習經驗或評量時，主要技能才會連結到特定主題。第六章將進一步探討探究技能。

步驟十：撰寫終點評量與評量基準（assessment criteria）

終點評量顯示學生對一或兩個重要通則的理解、是否具備關鍵內容的知識與主要技能，教師需要創造評量基準作為評估學生作品的評分說明或規準。

步驟十一：設計學習經驗

我們在此步驟設計有意義、真實，且連結不同探究階段的學習經驗。學習經驗反映出單元結束時學生必須理解、知道及會做什麼。我們策略性的選擇學習經驗時，同時也在辨識形成性評量的機會。本書後續章節致力於拆解我們的探究模式並分享每個階段的操作策略。利用這些策略，教師可以規劃學習經驗，進而支持學生發展可遷移的理解。

步驟十二：撰寫單元概述

單元概述像是釣魚鉤，用來抓住學生的興趣與專注力，同時激勵學生去學得更多。

來源：改編自 Erickson and Lanning, 2014

教師如何強化自己對單元的理解？

我們瞭解教師團隊需要符合各自需求的規劃歷程，但也知道沒有任何規劃工具能夠適用於所有的需求。在本節中，我們分享以單元網絡這個「撰寫前構思」工具，幫助教師在選定概念透鏡之後能夠理解一個單元。

單元規劃策略：單元網絡（Unit Web）

在單元規劃的步驟三，我們運用「撰寫前構思」工具展開並理解一個單元。單元網絡（Erickson & Lanning, 2014）讓我們對一個單元進行全面性思考，提供一個結合重要內容與概念的視覺化概覽。單元網絡圍繞著單元支線或探究領域進行資料組織，幫助我們進行學科內與跨學科的單元規劃。以下是運用單元網絡進行單元規劃的策略：

1. 組織網絡： 運用一大張紙或 Lucidchart 等適合的數位工具，在網絡中央寫下單元標題與概念透鏡。

（續）

2. 建立網絡支線：選擇可以在單元中探討的支線或探究領域。就跨學科單元而言，支線就是不同的學科；就學科內單元而言，支線是學科或特定主題中拆解出的主要範疇。例如：一個有關政府干預市場的學科內單元可拉出經濟、公民、文化、地理與歷史等學科支線。歷程導向的單元則固定分為理解（understanding）、反應（responding）、評析（critiquing）與生成（producing）四條支線。

3. 腦力激盪想出次主題與概念：列出和各條支線有關的次主題與概念，例如：列出植物養分這個主題之後，相關概念可能包括能量、成長、光合作用、植物代謝及細胞運輸等，但不是所有支線或概念都跟概念透鏡有關聯。

4. 概念底下畫線：在各條支線中的概念底下畫線或用螢光筆強調，以便下一步驟易於擷取。

5. 創造通則：運用概念透鏡與腦力激盪出的概念撰寫單元通則，如果有需要，可以從不同的支線中選取概念來建構單元通則。

下頁圖 3.1 是一個五年級媒體單元的單元網絡範例，讀者可以進入會員專屬網站（www.connectthedotsinternational.com/members-only）單元規劃範例中查看完整單元，並研判單元網絡與規劃之間的關係。

》 引導問題在概念為本的探究中扮演什麼角色？ 《

提問幫助學生透過歸納式取徑逐步形成理解，是概念為本探究的重要環節。請記住，我們不告訴學生我們希望他們理解什麼；反之，我們鼓勵學生說明自己的理解，並運用引導問題為學生的思考搭建鷹架。在探究歷程中，我們運用引導問題將思考從事實層級推進到概念層級。引導問題將學生的注意力集中在單元中重要的面向。在規劃的第七步驟，我們從主題（事實層級）和既定的通則（概念層級）逆向回推，為每個單元設計事實性、概念性與激發性三類引導問題。

支線一：媒體識讀
溝通 (Communication)
意義 (Meaning)
表達方法 (Means of expression)
瞭解資訊 (Understanding information)
決策一超連結／影片 (Decision making-hyperlinks/videos)
數位vs.傳統素養 (Digital vs traditional literacy)
研究技能 (Research skills)
有效找到資訊 (Locating information effectively)
評估資訊 (Evaluate information)
來源評估 (Source evaluation)

支線二：媒體來源
溝通工具 (Communication tools)
影片檔案 (Video)
聲音檔案 (Audio)
印刷 (Print)
數位輸出一播客、影片、照片故事、部落格 (Digital outputs-podcasts, video, photo stories, blogs)
類比輸出一雜誌、書、期刊、報紙 (Analogue output-magazines, books, journals, newspaper)
訪談 (Interviews)
演進的科技 (Evolving technology)

支線三：社會與身分
社交網絡 (Social networks)
決策 (Decision making)
著作權 (Copyright)
抄襲 (Plagiarism)
偏見 (Bias)
隱私 (Privacy)
感知 (Perception)
數位足跡 (Digital footprint)
權利與責任 (Rights and responsibilities)

單元標題：在數位時代進用並分享資訊

概念透鏡：責任／偏見

平行單元：語文：說服的威力

支線四：資訊與溝通
設計 (Design)
有效性 (Validity)
正確性 (Accuracy)
可信度 (Reliability)
進用性 (Accessibility)
管理資訊 (Managing information)
資訊呈現 (Presentation of information)
布局與設計 (Layout and design)
圖形與影像 (Graphics and images)
目的 (Purpose)
目標閱聽眾 (Intended audience)

支線五：藝術
閱聽眾 (Audience)
目的 (Purpose)
訊息 (Message)
顏色 (Color)
線條 (Line)
觀點 (Perspective)

支線六：數學
數據處理 (Data handling)
平均數 (Mean)
中位數 (Median)
眾數 (Mode)
範圍 (Range)
偏誤 (Bias)
再現 (Representation)

▶ 圖 3.1・單元網絡範例

事實性（Factual）問題：事實性問題處理單元的內容，強調後續發展單元通則所需的真實事例或個案研究。事實性問題聚焦於主題並幫助學生理解關鍵知識，將學生導回主題中，因而鎖定在時間、地點與情境中，不能遷移到其他的情境與脈絡。

讓我們看一個國中階段 20 世紀音樂作曲單元的問題範例，我們希望學生理解的通則可能是：**音樂家的個人經驗、生活的時代與文化形塑了歌曲流派及內容選擇**。

為了搭建鷹架支撐上述理解，學生需要知道藍調等各種流派的特色。因此，我們可能會提問下列事實性問題：

- 20 世紀的藍調流行歌曲之間存在哪些共通點？
- 是什麼激勵了像比莉‧哈樂黛（Billie Holiday）等音樂家創作藍調歌曲？
- 20 世紀前半葉的文化與事件如何啟發了音樂運動？

概念性（Conceptual）問題：概念性問題可以遷移，開放的程度足以容納各種學生反應，同時也結構化的引領教學與學習導向單元的通則。這些問題幫助學生以清楚的陳述來表達自己的理解；這類問題以第三人稱與現在式撰寫以確保可遷移性。前述音樂作曲單元可能包括以下概念性問題：

- 音樂家可能如何運用個人經驗作為作曲的靈感？
- 音樂家生活的時代與文化如何形塑了他們的歌曲？
- 音樂流派如何反映作曲與題材模式？

激發性（Provocative）問題：又稱為可辯論問題，這類問題鼓勵批判性思考與對話，它們可能是事實性或概念性問題，但看起來沒有「標準」答案。即使激發性問題引出學生是或否的答案，學生接著還要選取立場，並且用證據來支持他們的觀點。激發性問題幫助學生應用知識，因此在鼓勵學生遷移自己的理解時非常有用。以下是與 20 世紀音樂作曲單元有關的激發性問題範例：

- 帕布羅‧畢卡索（Pablo Picasso）聲稱：「好的藝術家抄襲，而偉大的藝術家竊

取。」源自個人經驗中的靈感在什麼情況下被認為是竊取呢？請解釋。

- 藍調和爵士等流派已經過時了嗎？或者他們擁有時代價值呢？請解釋。

當事實性、概念性及激發性問題結合成為一套引導問題時，就完整的處理了知識性結構與歷程性結構的不同層級。那麼，在不同的年級或不同的學科看起來會是什麼樣子呢？以下是三套不同年段的引導問題範例。請注意，這些問題只處理一個單元通則，而且是寫給學生看的。如同前述，我們期望一個典型的單元包含大約五到九個通則。為了維持一個廣博而概念豐富的單元，我們建議這五到九個通則個別都包括：三到五個混合了事實性與概念性問題的題組，每個單元至少也有一、兩個激發性的問題（Erickson et al., 2017, p. 55）。讀者可以登入會員專屬網站（www.connectthedotsinternational.com/members-only）查看範例單元及各單元所有的通則與引導問題。

◎ 數學——位值（Place Value）單元（四年級）

通則：**數字（digit）的值（value）依據它在數（number）中的位置（place）決定。**

事實性問題：

- 這個數字的值是什麼？
- 我們如何顯示一個數字在數中的值呢？
- 如果向左或向右移動數字的位置，會發生什麼？

概念性問題：

- 在一個數中，是什麼決定了數字的價值？
- 改變數字的位置可能如何改變它的值？
- 小數點在十進位系統中扮演什麼樣的角色？

激發性問題：

- 如果沒有數學「規則」決定數字的值，會發生什麼？

◎ 英語文——說服性寫作單元（七年級）

通則：**作家藉由運用說服性語言、相關事例及相反論點來建構論點以支持自己的觀點。**

事實性問題：

- 在這一篇作品中，作者的觀點是什麼？
- 作者用哪些特定的語言進行說服？對讀者有什麼效果？
- 作者如何運用事例來說服讀者？

概念性問題：

- 作者如何建立論點以支持自己的觀點？
- 在一篇說服性作品中，勸說性語言的特點是什麼？
- 相關事例及相反論點如何強化了一個論點？

激發性問題：

- 有可能會過度說服嗎？請解釋。
- 勸說別人採納我們的觀點合乎道德嗎？請解釋。

● 視覺藝術——認同與自畫像（十一年級）

通則：**藝術家能夠運用一系列技法在作品中呈現自我或自我認同的樣貌。**

事實性問題：

- 文森·梵谷（Vincent van Gogh）、查克·克羅斯（Chuck Close）以及辛蒂·雪曼（Cindy Sherman）等藝術家運用什麼技法創作自畫像？他們創造了什麼效果？
- 為什麼芙烈達·卡羅（Frida Kahlo）等藝術家選擇在他們的作品中呈現自己？

概念性問題：

- 為什麼藝術家想要創作自畫像？
- 藝術家的認同如何與藝術的歷程發生連結？
- 藝術家如何能夠運用技法創造期望的效果？

激發性問題：

- 為什麼有些藝術家選擇只在自己的作品中呈現自我？
- 藝術家是否可能在作品中完全抹除自我認同？請解釋。

單元規劃策略：拆解通則（Unpacking Generalizations）

　　概念性問題引導學生在學習中發現單元通則。概念性問題的設計具有足夠的彈性讓學生透過探究以探索概念性關係，但也提供足夠的結構來吸引學生專注於單元的重要面向。

　　我們在規劃歷程第七個步驟中，用來發展概念性問題的一個策略稱為拆解通則，我們藉此策略分析通則，然後將所發現的概念性關係改寫成問題形式。過程如下：

　　1. 找出通則：一開始先選擇要拆解哪一個通則。

　　2. 找出從通則中析取概念：在任何通則中，概念都以名詞形式表達，要記得這些概念不受時間限制、具有普世性，又相當程度的抽象。劃底線或用螢光筆標示概念，將通則分解成概念列表：

　　通則：在<u>營養循環</u>中，透過**分解**的<u>歷程</u>將<u>有機物</u>分解成更簡單的**物質**。

　　概念：營養循環、分解、歷程、有機物、物質

　　3. 辨識補充概念：如有需要，將其他概念加入步驟 2 產生的概念列表中。例如因為通則中出現某個動詞而推論出的概念，或為了瞭解步驟 2 表列概念時，不可或缺的相關概念。在步驟 2 舉例的自然科通則中，我們可能想要加上分解發生的環境——**生物圈**（biosphere），以及協助分解的微生物——**分解物**（decomposer）。

　　4. 考慮重要的概念性關係：概念都找出來後，接著開始思考我們希望學生發現哪些概念之間的連結，我們自問：「我們希望學生探討概念之間的哪些關係？如何用問題逐步顯現這些關係？」

　　5. 將關係寫成問題：通常藉著將陳述轉換成問題的形式，將這些關係寫成問題。

運用概念性問題「拆解」通則

　　通則：在<u>營養循環</u>中，透過**分解**的<u>歷程</u>將<u>有機物</u>分解成更簡單的**物質**。

　　概念：營養循環、分解、歷程、有機物、物質

　　補充概念：生物圈、分解物、回收利用（recycling）

（續）

概念性問題（以標楷體標示概念）：

- 有機物如何透過營養循環產生改變？
- 分解物如何將有機物分解成更簡單的物質？
- 生物圈如何受惠於有機物的回收利用？

概念為本探究各個階段在課程單元中的樣貌？

概念為本的探究模式不是設計用來進行線性的操作，模式中的每個探究階段都有其特定目的——我們會重新檢視（revisit）各個探究階段以幫助學生理解。因此，學生在調查主題的各層面、學習技能以及形成多個通則時，通常會多次重新檢視各探究階段。讀者可以把重新檢視各探究階段這個概念想像為每個課程單元都涵蓋了多次「微型探究」：每一條支線或探究領域都是一個「微型探究」。通常這些小範圍探究會沿著探究階段進展，同時仍然跟大範圍的單元探究保持連結。此外，依據學生對學習任務的反應，我們也會決定是否為了扣合個別探究階段而增加更多統整想法或延伸想法的機會。

表 3.2 舉例說明如何在整體探究歷程中重新檢視不同的探究階段。當我們在一個課程單元中推進時，建立通則與遷移理解的機會隨之增加，重點是通則建構與理解遷移**不是**到了課程單元的最後一個禮拜才產生，我們期望學生運用概念性思考**貫穿**整個單元。身為概念為本探究的教師，我們設計多重的學習任務，讓學生在新的脈絡與情境中不斷形成並且應用自己的理解。

表 3.2｜重新檢視各個階段（單元範例）

	第一週	第二週	第三週	第四週	第五週	第六週
投入	✓		✓	✓		
聚焦	✓	✓			✓	
調查		✓	✓	✓		
組織		✓	✓	✓	✓	
建立通則			✓	✓	✓	
遷移				✓	✓	✓
反思	✓	✓	✓	✓	✓	✓

概念為本探究的節奏

　　教師的時間永遠不夠！我們在辦公室裡、跟家人一起、甚至學年一開始就不斷討論這個問題。在課程單元中，我們必須密切監控自己的時間以確保我們完成概念為本探究的階段，並留下足夠的時間來建構通則及遷移我們的理解。

永遠不夠

-各地的教師

　　涵蓋整個 K-12（幼兒園到十二年級）連續進程，我們確實看到不同年齡、不同技能水準的學生在探究的各階段以不同速度進展。就單元的進行節奏，我們提供以下建議供國小與中學階段的教育工作者參考。

　　國小：在一個六週的課程單元中，我們在前一、兩週運用投入與概念形成策略來啟動先備知識，形成並啟動對單元主導概念的理解。雖然這些策略可能運用於整個課程單元，我們必須確保學生在第二週結束之前開始探討研究個案。要記得，學生在調查階段接觸相關而有意義的個案研究，才能夠統整他們對主導概念的理解。如果我們的目的是建構生動而目標明確的單元，我們必須帶著急迫感教學，否則我們的單元可能會偏離課程、「卡住」或者失去動能，因而減損了學生建立通則以及遷移理解的機會。

　　國中和高中：因為技能與智識的成熟度，國、高中生可以快速完成探究階段，有時候可能在連續兩堂課跑完整個循環（詳見表 3.3）。我們的意圖並不是在每一個中學課程都要運用每一個探究階段，我們也不倡導把探究模式當成教學單元計畫的模板；重要的是要知道這些階段並不是僵化的，而是可以用來進行短期或者中期的課程規劃。

表 3.3 │ 高中英語文課程範例

投入 	藉由下列問題引導學生進入教學單元： ・概念性問題：「作者可能如何運用隱喻以支持讀者對文本的詮釋？」 ・邀請學生兩兩配對討論一個激發性的問題：「隱喻純粹是藝術，或者可以用來增進讀者對文本的理解？請解釋。」
聚焦 	・教師簡介教學單元中將要探究的兩種隱喻形式： **提喻**（synecdoche）與**轉喻**（metonymy）的概念，學生接觸幾個提喻與轉喻的示例，並描述其屬性。學生運用類比策略完成以下句子架構： 「如果提喻像＿＿＿＿＿＿，那麼轉喻就像＿＿＿＿＿＿，因為……。」
調查 	・學生在小組中重新閱讀不同的文本節錄，其中都包含了隱喻的例子，每個小組聚焦於其中的一個文本。
組織 	・在重新閱讀時，學生析取重要的細節，並整理在交叉比對表中。
建立通則 	・教師請學生彙總有關概念性問題的想法：「寫出一個陳述以回答我們的問題：**作者可能如何運用隱喻以支持讀者對文本的詮釋？**」
遷移 	・教師在黑板上展示之前讀過的文本中三段簡短節錄，請學生思考以下問題：「你的陳述是否適用於這些文本節錄？為什麼可以？或為什麼不可以？如果不行，你能不能改變你的陳述以適用於所有四個文本呢？」
反思 	・學生返回激發性問題並解釋自己的思考是否改變，用數位方式鍵入出場反思（Exit Reflection）：「這一課開始時，我們探索了這個問題：**隱喻純粹是藝術，或者可以用來增進讀者對文本的理解？**你現在會如何回答這個問題？這一課是否改變了或者延伸了你的思考？如果是的話，如何改變，請解釋。」

探究階段如何幫助教師規劃概念為本的探究？

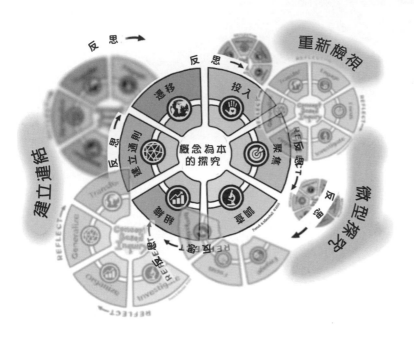

如同前述，每個課程單元從探究領域與相應的通則中取材，納入幾個「容易解決」的探究，例如，一個四年級有關媒體影響力的單元可能由廣告、新聞媒體以及溝通模式等探究領域構成。課程單元是緊密結合的**整體**，而個別探究領域則深化了對此單元的理解。

運用概念為本的探究階段規劃課程時，我們可以選擇「放大」（zoom in）一個探究領域，或者退後一步從整體觀看這個單元。這些**近程**與**中程**的雙重規劃觀點彼此互補，確保學習的深度以及單元的連續性。近程規劃亦即教學單元計畫（lesson planning）考慮學習任務如何培養學生的能力以形成自己的概念性理解；教學單元計畫還包括在計畫歷程（詳本章後續討論的策略）中，形成單元通則的順序以及如何排序，使我們得以在單元進行中建立學生的思考。

中程規劃或單元規劃（unit planning）要求我們反思一個單元如何提供學生投入概念性、批判性、創造性與反思性思考的整體性支持。表 3.4 提供了近、中程觀點的概要以及規劃時可以自問的反思性問題。本書最後的資源 B 與資源 C 中提供了統整概念為本探究各階段的單元規劃模板和一個規劃表範例；或上會員專屬網站（www.connectthedotsinternational.com/members-only）也可以找到更多的規劃表範本 。

進行教學單元計畫及單元規劃時，我們保持近程與中程兩種思維並行；強而有力的教學單元計畫有賴於覺察單元的**整體**進展，而單元規劃則需要從**教學單元層面**思考才能夠實踐。

表 3.4 | 運用探究循環進行教學單元計畫與單元規劃

單元規劃
中程視野

教學單元計畫
近程視野

最關心： 單元的整體性發展	最關心： 發展單一通則或單元支線
自問的問題： ・在這個單元裡，我們如何循著探究階段前進？ ・單元發展的下一步可能是什麼？可能連結到哪一個探究階段？ ・就探究的結果而言，學生會怎麼描述自己在宏觀面懂了什麼？ ・我們在學生身上觀察到哪些概念性思考的證據？ ・如果下次再教這個單元時，我們可以改善哪一個探究領域？ ・在課程單元中，學生如何成為學習的能動者？	**自問的問題：** ・我們如何循著探究階段前進以啟發理解？ ・發展理解的下一步可能是什麼？可能連結到哪一個探究階段？ ・在此探究中，我們的學習任務如何幫助學生建構通則？ ・我們何時可能完成微型探究，進而聚焦到另一個理解上？ ・在這個微型探究中，存在哪些讓學生選擇或發聲的機會？

單元規劃策略：通則排序（Ordering Generalizations）

開始單元規劃第十一個步驟「設計學習經驗」之前，為了產生最大學習成效，我們找出通則的順序並進行排序。單元推進時，我們的目標是以之前探討出的通則為基礎，以促進理解的統整與遷移。進行步驟如下：

1. 反思： 首先藉由自問以下問題，以考量學生的先備知識為何、最重要的主導概念是什麼，以及哪些通則可能涵蓋了其他通則。

- 考量學生的先備知識，哪些是他們最容易連結到的通則？
- 哪些通則包括最重要的主導概念？
- 哪些通則是其他通則的前導條件？例如，瞭解 A 通則有賴於瞭解 B 通則。

2. 整理通則： 在此步驟中，我們依據複雜度與深奧程度開始整理通則。我們通常可以輕易的辨識出應該放在單元開始的通則以及接下來的幾個通則，運用這些初步思考，腦力激盪出通則的排序。

3. 決定順序： 創造出通則列表後，從頭到尾閱讀以確定順序合理也符合學生需要。確認順序並粗略估計引導每個通則需要的時間，視情況適切的搭配知識導向與歷程導向的理解。

4. 在通則與單元層面規劃： 單元中起頭的通則確定後，就可以運用概念為本的探究循環開始規劃。需記得學習任務要處理單一通則的發展，同時也要顧及單元的整體大脈絡，因為許多單元內容與主要技能攸關多項通則。

表 3.5 顯示一個細胞生物學單元的通則排序，請注意知識導向的通則如何由淺入深循序發展。其中幾個知識導向的理解用以深化學生對細胞概念的理解，然後螺旋式的向外延伸到細胞運輸等更複雜的想法；歷程導向的理解則幫助學生接觸、分析並評估關於細胞生物學的科學理論。某種意義上，我們可以把歷程性通則當成引導知識性理解形成的促進因素；而在歷程導向的單元，兩者的角色相反。

表3.5│細胞生物學單元的通則排序

通則	探究領域
知識導向的理解	
1. 多細胞的生命仰賴系統中的細胞共同運作。	多細胞生物的細胞功能
2. 真核細胞包括細胞器與細胞膜，它們執行特定功能以支持細胞的生命。	真核細胞的部件與功能
3. 在細胞運輸中，身體有效率的交換細胞內部與外部的營養與廢物。	真核細胞內部與真核細胞之間的細胞運輸
4. 在身體系統內，細胞構成組織，組織構成共同運作的器官。	細胞成為較大的身體系統的部件
歷程導向的理解	
1. 科學家運用顯微鏡與其他儀器觀察並研究肉眼看不見的物體。	科學儀器在協助瞭解細胞中扮演的角色
2. 模型再現抽象現象來幫助描述並解釋科學觀念。	模型在協助瞭解細胞中扮演的角色

構思一個你自己的課程單元，有哪些理解與對應的探究領域？你怎樣安排順序以搭建學生理解的鷹架？

_____

_____

_____

建立跨學科連結的取徑有哪些？

　　在單元規劃過程中，我們會在單元之間尋找渾然天成的跨學科連結。跨學科學習提供重要的脈絡以利於理解的統整與遷移。我們知道不是每位教師都會或都想要發展跨學科單元，我們也希望確保每個學科保持整全的學習，不因為統整而被「稀釋」。概念為本的探究鼓勵學生藉由探索不同的學科觀點產生自然的連結，而在積極推動跨學科學習的同時，重要的是要留意一個常見缺失：為了增加統整而犧牲單一學科學習的嚴謹度。

　　例如，由自然科主導，有關再生與非再生能源的五年級跨學科單元中，統整的學科可能包括社會、藝術、數學與英文，風險則是當學生專注於建立對科學的理解時，英文課把閱讀時間花在瞭解能源，而沒有用來發展批判性閱讀與說服性寫作相關的概念性理解。為了平衡跨學科探究的效益，同時又不減損學科學習的嚴謹度，我們發展了平行單元。平行單元可能藉由先行（precede）單元、並行（concurrent）單元，或延伸（extend）出另一個單元以提升或深化概念性理解（參見表 3.6）。單元之間如何連結則取決於理解的複雜程度，以及如何應用這些理解到新的脈絡與情境。

表 3.6｜平行單元的種類

種類	示例	考量
先行單元：為了提前載入特定理解，在其他單元之前先教的單元。	先進行說服性寫作的單元再進行環境永續性單元，因為學生必須在實作任務中說服其他人採行更多永續性行為。	即使學生已經在先行單元中建立理解，教師可能需要以微型課程或其他形式的明示教學幫助學生將理解融入新單元的脈絡。
並行單元：為補充另一個單元而同時進行的單元。	學習地理趨勢與模式的歷程導向單元與移民單元同步並行，各自可以運用對方發展出的通則深化學生的理解。	如果一個單元中的總結性任務需要運用另一單元獲得的理解，交錯一兩個禮拜可能有幫助。因此結束日期不會相同。
延伸單元：以前面單元的理解為基礎，或為應用、延伸前面單元而進行的後續單元。	容量單元應用本學年之前所學的有關立體幾何的理解。	延伸單元不一定要緊接著前一個單元，有時候教師團隊適於採取螺旋式取徑以重新檢視概念。只要讓學生看得出來單元之間的連結，單元理解可以在學年的不同時點建構在彼此之上。

© Marschall and French, 2018

　　回到前面的能源示例，進行概念為本探究的教師預見學生將需要批判性閱讀的能力，才能夠揭露多篇文本中的偏見。因此在能源單元開始的前兩週，英文課程規劃了「說服的力量」這個單元，單元中包括了以下概念性理解：

- 作者運用感性語言與趣聞軼事以說服讀者。
- 讀者藉由評估事實證據以批判性的分析論點。
- 讀者運用多重資訊來源以建立有根據的意見。

請留意我們的單元設計使自然和英文都保有更高的學科嚴謹度。當學生能夠將閱讀歷程中獲得的理解運用於能源單元時，真實的跨學科思考便會發生；其前提端賴於有機會進行有意義的正增強以及技能與策略的實踐。

找出並善用這種學科間真實連結的方法之一是繪製整個學年的各學科單元地圖〔IB 大學預科課程（Diploma Programme）則比對兩個學年〕，即使是通常以單一學科為基礎的國中與高中課程，都因為協力比對出知識導向或歷程導向單元而獲益。

我們從學生的學習需求開始，決定要發展哪種平行單元，若課程單元由幾位教師教授不同部分時尤其重要。如果前一個單元的收尾跟下一個單元的開端顯著分歧，我們必須嚴格檢視如何組織這些單元。是否為了讓學生日後可以重新檢視概念而必須這樣排序？或者這種排序反映出年復一年的老方法？如果答案是後者，或許教師需要以學生學習為前提，重新考慮單元的組織。

> **想想你整學年的教學單元，原來的順序如何幫助學生建立學科內與跨學科理解？可能如何改善？**
>
> _____
>
> _____
>
> _____

表 3.7 展示一個二年級單元地圖的示例，說明單元之間如何自然發生的統整、如何以平行單元方式進行以深化學習。例如：當學生在課堂模擬市場進行買賣活動時，「商品與勞務」單元可以自然的連結加法與減法，藉以提供真實生活的脈絡讓學生應用理解；但在這個單元進行時，英文課聚焦於敘事閱讀與寫作，若將英文統整進來會變得勉強而失真。然而，在進行自然課的「簡單機械」單元時，學生同時在英文課探討了訊息性寫作與非小說閱讀，當學生在研究與溝通想法時，英文課獲得的理解就可以應用在這個自然單元中。

單元規劃策略：繪製課程單元地圖（Unit Mapping）

　　繪製課程單元地圖讓我們得以看到課程單元有意義的建構在彼此之上，提供整學年（IB 大學預科課程則為兩學年）的課程鳥瞰。以下是組織單元地圖的一種方法：

　　1. 製作日曆柵格：設計一個柵格式的單頁學年概覽電子檔或紙本圖表，依照慣用方式在每個欄位最上方標示學校週數或月份，務必在欄位最上方寫下會使授課時數減少的重要日期，例如校外教學或特別活動週。

　　2. 名稱欄：名稱欄位於柵格的最左欄，K-5 年級的教師可以放進該班各個學科；而6-12 年級教師可以標示三列：知識導向單元、歷程導向單元以及跨學科單元。

　　3. 畫出單元地圖：運用便利貼、鉛筆或數位工具，開始畫出整個學年的單元地圖。我們的目標是在學科領域內與跨學科領域之間建立想法的複雜度，務實的做法是先從去年度的單元排序開始，然後反思以下問題來促進討論：

- · 整年度中有哪些概念排序跟導入的效果良好？
- · 有哪些更好的排序方法，有助學生循序建構想法？
- · 就既定儀典、模擬考試或期末評量等時間考量，是否有任何單元教學需要在年度中特定時間進行？
- · 由於單元的進度考量，可能錯失哪些跨學科連結的機會？
- · 可能可以加上哪些自然發生的機會以運用理解？

　　4. 強調跨學科連結：跨學科單元通常需要格外費心才可能成功，可能需要教師間的協商以確保單元間的連結，進而極大化跨學科學習的機會，這樣的協商需要所有參與教師保持彈性。規劃單元地圖之後，接下來標示跨學科的連結並大致決定如何進行規劃。例如：參與教師是否提前兩三週見面？若是，設定預計會面時間。是否有特定的理解會被應用或延伸到本年度的後續單元？若是，在規劃表中註記，以確保不會遺漏這個連結。

　　5. 年度中的檢閱設計：決定在年度中如何檢閱已完成的單元地圖，以進行調整或記錄可供下學年參考的重要學習經驗。

表 3.7 | 單元地圖範例

	八月	九月	十月	十一月
社會 / 自然	社區：商品與勞務		力與運動：簡單機械	
英文（寫作）	個人敘事寫作：生活片刻		訊息性寫作：書的一切	
英文（閱讀）	小說閱讀		非小說閱讀	
數學	數感	加法與減法（包括貨幣）		測量：長與寬

🔗 連結其他探究階段

在接下來各章中，我們將詳細檢視各個探究階段，以探討哪些特定策略可以納入概念為本的教學單元計畫。因為課程單元規劃在課程正式實施前已經完成，依循單元規劃進行的教學單元計畫則保持高度彈性，我們可以把單元規劃當成建立基礎，然後在課堂中加以調整，以確保個別學生的需求得到滿足。

在第四章中，我們將深入檢視探究的投入階段。因為我們的目標是在單元開始時吸引學生心靈與思維的投入，我們將分享多項策略來創造激勵學生發現更多的「釣餌」。我們會舉例說明投入策略如何提供有關學生先備知識的雙重目的：讓學生啟動思維基模；同時提供我們有價值的評量資訊以輔助單元規劃，並將探討學生初步提問所扮演的角色。

暫停與反思

朝向第四章邁進之際，花點時間利用下列問題暫停與反思：

· 你目前如何規劃課程？你的方法在哪些方面符合概念為本探究的規劃？

· 設計你下一個課程單元的單元網絡。這些單元支線如何反映出知識導向與歷程導向的重要理解？

· 概念為本的探究模式可以從哪些方面幫助課程單元規劃與教學單元計畫？

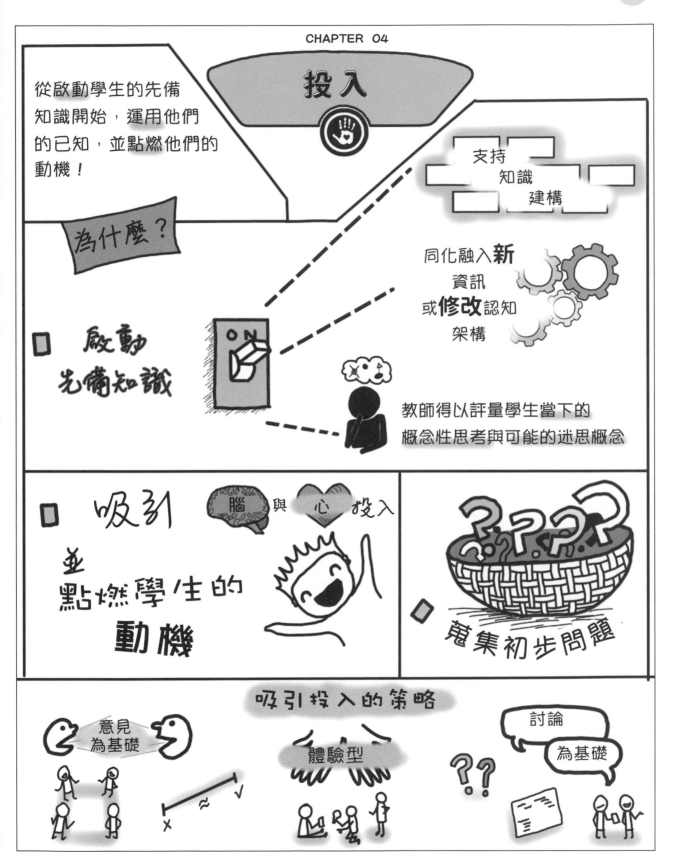

CHAPTER

04

投入

探究的投入階段

階段目標：

· 從情感面與智識面吸引學生投入單元學習
· 啟動並評估學生的先備知識
· 邀請學生開始提問

本階段的主要引導問題：

· 事實性問題
· 概念性問題
· 激發性問題

投入階段的課堂實作

　　東南亞聯合世界書院八年級人文學科南西・費爾伯恩老師正要開始聚焦於**工業化**的新課程單元。為了吸引學生投入學習同時蒐集學生對這個概念的想法，她運用激發性陳述引導學生進行四角辯論。老師將涵蓋非常不同意到非常同意的四張意見卡張貼在教室四周，學生將辯論「工業化的好處足以抵銷環境付出的代價」等陳述。在這個活動中，南西老師啟動學生的先備知識並蒐集評量資料，這些資料讓她得以洞悉八年級學生的迷思概念。學生是否沒有考慮到工業化的結果增進許多人的生活品質，而對工業化抱持負面觀點？他們認為工業化時期的特徵是什麼？在辯論過程中，南西老師鼓勵不同「角落」的學生分享自己的觀點，並記錄重要的學生意見。之後，她運用學生的想法來設計概念形成活動，以進一步協助學生發展對**工業化**的理解。

運用投入策略啟動先備知識

在投入階段，我們運用策略幫助學生啟動先備知識。先備知識不只是學生已知的知識，還包括學生的個人經驗與接觸到的想法。先備知識協助學生選擇與組織新的資訊，因此在學習中發揮了關鍵作用（Mayer, 2011, p. 35），在此過程中，學生同化（assimilate）新資訊以融入現有的基模中，或者改變認知結構以調適（accommodate）衝突的資訊（Piaget & Cook, 1952; Wadsworth, 2004）。

同化：新資訊融入既有心智基模的認知歷程。

調適：因為接觸新資訊而改變或修改個人心智基模的認知歷程。

為何啟動先備知識對概念性理解非常重要呢？如果我們在教學中沒有要求學生提取相關的先備知識，知識建構會變得更加繁重複雜。當新資訊連結到過去習得的概念時，有意義的學習才會發生（Novak, 2002）。鼓勵學生反思他們可能已經知道什麼，對幫助現有**心智基模**（mental schema）的調整或成長**非常重要**。

吸引　腦　與　心　投入

如果我們在教學中沒有要求學生提取相關的先備知識，知識建構會變得更加繁重複雜。

啟動先備知識讓老師有機會評估學生當下對單元概念的理解，及可能持有的迷思概念。概念改變的相關研究指出**重新建構**（restructuring）知識的重要性（Carey, 1987; Olson & Loucks-Horsley, 2000）。藉由引出學生對世界抱持的觀點，我們可找出方法幫助學生發展概念性理解，例如，在「移民」單元中，有些學生提出唯有在別無**選擇**的狀況下，**移民**才會成為考慮的行動選項。老師記下學生的這個看法，在單元後續教學導入推力與拉力（push-and-pull）的元素時，再回頭處理這個議題。

當學生具備**相關的**先備知識時，學生和所學可以建立更深的連結（Novak, 2012）。習得支離破碎事實性知識的小孩，比起從未接觸同一主題的小孩，不見得更有可能形成深度的概念性理解。運用教學策略引發學生思考時，讓教師有機會決定在單元開始時需要進行什麼教學。如果發現學生對單元主題或主導概念認識有限，教學就會從預先教導內容知識開始。啟動先備知識讓學生在各探究階段的學習更加有意義。

運用策略引發學生學習動機

動機是一種啟動、引導與維持行為的內在狀態（Gerrig & Zimbardo, 2002）。動機幫助學生設定目標並堅持達成目標，藉以促進學習。影響動機的正向因素有很多，例如個人的興趣或解決問題的渴望。

在課程單元中，我們可以運用策略吸引學生的心與腦投入，以點燃學生的動機。其中一些策略，例如模擬，可能創造出強烈的情感反應以激發學生；前述的四角辯論等其他策略則為了吸引學生投入智識而要求學生經過思考後決定觀點。我們選擇並運用投入策略以促進學生集體發展成長心態（Dweck, 2012），具備成長心態將使學生認為概念性理解會隨著時間投入而不斷進展。

初步問題，初步思考

另一種協助學生投入的方法，是詢問學生是否有任何和本單元相關的問題。但是我們必須覺知，如果對本單元內容的經驗有限，尤其對主導概念的相關經驗有限時，學生一開始可能只會問表面的問題。為了鼓勵真正的疑問，我們應該反思何時與如何邀請學生提出問題。唯有對主題有所理解時，學生才可能發展出有意義的提問（Lindfors, 1999）。就這一點來看，我們應該把投入階段蒐集到的問題當作「初步思考」（first thinking）。這些問題提供我們有關學生思考的重要縮影，可以用來規劃調查階段的小組或全班調查活動。等學生接觸更多與單元主導概念相關的真實事例後，應該提供他們多重機會以改善提問或者提出新的問題。

我們應該把投入階段蒐集到的問題當作「初步思考」。

重新思考我們對投入策略的使用

投入策略通常會刺激學生並引起動機,因此我們可以想像在教室中以特別的方式運用這些策略。例如,有些教師會認為投入策略主要應該用在單元開始的時候。但與其考量這些策略適用的限定時段,不如思考它在單元中的**目的**(purpose)。正如在第二章所描述,我們必須瞭解概念為本探究的遞迴特質,以及如何根據我們的目標而重新檢視某些階段。表 4.1 中我們深入思考有關投入策略常見的迷思概念,並釐清在概念為本的探究中如何應用。

表 4.1 | 在概念為本的探究中如何運用投入策略

迷思概念	如何運用於概念為本的探究
「投入策略只能在單元一開始的時候使用」	投入策略可以運用於課程單元或教學單元的不同時點。它們在以下情境特別有效: ・單元進行似乎失去動能或者需要「重新啟動」時。 ・發展新的探究線或是新的概念性理解,因而改變單元的發展方向時。 ・針對學生的先備知識或是可能的迷思概念需要額外的評量資訊時。
「在概念性理解的教學中,運用投入策略固然**很好但非屬必要**」	投入策略之於概念性理解,有如**破土之於興建摩天大樓**,它們標記了未來學習的位置與目標。投入策略讓學生存取自己的心智基模、看見班級中的多元思考,並且更易於連結單元主題及主導概念。
「投入策略和單元評量完全無關」	投入策略是我們評量工具箱的一部分,它們幫助教師引出學生的思考。如果在單元中多次使用,可以看出概念性理解隨時間進展發生的改變。當我們再次運用時,投入策略可以作為有效的學生反思工具。

投入階段的策略可分成三大類:

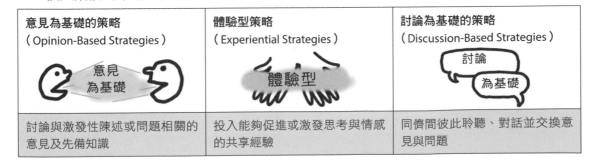

意見為基礎的策略 (Opinion-Based Strategies)	體驗型策略 (Experiential Strategies)	討論為基礎的策略 (Discussion-Based Strategies)
討論與激發性陳述或問題相關的意見及先備知識	投入能夠促進或激發思考與情感的共享經驗	同儕間彼此聆聽、對話並交換意見與問題

在探討本章策略前，思考你如何吸引學生投入單元學習。你的策略和前述三大類策略的關聯為何？你如何運用你的策略？

_____

_____

_____

_____

_____

_____

投入策略表

表 4.2 ｜ 投入策略

策略	簡述	頁碼
意見為基礎的策略		
四角辯論	學生就激發性的陳述採取立場並進行辯論。	80
光譜表態	學生利用連續進程分享對一個問題或陳述的意見。	83
體驗型策略		
模擬	學生參與模擬真實生活情境或狀態的體驗。	86
胡搞瞎搞	學生就一個開放式探究問題，運用材料進行實驗並進行觀察。	89
討論為基礎的策略		
問題延伸	學生運用策略來產生、排序並討論單元的相關問題。	92
對話協定	學生依據協定參與有關先備知識以及當下想法的對話。	94
蜘蛛網討論	學生交流先備知識以及目前問題，並運用視覺方式記錄討論模式。	95
關係導圖	學生在回答開放性問題時，將回應寫在便利貼上，並進行分類與命名。	97
母語連結	學生運用母語探討個人和單元之間的連結，建立母語與所學語言之間的字彙庫。	100

意見為基礎的策略

如第三章所述,在概念為本探究單元的規劃過程中,我們提出三種問題促進學生學習:

- **事實性問題**確定學生在單元中會接觸到的真實事例
- **概念性問題**協助學生發掘概念之間的關係
- **激發性問題**鼓勵學生在討論和觀點取替的過程中,運用先備知識以及新的學習

此類策略大多運用**激發性陳述**(provocative statement)而非**激發性問題**(provocative question)。把問題轉換成陳述句是刻意設計的教學策略。激發性問題通常需要對答案採取較堅定的信念;許多問題的寫法會要求答案有對 / 錯之分,因而強迫學生採取堅定立場。反之,藉由要求學生權衡陳述句,我們可以邀請所有的學生參與討論,而不僅僅是那些有強烈意見的學生。在規劃意見為基礎的策略時,我們將我們的激發性問題細分成「一口大小」(bite-sized)的陳述句,讓學生比較容易處理。表 4.3 中列舉如何將激發性問題「轉譯」(translate)成激發性陳述。

表 4.3 | 用激發性問題創造激發性陳述

主題	主導概念	激發性問題	激發性陳述
工業革命	工業化 科技 生產 改變 原因 結果	工業化或沒有工業化的世界哪一個比較美好?	・當一個社會工業化時,生活的所有面向同時改變。 ・工業化發生於歷史上的特定時代。 ・工業化的好處足以抵銷環境付出的代價。
球場技巧	場地比賽 攻擊 防禦 團隊合作 協同合作 連結	球隊中最重要的角色是誰?	・最常持球的球員是球隊中最重要的球員。 ・在比賽中,攻擊比防禦更重要。 ・只要球隊有幾個很強的球員,彼此是否合作無間並不重要。
寫實小說	作者 寫作歷程 敘事 現實 人物 主題	小說反映現實嗎?	・受到真實經驗啟發的故事既可視為小說也可視為非小說。 ・在故事中作家應該改變真實事件。 ・讀者較容易認同和自己生活相似的故事。

四角辯論（Four-Corner Debate）

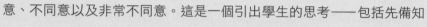

如何運用：這個策略讓學生針對一個激發性陳述選取立場，並依據自己的看法各自聚集在教室的四個角落；各個角落標示以下評量尺度（rating scale）用語：非常同意、同意、不同意以及非常不同意。這是一個引出學生的思考——包括先備知識與可能的迷思概念的有效策略。以下提出這個策略的一種引導方式：

1. 發展陳述：運用本單元的激發性問題，建構出大約三個到六個激發性的陳述。在撰寫陳述時，心裡要惦記著單元規劃階段設計出的主導概念及激發性問題，務必確保這些陳述會引發不同的觀點，並鼓勵在課堂中辯論。

2. 界定常規：我們運用這個策略是希望學生在安全而心智開放的環境中分享意見，務必在宣讀陳述之前，跟學生說明期望的行為。

3. 展示陳述並分成四組：展示陳述並要求學生去一個最能夠反映當下想法的角落，鼓勵學生想好一個選擇的**理由**，而不是只跟隨好朋友或多數人去某個角落。

4. 分享論點：分組完成後，同一角落的學生將論點整合，並對不同角落的同學分享想法。聽完其他角落的主張後，學生可以改變立場加入另一個角落或提出反駁。

5. 記錄想法：我們建議由教師快速記錄，或國中以上的課堂可指定一個學生記錄辯論中的主要想法，等到課程單元後面學生有時間時，可以審視這些紀錄並進行調查。

表 4.4 ｜ 四角辯論的陳述範例

領導力單元（社會） ・領導者出於天生，不是後天所造就。 ・擁有最重要頭銜或地位的人就是領導者。 ・最優秀的領導者既外向又善於社交。 ・偉大的領導者單打獨鬥。
個人健康單元（體育） ・連續幾個晚上睡眠不足不會影響到一個人的健康。 ・只要對方沒有生病，我們可以跟他們共用牙刷、化妝品等個人物品。 ・不分個人背景或生活形態，食物金字塔適用於所有人。
基因單元（科學） ・所有的突變都是有害的。 ・顯性特質是族群中最容易被發現的特徵。 ・基因決定了所有的生物特徵。 ・複製生物是跟原本生物一模一樣的複製品。

改編：通常依單元的陳述及內容的複雜性不同，單元開始時學生可能沒有足夠的先備知識參與辯論。如果學生因為缺乏背景知識而無法深入參與，可以在基本教學完成後再進行本策略。或者可以在單元結束時再次進行四角辯論，以呈現學習結束時全班的思考如何改變。其他改編方式如表 4.5 所示。

表 4.5 | 四角辯論的改編版

極端陳述：對於小學學生，我們可以添加限定詞（例如**永不**或**總是**）把陳述變得更加武斷。例如，「移民總會帶來機會」。更強烈的陳述措辭通常使學生更容易選取立場或想到**否定**的實例。	**報數：**學生對陳述選取立場並走到一個角落後，讓他們報數編號並形成代表不同意見的小組。鼓勵學生坐在混合小組中分享不同的觀點。他們甚至可以運用資料組織圖來記錄論點，作為後續課堂討論的基礎。
強迫的觀點：在單元的後半段，設計這個活動讓學生根據教師選擇的立場而不是自己的立場來回應。例如，我們可能要求所有非常同意的學生改採非常不同意的立場；也可以刻意或隨意進行學生分組。指示學生運用單元中所學的知識來建立論點，以支持自己代表的觀點。	**修改陳述：**隨著單元的進行，學生可以修改原來的陳述，以利陳述真實反映課堂的研究。如果需要，學生可以使用以下句子架構作為這項活動額外的鷹架： · 因為……，所以 _____ 是不對的。 · 因為……，所以更準確的說法是 _____。

辯論「推文」（Tweets）：向學生提出激發性的陳述或問題。在黑板上畫出四個象限並標示評量尺度用語，例如，非常同意到非常不同意。學生分成小組思考他們的意見。指導學生在反映他們意見的象限中寫一條「推文」，回覆需少於 280 個字元。推文要能吸引目光而文意清楚。該策略快速呈現學生的思考，可以在課程前和課程後重複進行這個活動，以顯示學生思考的改變。

回想你的一個課程單元。這個單元會有什麼樣的激發性陳述？ 你希望從中蒐集哪些類型的評量資訊呢？

▶ 影片：四角辯論——誰的責任？媒體（五年級）

在本影片中，我們將觀看楚蒂・麥米林老師在德國威瑪圖林佳國際學校的五年級課程，課堂上學生們進行了四角辯論。在進行辯論之前，楚蒂老師先進行模擬策略：向全班展示自己準備的一則假新聞，讓所有學生相信自己有機會參加好萊塢電影試鏡。辯論的最後一個問題讓學生們在發現楚蒂老師的故事是假的之後，有機會反思整個學習歷程和自己的感受。

課堂中辯論的陳述如下：

- 讀者或觀眾有責任決定媒體報導是否屬實。
- 媒體有責任報導真實的訊息。
- 假新聞應該是非法的，任何人發布假新聞都應該被罰款五百萬歐元。
- 楚蒂老師可以說謊，因為這件事提供了寶貴的學習經驗。

觀看影片時，請思考以下問題：

1. 為什麼讓學生在辯護自己的立場之前討論想法很重要？
2. 為什麼我們讓學生可以在聽到其他學生的想法後改變立場？
3. 楚蒂老師運用哪些策略以確保所有學生都參與課程並能夠進行學習？
4. 有時候模擬涉及設計假象讓學生相信。為什麼這類學習經歷結束後，進行總結匯報很重要呢？

讀者可以在我們的會員專屬網站（www.connectthedotsinternational.com/members-only）觀看此影片。

▶ 照片 4.1・楚蒂・麥米林老師班上的學生投入四角辯論
來源：David French

光譜表態（Spectrum Statement）

如何運用：這是一個運用光譜跨越教室地板的彈性策略，兩端標示與下列類別有關的兩個評量尺度用語。例如：

- **同意程度**：非常不同意到非常同意
- **頻率**：絕不（Never）到總是（Always）
- **重要性**：不重要到重要
- **熟悉度**：非常不熟悉到非常熟悉

操作此策略時，學生在光譜的兩端之間移動位置，以反映他們對幾個激發性陳述的觀點。這些激發性陳述取材於單元的激發性問題，陳述中的字彙可以依據選用的尺度稍做修改。

1. 發展陳述並決定度量位置：與四角辯論類似，先發展出反映單元激發性問題的三到六個激發性陳述。接下來決定尺度，運用以頻率或重要性為準的尺度，我們可以評量學生先備知識的其他面向，例如個人偏好或經驗。

2. 說明尺度標準：在展示陳述讓學生進行思考之前，先說明尺度用語以及如何決定站在線上的什麼位置。年紀較小的孩子最可能需要舉例示範。

3. 公布陳述並讓學生排隊：逐一展示陳述，邀請學生站到線上一個足以反映自己的觀點、偏好或經驗的位置。要求學生思考沿線的同學分布情形；同學是否聚集在某一邊？這顯示了什麼？

4. 分享思考：邀請一些站在線上不同位置的學生分享自己的想法，選擇時強調光譜代表程度差異的本質，藉以看出細微差異。

5. 記錄收穫（take aways）：因為這個活動的尺度不只反映觀點，所以可用多種方式將收穫記錄下來。當使用熟悉度尺度時（非常不熟悉到非常熟悉），學生可能想要把思考記錄在 T 字表（T-Chart），藉以顯示他們對主題或主導概念各個面向的大致瞭解程度。

▶ 照片 4.2・橫跨教室的光譜尺度

如表 4.6 所示，可以很容易的對光譜表態這個活動進行改編。

表 4.6 | 光譜表態的改編版

坐熱板凳（hot seat，譯按：意謂處境艱難而身負重任）：在光譜的兩邊各設置一個「熱板凳」。學生站到線上以表達對陳述的反應後，從光譜兩邊各徵求一位學生坐上熱板凳，和全班同學分享他（她）的意見。更換陳述時，邀請其他人輪流坐熱板凳。	**產出陳述：**當學生習得更多事實性訊息並深入瞭解單元概念時，邀請他們為光譜表態產出自己的陳述，要記得目標是激起課堂內的辯論。學生可以從探討過的個案研究中引發靈感，產出自己的陳述。
牆上光譜：將光譜陳述整理成海報掛在牆上。學生可以在反映他們想法的位置，貼上簽了名的便利貼。在單元學習中，同一張海報可以多次利用以顯示學生思考的變化。照片 4.3 用一個有關工業化的激發性陳述呈現此策略。	**討論評量尺度用語：**在正式參與活動之前，讓小學生有機會依據個人背景經驗討論評量尺度用語。例如，在二年級的班會中，我們可以問：「在你的生命中，什麼對你是**重要**的事物？什麼是**不重要**的事物？」這樣的提問能讓學生將他們對這些用語的理解，更容易遷移到光譜表態的活動上。

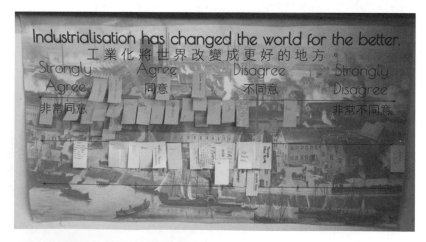

▶ 照片 4.3・牆上光譜的課堂實作
南西・費爾伯恩老師的八年級學生以牆上光譜記錄他們對工業化的想法。

體驗型策略

　　我們瞭解課堂中的學生擁有各種背景及不同的經驗型態。不論在校內或校外實施，體驗型策略讓學生有機會獲得有趣並刺激思考的共享經驗。因為體驗型策略提供所有學生共同的經驗，分析這些共同經驗，可以在一個單元的後續階段協助形成單元的通則。例如，模仿全球財富分配的飢餓饗宴（Hunger Banquet）模擬活動，可以為以下通則提供證據：**財富分配的方式可能協助或阻礙個人獲得機會。**

　　我們經常看到小學課堂中運用體驗型策略，其實這些策略在國中和高中課堂也很有效。國中人文學科教師南西・費爾伯恩經常在課堂上操作模擬的活動。她建議說：「我認為有時候我們也可以避開模擬，直接進入課程內容或希望學生理解的通則；不過模擬確實對連結學習經驗很有幫助。」

　　除了吸引學生投入學校中的體驗策略，我們也可能要學生建立學校經驗與家庭生活之間的連結。「家庭連結」讓學生獲得先備知識並和家人一同反思自己的想法。本章雖未詳述，通常這類策略包括從家中帶一些家傳文物到學校，或藉由訪談讓家人或社區成員共同參與。

　　像實地考察等體驗型策略可能比其他投入策略需要更多的準備工作。因此，我們經常看到教師在單元結束的階段才操作體驗型策略，而不是在課程一開始就運用。然而，體驗型策略在單元中的使用時機會改變使用的**目的**，如表 4.7 所示。我們建議在學年開始時，要挪出時間來檢視所有課程單元並規劃體驗型策略，這樣就可以配合學習目標運用體驗型策略，以奠立概念性理解的基礎。

表 4.7 │ 體驗型策略的使用時機和目的

單元階段	在概念為本探究中的目的
開始	・啟動學生的先備知識。 ・吸引並激勵學生投入學習單元。 ・提供足以刺激學生提出問題的經驗。 ・讓學生接觸到後續調查階段要探討的事實性內容。
中間	・運用真實生活情境作為蒐集資訊的研究工具。 ・將課程單元的焦點轉換到一條新的探究線。
結束	・將建立通則階段中建立的理解遷移到新的脈絡與情境中。 ・反思並讚揚在課程單元中所累積的學習進展。

在表 **4.7** 中，我們分享了體驗型策略的運用時機如何改變它在課程單元中的目的。通常你會在什麼時候規劃課程單元的校外教學等體驗活動？可能會有哪些優點和挑戰？

_____

_____

模擬（Simulation）

如何運用：當學生欠缺課程單元的相關經驗或難以理解其他人的觀點時，模擬是個強而有力的策略。經由模擬，學生有機會從日常脈絡中抽離，轉而思考真實的情境。模擬讓學生有機會超越自己的生活經驗思考，從情感面連結課程單元的內容。研究指出，模擬可幫助各種年齡的學生瞭解複雜的概念性關係（Andrews, Woodruff, MacKinnon, & Yoon, 2003; Wilkerson-Jerde, Gravel, & Macrander, 2015）。以下是引導模擬策略的幾個要訣：

1. 對學生的情緒反應預做準備：有些模擬可能引發強烈的情緒。在進行模擬之前，我們務必要考慮學生的年齡和背景以評估適切與否，如果模擬可能激起強烈情緒反應，一定要先跟學生討論這種可能情況。

2. 強調概念：因為模擬是沉浸式的，如果沒有明顯的機會反思與單元學習的關聯，學生可能不懂模擬如何與單元學習連結。我們建議在模擬中暫停，運用概念性問題記錄學生的思考。

3. 提供反思的機會：在模擬之後，讓學生有統整學習經驗的匯報時間。要確保在反思問題中，讓學生深思經驗中的智識與情感成分。例如，在一個被迫移民的模擬中，我們要求學生反思這個問題：「當被迫移民時，移民可能要做哪些選擇？」以及「這個經驗帶給你什麼感受？這個經驗怎樣連結到難民的真實經驗？」這種匯報不一定以交談或書寫方式進行，也可以讓學生畫一個圖像或創造視覺筆記（第 188 頁）來反映自己當下的想法。

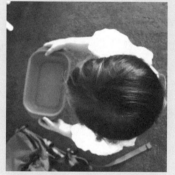

▶ 照片 **4.4**・模擬：空餐盒
即使年紀很小的孩子也能參與模擬活動。法蘭克福國際學校低年級的學生學到，在學校發現中午的餐盒空無一物時，家人可以如何幫他們滿足需求。

來源：David French

表 4.8 | 模擬的範例

概念	模擬活動	網站
財富分配	樂施會（Oxfam）「飢餓饗宴」	https://www.oxfamamerica.org/take-action/events/oxfam-hunger-banquet/
移民	加拿大糧食銀行「被迫逃亡」	https://www.foodgrainsbank.ca/wp-content/uploads/2016/04/Forced-to-Flee-Dec2016.pdf（網頁已失效）
人權	世界展望會「童工模擬」	http://www.worldvision.org.nz/connect/resources/category/childrights/?menu=6
經濟系統	國家地理頻道「交易遊戲」	https://www.nationalgeographic.org/activity/the-trading-game/
棲地	范德比大學「喔，鹿欸！」模擬（譯按：Oh Deer 借用 Oh Dear 之諧音表示「天哪！」驚嘆之意）	https://www.vanderbilt.edu/cso/oh_deer.pdf

◆ 數位模擬

以下提供一些可資運用的數位模擬活動，例如 NetLogo（https://ccl.northwestern.edu/netlogo/）的內容很適合高中學習者。通常，這些模擬活動更適合運用於探究的調查階段，因為它們要求學生操弄一些變數並觀察對情境或系統的影響。這些活動對發現複雜系統中逐漸顯現的行為特別有用，例如：生態系統、城市體系、演化或氣候變遷等。

▶ 影片：前工業化和工業化的模擬（八年級）

　　影片顯示南西・費爾伯恩老師的八年級人文課堂，運用烘焙做為模擬活動，比較並對比**前工業化**（pre-industrialization）和**工業化**（industrialization）的差異。在觀看影片時，請考慮以下問題：

1. 在模擬中，學生對**前工業化**和**工業化**的概念產生哪些連結？
2. 教師做出哪些教學上的決定，以協助學生比較並對比**前工業化**和**工業化**的差異？
3. 教師可以從活動中蒐集哪些評量資訊來輔助她的課程規劃？

　　讀者可以在我們的會員專屬網站（www.connectthedotsinternational.com/members-only）觀看這段影片。

▶ 照片 4.5・學生體驗前工業時代的大量人工化烘焙步驟
來源：David French

≣ 胡搞瞎搞（Mess About）

如何運用：在胡搞瞎搞策略（改編自 Hawkins, 1974）中，教師展示各式各樣素材以激發孩子連結先備知識、進行觀察並形成初步疑問。胡搞瞎搞中的探索是開放的：除了「你注意到了什麼？」之外，無需特別提示如何與這些素材互動，以下列示這個策略如何操作：

1. 準備材料與激發情境：胡搞瞎搞開始之前，蒐集素材並設計與單元主導概念有關的激發情境，請參閱表 4.9 與特定概念有關的素材示例。

2. 運用開放性問題導入：在胡搞瞎搞中，我們運用諸如「你在這堆材料中注意到什麼？我們可以從這些材料學到什麼有關（<u>正在探索的概念</u>）？」這樣的開放性問題重點在於強調學生當下的想法，讓學生帶著自己的背景知識與興趣展開探索。

3. 鼓勵觀察與懷疑：在讓學生實際接觸素材之前，鼓勵他們先盡量觀察並產生疑問。不需要寫下來，但先讓學生知道課程中會暫停探索，在胡搞瞎搞進行一半時先蒐集初步想法。

4. 彙集聽來的資訊：學生或個別或小組進行觀察，聆聽並蒐集他們的先備知識以及可能的迷思概念等相關訊息，以錄影、照片或筆記記錄下來。

5. 暫停：胡搞瞎搞進行到一半時，集合所有學生，請他們分享觀察到什麼，並在黑板上記錄，鼓勵其他學生「檢驗」同學的發現。

6. 繼續投入素材探究：給學生第二次機會調查這些素材。聽過同學的想法後，很多學生會嘗試新事物並延伸思考。

7. 比對並記錄觀察：最後邀請學生分享，比對他們的發現與問題，以在下一個探究階段中推動調查。

在自然課程單元中，胡搞瞎搞有助於促進關於問題**是否可以檢證**的重要討論。為了支持可檢證問題的形成，我們可以回頭引述胡搞瞎搞中的資料，詢問學生是否能夠運用素材回答**當下**的問題；如果不行，他們極有可能寫下了一個無法檢證的研究問題。

▶ 照片 4.6a・光的胡搞瞎搞
來源：David French

表 4.9 │ 連結概念與胡搞瞎搞的素材示例

概念	胡搞瞎搞的素材
幾何	學生操弄樣式積木（pattern block）、幾何鋪磚（geometry tiles）以及其他零散部件等，討論它們所產生的樣式與形狀。
考古學	學生利用鐵鍬、刷子、手鏟、篩子、捲尺等考古工具，從多個槽中採掘文物。
色彩	學生嘗試混合調色的水，玩出不同亮度的色彩並創作不同暗色（shade）、淡色（tint）及明度（value）的塗料。
光	學生探索各種光源，如燈、手電筒和燈箱，以及鏡子、稜鏡和不同透明度的材料。
混合物和溶解	學生嘗試用水和麵粉、砂糖、沙子和石頭等物質做實驗，以探索某些物質如何溶解，而某些物質則無法溶解，以及這些改變如何可能為可逆或不可逆。

▶ 影片：用「光」來胡搞瞎搞（一年級）

此影片顯示了一年級學生藉由調查幾種材質來進行**光**的學習。在觀看影片時，同時考慮以下的思考問題：

1. 胡搞瞎搞的開放式結構如何提供評估學生先備知識的資訊？如何幫助學生更加熟悉**顏色**、**透明度**和**陰影**等概念？

2. 參與胡搞瞎搞如何協助學生在單元中問出更有意義的探究問題？

讀者可以在我們的會員專屬網站（www.connectthedotsinternational.com/members-only）觀看這段影片。

▶ 照片 4.6b・光的胡搞瞎搞

來源：David French

回想你的一個教學單元，如果運用模擬或胡搞瞎搞會是什麼樣子？你將如何在那些學習經驗中與單元概念建立明確的連結？

_____

_____

_____

討論為基礎的策略

我們運用口頭交流作為瞭解自我、他人和周遭世界的主要媒介。因此，口語可用於檢核是否理解，以及促進學生和教師之間有效的學習互動（Fisher & Frey, 2014）。

本節中的許多策略都著重於創造一個負責任的談話環境。負責任的談話提供了一個架構，可以支持豐富的教學對話及學生間的互動（Resnick, 1995）。學生在這樣的架構中學到：

- 不偏離主題
- 使用準確的訊息並連結到正在探討的主題
- 聆聽同儕發言並深思熟慮的思考

對話協定策略為學生如何溝通提供清晰的結構和期望以促進對話。這些工具提供學生可預測的感覺，從而建立分享想法的信心和意願。許多結構也都以促進學生對談為目標，例如凱根（Kagan）合作學習結構。

本節中的一些策略，例如問題延伸或母語連結，同樣有助於學生運用語言以加強他們的能力，讓他們在單元討論中扮演積極的角色。

討論為基礎的策略提供一系列結構化的學習任務，讓學生有機會跟同儕學習。就此而言，學生可能透過同儕互動擴展他們對概念的理解，因此可將這些策略視為奠立概念形成的基礎。這些策略「同時建立概念性理解和語言能力」，在課堂上賦予非母語（指英語）學生（English Language Learner）和母語學生學習的能力（Stanford University, 2013）。

問題延伸（Question Stretches）

如何運用：在投入階段發展出的問題被視為一種「初步想法」，是一個連結先備知識以及對主題或主導概念表達初步疑問的機會。在學生發展出一套初步的單元問題之後，他們可以運用表 4.10 中的一種或多種問題延伸策略來改良或探討這些問題。因為發展問題對學生可能具有挑戰性，我們建議在個人或小組實作之前先示範每一個策略。

表 4.10│「延伸」問題的策略

封閉到開放，開放到封閉（Closed to Open, Open to Closed）：這個策略讓學生操弄問題的結構，以檢視彼此的設計如何改變了資訊蒐集的種類與數量。首先鼓勵學生想出與主題相關的各種問題，然後，要求學生至少辨識一個開放性問題跟一個封閉性問題來「翻轉」。提示學生將開放性問題變成封閉性問題，以及將封閉性問題變成開放性問題；詢問這兩種問題型態的優點與缺點是什麼？需要同時用兩種問題以吸引深度探究嗎？為什麼需要或不需要？本書會員專屬網站上有設計好的錨形圖可供下載，以利教師對學生解釋什麼是開放性與封閉性問題。	**從懷疑到問題**（Wonderings to Questions）：有時學生用陳述句表達思考比用疑問句容易，在這個活動中，鼓勵學生寫出對課程單元的幾個疑問；對於年紀較小的孩子，可以用「我疑惑……」這個句子架構，也可以用快速翻閱書本或其他資料來給予協助。在另一個與該主題無關的單元中，示範怎樣運用問句開頭語將疑惑「轉譯」為問題，例如：**什麼、如何**或**為什麼**。這對小學低年級學生可能具有挑戰性，所以我們建議先帶全班完成多種示例。
排列問題的優先順序（Priortizing Questions）：在這個策略中，學生運用不同基準排列問題的優先順序。你可以要求學生考量的篩選標準包括： ・最能反映我的興趣的問題 ・我必須先回答的問題 ・最難回答的問題 ・需要最少／最多資源回答的問題 優先排序完成之後，鼓勵學生討論彼此的想法——就接受個人或小組的探究而言，優先排序有什麼啟發？	**整理、分類與命名**（Sort, Group, and Name）：學生產生書面問題之後，可以分組或全班一起來找出主題： **整理**：邀請學生依據找到的資訊類型，閱讀小組的問題並進行分類，例如：「這些問題詢問**能源的種類**。」 **分類**：分類時，要求學生把問題依相似性分組。 **命名**：最後，指示學生給每個問題類別取一個名字，以反映這組問題所尋找的主要資訊。 請參閱照片 4.7 中有關本策略的實作。

（續）

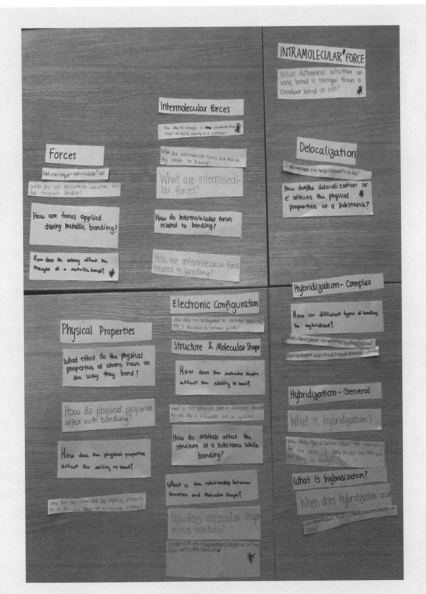

▶ 照片 4.7・問題延伸的課堂實作
茱莉亞・布羽格斯老師十二年級化學課的學生用整理、
分類與命名的策略掌握有關化學鍵及結構的初步問題。
來源：Julia Briggs

對話協定（Discussion Protocol）

如何運用：協定提供學生一個對話的架構，協助學生有意向的聆聽與發言，表 4.11 呈現幾個我們喜歡的協定策略。

當學生參與這些協定時，我們可以「偷聽」（listen in）學生對單元主題或主導概念的各種觀點。我們建議在學生參與兩兩或小組討論之後，接著進行全班分享；學生接觸多元的想法有助於建立開放性思維取向。

表 4.11 │ 幫助學生參與的對話協定

靜默對話（Silent Conversations）：在靜默對話中，學生透過書面對話以回應問題或思考提示。教師講完提示後，給學生兩到三分鐘進行個人思考並寫下想法。然後和一個夥伴交換書面想法，花一、兩分鐘閱讀並書寫回應。可以寫想法、觀點或問題——重點是自然而流暢，學生可以和其他同學重複幾次同樣的歷程。結束時，學生可以從頭再讀一次這些評論並摘要其中提到的重點。	**停下來開始說**（Stop and Speak）：停下來開始說提供學生一個處理並反思讀到或看到的資訊的協定。當成投入策略使用時，讓學生討論激發想法的教材，諸如與單元主題相關的一串引述文字、短片或課本的幾個段落。當學生瀏覽或閱讀教材時，界定幾個共同的停止點，例如：每個段落結束時。當學生到達停止點，他們有機會說說這一段讓他們想到什麼？在此協定之後，鼓勵全班討論以尋找共通題材。
思考方塊（Think-Square）：此策略是思考一配對一分享（Think-Pair-Share）的修改版本，但改為四個人而非兩個人以增加觀點的產出量與交談機會。當成投入策略使用時，可以在觀看影片等激發性教材之後，先提出一個題目或問題讓學生配對思考，完成初步對話後，鼓勵他們找另外一對同學構成一個方塊。 　　思考方塊適於異質性學生組成，藉此確保納入不同專長與先備知識。	**代幣交談**（Token Talk）：當希望確保團體中每個人都能夠輪流分享思考時，這個策略效果很好。給每個學生三枚代幣，每個人必須「支付」代幣才能講話，代幣花完就不能講話了。相較於傳球或用說話棒等，此策略較無結構，也就是說可以促進學生之間更自然的往返對話。對所有的學生，尤其小學低年級的學生，先示範再操作這個策略效果較佳。

想想學生的年齡及組合技能，豐富的學習對話會呈現什麼風貌？可能需要哪些規範與期待，豐富的學習對話才會發生？

_____

_____

_____

蜘蛛網討論（Spider Web Discussion）

如何運用：蜘蛛網討論又稱為哈克尼斯法（Harkness method），主要用來鼓勵學生有意義的參與仰賴集體而非個人的討論。追蹤對話模式和討論主題讓團隊更加覺察到協作和傾聽的需求。在這個策略中，教師擔任引導者的角色——教師發言只是不著痕跡的推動（nudge）對話。教師還繪製小組中學生的對話模式，然後進行分析。由於此策略著重於提供學生互相交流的空間，因此建議小組人數保持在十個人左右或者更少。如想深入瞭解此策略，請參閱 Wiggins（2017）。蜘蛛網討論可以運用以下步驟進行：

1. 建立討論圖表：建立一個圖表，顯示學生參與討論的次數以及他們的座位安排。為了去除分析中的個人因素，我們可以用代碼取代學生姓名。這樣有助於學生在結束討論時自在的說明他們所看出的對話模式。

2. 決定座位：本討論策略要求學生圍成圓圈以增進言語交流。學生可以坐在地板上圍成圓圈，或圍坐在一張大桌子旁邊。

3. 給予提示：設計開放式的提示來啟動對話有助於產生豐富的討論，諸如一個激發性的陳述、引述或問題，且必須要連結到單元的主導概念。

4. 提供討論目標：由於教師幾乎不參與，學生應該有參與討論的指引：期望**所有**學生都參與其中而且沒有人獨占討論。事實上，協作是產生深度對話的關鍵。

5. 討論：讓學生有時間講話、記錄主題，並在討論圖表上繪製出在圓圈中從第一位說話者開始的討論流動路徑。每個學生開始說話時畫一條線，教師只在補充、連結或拉回焦點時說話。

6. 分析並做出結論：最後由小組分析蜘蛛網圖表，並找出對話的模式，注意哪些地方討論較多、哪些地方較少。教師呈現學生對話中擷取出的討論要點，並要求學生反思小組全體在延續討論與增進對話豐富程度方面表現得如何。

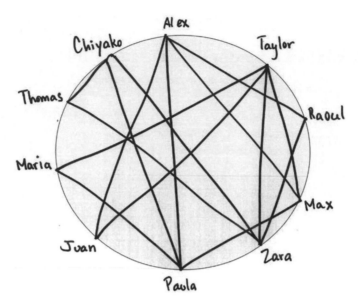

▶ 照片 4.8・蜘蛛網討論圖表

表 4.12 | 蜘蛛網討論的改編版

模式預測：完成蜘蛛網討論後，要求學生預測對話模式會是什麼樣子，並為自己的預測提供理由。提問如下：**討論圖表會是什麼樣子？為什麼？這張圖表透露出哪些團隊參與的情形？** 　　務必保留時間來討論對話中激烈爭論的時刻，並要求他們深入思考為什麼會發生這些激辯。	**金魚缸**（Fishbowl）：設置金魚缸是蜘蛛網討論中吸引全班參與的一種方法。這個策略進行時，一半的班級成員參與討論，另一半在外圈觀察並繪製內圈成員評論、論點或討論模式。組織金魚缸的方法是把椅子排成兩層同心圓。內圈討論教師提供的提示，而外圈成員則扮演積極觀察者的角色。如果討論漸漸安靜時，我們可以讓外圈成員回應內圈討論提出的一些主張。

用於連結與建立通則：當學生在探究中遇到一些真實事例時，可以運用蜘蛛網討論作為策略來幫助學生建立連結並形成通則。提出單元中的一個概念性問題來帶動學生討論，並允許他們帶著筆記本或其他有助於整理之前所學的資源。鼓勵他們引用具體個案或真實事例來支持他們的論點。學生可以運用以下發言提示語來促進對話：

・我認為……因為……
・在＿＿＿＿＿個案研究中，顯示了……
・我認同你，因為……
・我不認同你，因為……
・我這樣想的原因是……

關係導圖（Affinity Diagram）

如何運用：關係導圖是日本人類學家川喜田二郎（Jiro Kawakita）設計的工具，是一種用來彙集學生的先備知識，並依概念分類整理的方法。它的結構設計可以顯示出小組內或全班思考的多樣性，並產生能夠推動教師規劃的評量資訊。這個策略也可以在單元的後續階段使用，用以統整學生對主導概念的理解。

1. **導入提示**：本策略運用連結概念性問題的事實性提示。例如，我們可能先跟學生說：「舉出你們所知的政府干預市場的例子。」這讓我們可以在此策略後段回答以下概念性問題：「政府如何干預市場？」（參見表 4.13），這個初步提示要求學生產出真實案例，然後在單元後段依據概念進行分類（詳見步驟 4）。

2. **腦力激盪產出想法**：如果全班一起進行，給每個學生一兩張便利貼；小組的話，則給每人四或五張便利貼。學生安靜的在每張便利貼寫下一個與事實性問題有關的想法。

3. **分析**：依據活動設計，學生在小組內或全班一起分享彼此的便利貼。這些想法之間是否有初步的相似點？哪些想法可以串在一起構成幾種組合？

4. **提出概念性問題**：教師接下來提出概念性問題。告訴學生，接下來的活動目標是發展出想法的類別，目標是簡潔的回答概念性問題。

5. **整理與分組**：學生整理便利貼以進行分組，將每個類別放成一欄或一列。鼓勵學生說明分類的理由。

6. **命名**：學生小組運用概念性標題為各個類別命名；概念性標題由二到四個字構成，例如哺乳動物、爬行類等。照片 4.9 顯示十一年級的學生對前述概念性問題「政府如何干預市場？」產出的類別，他們的分類包括補貼、稅收和價格限制。

7. **報告（分組進行時）**：邀請各小組中一位學生對全班發表小組的分類。我們注意到了什麼？各小組的想法是否有相似之處？有任何出人意外的想法嗎？

表 4.13 ｜ 關係導圖的提示 / 問題範例

單元主題	主導概念	關係導圖的提示 / 問題
20 世紀的藝術運動	藝術歷程 藝術運動 靈感 創造力	**初步提示**：列出你所知道藝術家在創作作品時汲取靈感的來源。 **概念性問題**：藝術家創作作品時可能從哪些來源汲取靈感？
世界各地的政府系統	政府系統 權力 代表制 功能	**初步提示**：說出你所知道的政府功能。 **概念性問題**：政府的主要功能有哪些？
學術論點	學術論點 意見 證據 相反論點 引用	**初步提示**：說出你所知道作者用來建構學術論點的技法。 **概念性問題**：作者在學術論點中可以使用哪些技法來傳達想法？

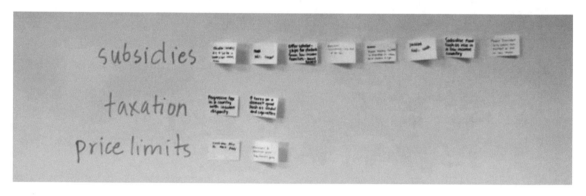

▶ 照片 4.9・關係導圖：市場中的政府干預

◆ 改編：單元結束的回顧

學生可以在單元結束時，製作關係導圖來統整自己的理解。來自東南亞聯合世界書院的十二年級學生在維琪‧柏曼老師的西班牙語課程中繪製出關係導圖，他們在移民課程單元中考慮影響移民生活的因素（照片 4.10），隨後寫出下列概化的通則：

Los perfiles de los inmigrantes son cada vez

más diversos y cómo consecuencia, para comprender

la situación social y política, tenemos

que tener en mente de donde vienen,

sus razones por emigrar y como cada de estos

perfiles únicos enfrentan retos diferentes.

「移民的背景越來越多樣化，因此，為了瞭解社會和政治處境，人們必須考慮移民來自哪裡、移民的原因，以及各種特定背景所面對的不同挑戰。」

▶ 照片 4.10‧西班牙語課程中有關移民經驗的關係導圖

來源：Vicky Berman

母語連結（Mother Tongue Connections）

如何運用：研究指出，學生在教育環境中運用母語學習有許多好處。聯合國教科文組織（UNESCO）（"Mother Tongue Matters", 2008）總結了來自四個國家八十多萬名學生的研究數據，結論是運用母語的學生更有自信也更積極參與學習。表4.14 是在課堂上鼓勵母語的幾種方法。

表 4.14 | 支持母語的策略

用母語解釋自己的想法：支持學生參與和啟動先備知識的方法之一，就是邀請學生用自己的母語記錄思考的內容。學生可以利用螢幕錄影應用程式或學習日誌平台，對著影像、自製圖表和繪圖講話。教師可以提供學生錄影時的參考提示或句子開頭語。年齡較大、具有母語書寫能力的學生，可以摘要他們想在錄影中說明的筆記或重點。	**雙語心智圖：**學生可以發展心智圖以顯示他們對單元主題的瞭解。心智圖的開發者東尼·博贊（Tony Buzan）建議在構思心智圖時，可以運用圖像、顏色、分支、分支上的文字及整份圖上的輔助圖形標示（icon）等多種元素。繪製時，學生可以選擇哪些用母語表達、哪些用英文表達，圖像和圖形標示等非語言的表達也可以幫助學生解釋他們的想法。
發展雙語問題：在課堂運用腦力激盪想出初步問題時，學生可以同時用英語和母語寫出這些問題。可以先用母語來構思問題，或者在兩種語言間轉換以形成問題。重要的是學生要考慮問題的結構如何決定所尋求的訊息類型。為了方便對這些問題進行分類，我們建議學生在一張便利貼上用兩種語言寫出每個問題。	**母語夥伴：**盡可能讓同一母語的學生有機會進行有目的的討論。雖然我們可能沒有能力在他們談話時評估他們的談話內容，但重要的是學生可以描述他們從討論中得到的重要「收穫」。要求合作夥伴對全班分享他們的想法，以確保母語夥伴將重要的想法轉換成課程中的教學語言。

社區連結：邀請社區成員與學生討論該單元的主導概念和關鍵內容。法蘭克福國際學校的小學一年級團隊在每個單元開始時會舉辦一次母語連結集會。這有助於確保學生可以用兩種語言建立詞彙和理解。在這個重要且相關的學習體驗中，家長和社區成員跟學生一起用母語討論單元主題與概念。在這樣的集會中也可以使用照片，鼓勵家長帶來與自己文化相關的圖像，如照片 4.11 所示。

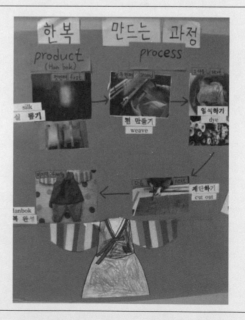

▶ 照片 4.11・社區連結
社區連結活動讓一年級的學生用母語討論生產過程。
來源：Bonnie Winn

投入階段的評量

投入策略引出學生的思考，我們即可蒐集這些資訊作為規劃歷程的指引。在概念為本的探究中，投入階段的評量資訊可以透過多種方式指引我們的教學（表 4.15）。藉由觀察，我們標記可能在聚焦和調查等探究階段處理的一些特殊教學機會（teaching point）。同時，這個階段讓我們有機會發現有關學生傾向的資訊：學生們思維開放的程度如何？在意證據的程度如何？心智堅毅的程度又如何？這些心智習性（habits of mind）在整個探究歷程中持續實踐與成長。我們建議教師在運用投入策略之前，先確認在投入階段記錄評量資訊的適切系統，否則我們會錯失學生透露給我們的那些重要思考證據。

表 4.15 │ 使用初步評量資料來規劃教學

評量資料顯示……	教學重點可能是……	可以支持教學重點的策略有……
對單元主導概念的理解有限	概念形成	・概念形成策略（第五章）
有關單元主題或主導概念的迷思概念	中斷不正確的思考	・投入策略（第四章） ・概念形成策略（第五章） ・共享或小組個案研究（第六章）
有關單元主題的先備知識不足	提供共享經驗以建構內容知識	・投入策略（第四章） ・共享的個案研究（第六章）
有發展技能的空間	預先教授技能（作為平行單元的一部分或同時並行）	・小組或全班的技能教學單元（第六章）

🔗 連結其他探究階段

　　探究的投入階段之目的在於為單元定錨，讓學生尋找既有經驗和新經驗之間的連結。吸引學生投入，啟動他們的先備知識，並蒐集他們現階段知識、技能和理解的證據之後，繼續在聚焦階段發展他們對單元主導概念的共同理解。

　　我們傾向於將這些探究的階段交織在一起，而不是當成各自獨立的階段。我們運用學生思考的證據適切的規劃概念形成的教學活動，另一方面，這些概念形成活動也可以用來處理可能阻礙學生發展概念性理解的落差或迷思概念。下一章是探究的聚焦階段，將詳細闡述在課程單元中支持以學生為中心的多種概念形成學習方法。

暫停與反思

當你為課程單元挑選適用的投入策略時，問問自己以下問題：

・就已知的單元通則，在投入階段應該評量哪些主導概念和主題知識？

・根據單元內容和學生需求，哪些投入策略可能會點燃好奇心並引發思考？

・如何從投入策略中蒐集評量的資訊？

・如何運用學生的初步問題作為後續教學規劃的參考資訊並修改相關規劃？

・在整個課程單元中，你可能會在什麼時候重新檢視探究的投入階段？

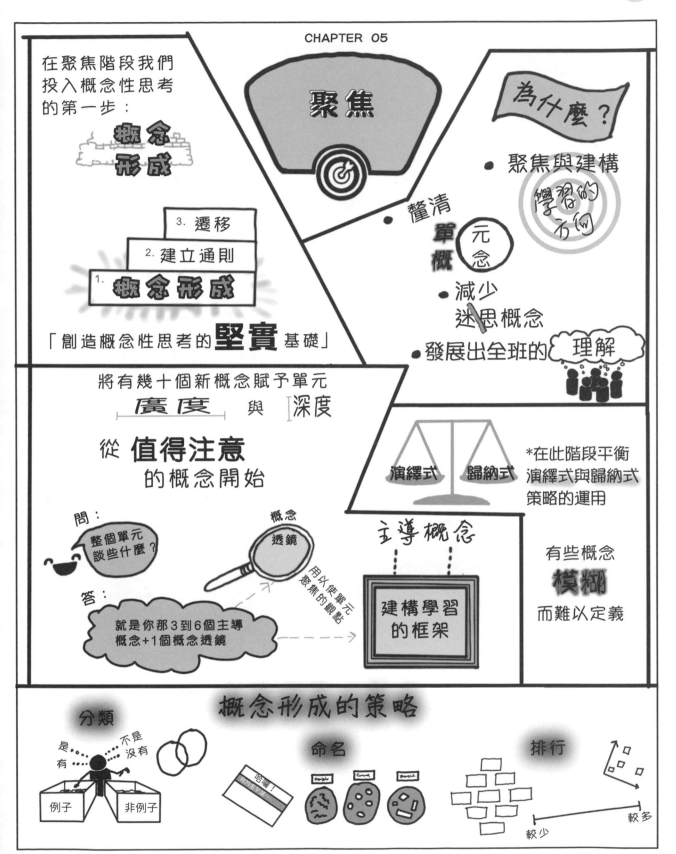

CHAPTER 05

聚焦

在聚焦階段我們投入概念性思考的第一步：

概念形成

3. 遷移
2. 建立通則
1. 概念形成

「創造概念性思考的**堅實**基礎」

為什麼？

- 聚焦與建構　學習的方向
- 釐清　單概元念
- 減少迷思概念
- 發展出全班的　理解

將有幾十個新概念賦予單元

廣　度　與　深度

從**值得注意**的概念開始

演繹式　歸納式

*在此階段平衡演繹式與歸納式策略的運用

問：整個單元談些什麼？

答：就是你那3到6個主導概念+1個概念透鏡

概念透鏡　用以使單元聚焦的觀點

主導概念

建構學習的框架

有些概念**模糊**而難以定義

概念形成的策略

分類
是　不是　沒有　有
例子　非例子

命名　哈囉！ 請叫我 一聲

排行　較少　較多

05

聚焦

探究的聚焦階段

階段目標：

- 運用概念形成策略針對課程單元的概念透鏡與主導概念發展出共同的理解
- 介紹在探究的調查階段可以讓我們更深入調查的相關真實事例

本階段的主要引導問題：

- 事實性問題
- 概念性問題

聚焦階段的課堂實作

　　蘇黎世國際學校三年級的佳蜜‧柔爾老師剛開始進行一個**生態系統**單元。為了確保學生瞭解單元中**適應**（adaptation）與**相互依存**（interdependence）兩個核心概念，她利用便利貼上的陳述句讓學生分組投入分類活動。學生分析並討論每張便利貼上面某個概念的例子或非例子。就**適應**來說，一些便利貼上是「鴨子的腳變成蹼」之類遺傳適應的例子；也有些寫著諸如「石頭的硬度」之類不會傳遞給下一代的屬性。學生在小組中，將便利貼移動到「是／不是 T 字表」（Is/Is Not T-chart）的適當欄位，並在過程中隨時檢證自己的想法。學生分辨這些概念的例子與非例子時，佳蜜老師聆聽學生討論並尋找學生理解的證據。學生注意到大部分的非例子與生態系統中的石頭和陽光等**非生物**有關，佳蜜老師以這個連結為基礎延伸到整個單元，協助學生瞭解生態系統中生物和非生物之間的關係。

▶ 照片 5.1‧區分適應的例子與非例子（三年級）
來源：Jamie Rowe

運用概念形成策略使探究聚焦

孩子有機會投入主題，並連結與主題相關的先備知識之後，我們會運用一系列的概念形成策略使單元聚焦。這樣可以幫助學生對該單元的概念透鏡以及主導概念發展出共同理解。概念形成策略藉由以下方式提供單元的概念基礎：

- 學生在調查真實事例之前，先釐清單元概念
- 聚焦並建構學習的方向，讓學生容易形成概念層級的連結
- 降低在教學中導致學生迷思概念的可能性

概念提供廣度與深度

單元開始時，我們界定使學習聚焦的概念透鏡（屬宏觀概念），以及引領學生獲得學科知識的一組主導概念（包括微觀與宏觀概念）。結合概念透鏡與主導概念帶給探究單元廣度與深度，因此適用於跨學科與單一學科的學習。

◆ 概念透鏡

規劃探究單元時，我們選取概念透鏡以建立觀點，然後從這個觀點出發來分析與綜整資訊。舉個例子：思考世界飢餓議題時，透過**權力**或**成長**作為透鏡，所看到的會大不相同——一個引導出**財富分配**方面的思考，而另一個則從**人口**和**資源**來考量。概念透鏡提供了詮釋的焦點，藉以創造高階層次思考與低階層次思考之間的智識性綜效（Erickson, 2007）。概念透鏡通常是跨學科概念或單一學科中涵義最廣的宏觀概念，運用的目的在於促進理解的遷移。

概念透鏡的選擇會轉移單元進行的方向。讓我們回到佳蜜老師小學三年級的生態系統單元。透過以下不同的透鏡，想像可能發生的學習類型：

- 相互依存
- 連結（Connection）
- 資源（Resources）
- 權利（Rights）

用**相互依存**和**連結**作為概念透鏡可能適合我們探討生態系統中的自然領域，而用**資源**與**權利**作為概念透鏡則支持我們調查生態系統中人類的角色。因此，概念透鏡會決定單元中待探索的某些微觀概念。表 5.1 列舉一些可以使單元聚焦的概念透鏡範例。國際文憑（IB）組織的教師可以從課程的主要概念列表中選取概念透鏡。

表 5.1｜概念透鏡範例

功能（Function）	模式（Pattern）	順序（Order）	平衡（Balance）
進展（Progress）	演化（Evolution）	變化（Change）	認同（Identity）
互動（Interaction）	成長（Growth）	系統（System）	人物（Character）*

*概念透鏡通常是跨學科概念，但也可能是單一學科中涵義最廣的宏觀概念。

◆ 主導概念

在任何既定的探究單元中，學生會遇到數十個新概念。有些概念涵義廣博而跨越學科，其他則可能限定於某個學科的學習。在單元開始時，沒有必要馬上處理所有的概念。這樣可能會使學生無法吸收大量資訊，因而流於記憶表淺的定義而非深入理解。我們瞭解單元中某些概念對學生特別重要而「值得注意」，我們會專注於這些概念進行初步概念形成活動。通常這些概念直接來自於我們產出的通則。因此，我們會選定幾個主導概念以形塑單元學習。

概念透鏡帶出單元的焦點，主導概念則**建構**（frame）了單元學習。主導概念提供概念為本探究的結構與範疇，並且將單元展現在學生眼前。因為主導概念反映學習主題（topic），其性質通常屬於學科概念。我們來看一些例子：在幼兒園的地方社區單元中，主導概念可以是**社區**、**角色**、**責任**以及**工作**，這些代表學生在地方社區的學習結果中應該瞭解的重要概念。十年級的詩歌單元則可能會專注在**結構**、**押韻**（rhyme）、**韻律**（rhythm）、**強調**以及**意義**。

主導概念有助於指引單元學習，我們也期待學生透過不同類型的後續學習任務，可以發現並形成更多的概念。總之，主導概念在單元一開始時提供「進入」（way in）的管道，並協助我們規劃初步的概念形成活動。在單元進行中可以多次運用概念形成策略，以協助學生發展新增的概念。

主導概念
建構學習的框架

◆ 決定單元的主導概念

　　那麼，我們如何決定一個單元的主導概念呢？通常主導概念可以用一句話簡潔回答「這個單元跟什麼有關？」我們可能會這樣形容一個單元：「這是關於**重複加法**和它跟**乘法**之間的**關係**」或「這是關於**生物多樣性**與**基因變異**」。當你思考你正在發展的單元時，你會用什麼樣的一句話回答這個問題？如果你發現你的回答指出像「這是關於歐洲中古世紀」之類的主題，而不是單元概念時，你可以退回前一步，思考你希望學生獲得什麼**可遷移的學習**（transferable learning）。其中應該選定一些概念，但不至於多到使單元變得漫無目標（見表 5.2）。我們建議專注於四到七個主導概念，包含單元一開始的概念透鏡。

表 5.2 | 概念透鏡與主導概念的範例

主題 / 單元標題	主導概念*
音樂作曲	韻律、拍子、旋律、頑固低音（Ostinato）、**影響**
數學模式	模式、重複、規則、項（Term）、**預測**
全球能源運用	能源、效率、資源、生產、消費、**平衡**
細胞生物學	細胞、細胞器、細胞膜、結構、功能、**系統**
體操	體操、強度、彈性、穩定性、平衡、**動作**

* 概念透鏡以標楷體呈現。

概念性思考的層級

　　概念形成是概念性思考的起始階段，包括區辨、分類及標示例子與非例子，以發展對概念的理解（Gagné, 1965; Taba, 1965）。概念形成的首要目的是確保學生探索概念的界限與面向，例如，是什麼讓**線條**和**形狀**不同。透過調查單元中的真實事例，學生對單元概念的理解變得越來越精煉。就此而言，雖然我們在聚焦階段投入時間讓學生圍繞著單元概念透鏡以及主導概念進行思考，事實上概念形成在整個單元中**自始至終**持續發生。我們必須認知概念形成策略提升了某種概念性思考的型態，這種思考型態成為單元後續更複雜思考的**前導**（precursor）。因此概念形成必須在學生投入更複雜的概念性思考之前發生。

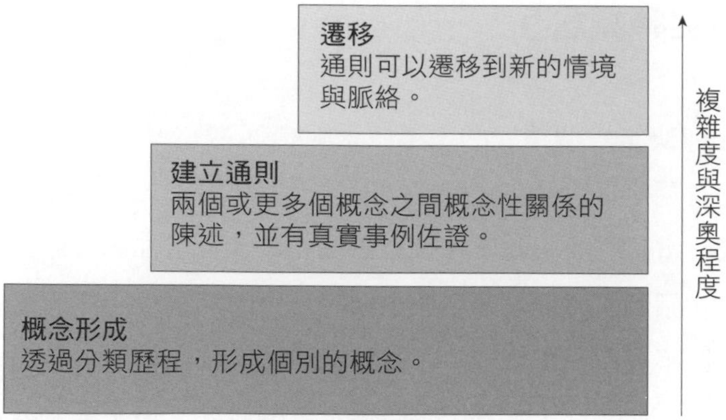

遷移
通則可以遷移到新的情境
與脈絡。

建立通則
兩個或更多個概念之間概念性關係的
陳述,並有真實事例佐證。

概念形成
透過分類歷程,形成個別的概念。

複雜度與深奧程度

▶ 圖 5.1 · 概念性思考的層級
© Marschall and French, 2017

　　就像一組階梯,概念形成是帶動學生達到更高、更細緻思考層次的第一步,學生從**形成**概念的過程中發展對單一概念的理解,接著藉由形成兩個或更多概念之間的關係進入**建立通則**階段,然後他們可以開始將通則**遷移**到新的情境與脈絡中,此時學生通常需要調適他們的理解(見圖 5.1)。為了投入層次更複雜的概念性思考,學生必須藉由建立連結並形成通則以運用**情境脈絡中**的概念(Gabora, Rosch, & Aerts, 2008; Jonassen, 2006; Rosch, 1999)。聚焦階段為高階層次思考建立堅實的發展基礎,進而為其他概念性思考型態布置發展的舞台。

有效的概念形成實作

　　檢視概念形成的研究時,我們可以開始從中提取教學設計的啟示來強化概念的學習。這些有效的教學實作摘要於表 5.3,並融入本章陸續呈現給讀者的策略中。

　　我們要強調,如果不檢視某個概念和其他概念的關聯,我們將難以真確瞭解這個概念的意義(Novak, 2012; Ross & Spaulding, 1994);這句話表示要在各種不同的脈絡與情境中探討概念。就單元學習的步驟而言,以下列舉的有效教學實作攸關對概念發展**初步的**理解;隨著單元進展,學生應該獲得**多重機會**以發現並確認概念之間的關係。這些設計運用多重個案研究與真實世界經驗,使學生置身於情境脈絡中思考。概念性思考經由嚴謹思辯真實世界的現象而形成,不在黑箱中發生。

概念性思考經由嚴謹思辯真實世界的現象而形成,不在黑箱中發生。

表 5.3 │ 有效的概念形成實作

實作	如何運用
提供明確的定義*	可能尚未建立特定概念的定義或者可能改變。但經由社會建構形成的概念如**家庭**、**社區**等，通常具有一般接受的意義（Keil, 1992）。盡可能提供學生明確的定義以幫助他們探索真實事例。學生可以在課程單元中不斷改善這些定義。
從「最佳」的例子開始	向學生介紹新概念時，運用最**顯而易見**（obvious）的例子來凸顯概念的屬性（Jonassen, 2006; Markman, 1991）。唯當概念已經初步成型**之後**，才提供學生規則的例外情形。
運用例子與非例子	要求學生比較概念的幾個例子與非例子，包括一些比較不容易辨識的例子（Markle & Tiemann, 1970; Tsamir, Tirosh, & Levenson, 2008）。
強調相關的屬性	在分類及分組的活動中，指導學生注意概念的相關屬性，以確保他們沒有把焦點放在無關的屬性上（Keil, 1992）。例如**邊的數量**是三角形的相關屬性，**大小**則無關。
使用真實事例與概念性例子進行比較與對比	探索概念時，鼓勵學生從事實層級與概念層級探索例子與非例子。例如，我們可以透過檢視不同的**移民案例**（事實性）或者是比較**移民**及**旅行**的意義（概念性）來形成移民的概念。
提倡持續思考的文化	當吸引學生投入討論時，教師要善用等待時間（wait time），一次協助一個學生直到他的思考已經釐清，並且提供推理過程（Durkin, 1993; Ingram & Elliot, 2015）。事先設計問題以減少「連珠炮」式的提問，這種提問會阻礙學生分享與嘗試冒險。

* 用於演繹式的概念形成教學活動。

© Marschall and French, 2018

概念形成策略：演繹式取徑與歸納式取徑

本章的策略兼具演繹與歸納兩種性質。雖然我們倡導在建立通則階段完全採用歸納式取徑，但是我們建議在聚焦階段平衡的運用演繹與歸納兩種概念形成策略。這表示學生有機會：

1. 看見概念的定義，並利用定義來理解佐證的例子與非例子（**演繹式取徑**）
2. 沉浸在例子與非例子中，從中「逐步發展」以建構概念的定義（**歸納式取徑**）

為什麼運用演繹與歸納兩種策略對教師有益呢？原因是有些概念「模糊」而難以定義。例如就**愛**與**簡單機械**（simple machines）這兩個概念來說，愛非常抽象，又存在多種不同甚至矛盾的定義；相反的，簡單機械包括斜面和槓桿等具體例子，感覺上比較容易直接定義。

　　如果概念具有明確定義以及一系列容易區辨「是／不是」的例子與非例子，演繹式取徑可能最省時間又有效率。研究顯示，將定義與例子結合有助於增進學生的表現（Rawson, Thomas, & Jacoby, 2015）。而當學生需要共同定義一個較為複雜的概念或者建立歸納推理的技能時，歸納式取徑會很有幫助。

 ## 選擇概念形成的策略

　　在聚焦階段，我們希望用充分的時間檢視單元概念透鏡以及主導概念，但也要確定我們沒有在這裡流連太久。在概念為本的探究中，為了保留足夠的時間進行調查、建立通則以及遷移理解，我們必須適度的加速完成這個階段。

　　我們瞭解概念的形成需要時間，因此我們建議在整個單元過程中都運用這些策略。依據單元概念的深奧程度，學生在單元開始的前幾週中，可能需要進行幾個聚焦策略。

　　聚焦階段的策略可以概分成三大類：

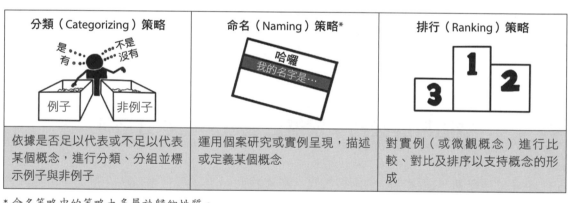

分類（Categorizing）策略	命名（Naming）策略*	排行（Ranking）策略
依據是否足以代表或不足以代表某個概念，進行分類、分組並標示例子與非例子	運用個案研究或實例呈現，描述或定義某個概念	對實例（或微觀概念）進行比較、對比及排序以支持概念的形成

*命名策略中的策略大多屬於歸納性質。

概念形成的策略

表 5.4 │ 概念形成的策略

策略	簡述	頁碼
分類策略		
弗瑞爾模型	學生運用資料組織圖（graphic organizer）來繪製概念的定義、特性、例子與非例子。	114
概念象限	學生分析某個概念的三個例子和一個非例子來確定概念的基本屬性。	118
全部、部分、沒有	學生運用集合以視覺化呈現概念之間的關係。	120
命名策略		
找出屬性	學生運用形容詞描述某個概念，並用這些形容詞來共同建構概念的定義。	122
分組、描述、命名	學生分組並描述物體或想法，並為每個組別命名。	123
概念謎語	學生運用某個概念的基本屬性來設計謎語。	125
創造與合併	學生協同合作以創造某個概念的定義。	127
排行策略		
光譜排序	學生分析某個概念的示例並按照概念尺度來進行排序。	129
鑽石分層	學生根據代表性和重要性，將某個概念的示例排列成鑽石形狀。	131
概念座標	學生沿著兩個概念軸來創建圖形，並按照程度差異對示例進行分類。	133
維度排序	學生運用共同的維度，按照程度差異對微觀概念進行排序。	135
關係類比	學生創造類比來描述某個概念的基本屬性。	137

在探討本章的策略之前，考慮目前或先前單元的主導概念。你如何幫助學生對主導概念形成初步理解？有哪些你必須處理的迷思概念？

_____

_____

_____

弗瑞爾模型（Frayer Model）

如何運用：弗瑞爾模型是威斯康辛大學的陶若西・弗瑞爾（Dorothy Frayer）女士和同事設計的一種資料組織圖，用以幫助學生「拆解」概念。此模型的傳統版本要求學生深思概念的定義、特性、例子與非例子，也可以修改成檢視某個概念的基本屬性與非基本屬性以取代定義與特性。在本書會員專屬網站（www.connectthedotsinternational.com/members-only）的可複製表格資源中可以找到這兩種組織工具。

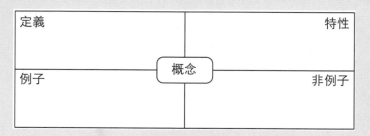

▶ 圖 5.2・弗瑞爾模型的資料組織圖

來源：改編自 "A Schema for Testing the Level of Concept Mastery" by D. A. Frayer, W. C. Frederick, & H. G. Klausmeier, Technical Report No. 16. Copyright 1969 by the University of Wisconsin.

　　因應學生對概念的熟悉程度，弗瑞爾模型可以有不同運用方式。如果學生對概念一無所知或在投入階段發現存有迷思概念，我們可以為學生提供定義與特性，然後要學生把概念的例子與非例子分類到下面兩空格，藉以對概念提供更為結構化的調查。如果學生已經比較熟悉某個概念，他們可以產出自己的定義與特性列表，然後用詞典交互核對。

　　前測：弗瑞爾模型可以作為投入與前測的策略，此時教師不提供正式定義或特性列表，而由學生用弗瑞爾模型列出初步想法，藉此提供攸關學生迷思概念的寶貴評量資訊，進而設計概念形成的活動。隨著理解的深化，學生可以在弗瑞爾模型中用不同顏色記錄以強調新的學習。

（續）

因應基本和非基本屬性的弗瑞爾模型改編

　　弗瑞爾模型也可以用檢視概念的基本和非基本屬性來取代定義和特色。有種辨別基本屬性和非基本屬性之間差異的簡單方法，就是思考「必須是」或「可以是」。 例如，**整數**（integers）必須是完整數字（whole numbers）（基本屬性），但可以是負數（非基本屬性）。在這個改編的模型中，學生可以依照任何順序填寫空格。

表 5.5 ｜ 弗瑞爾模型的改編策略

弗瑞爾模型調查：特定概念的調查或問題解決活動結束時，可以用弗瑞爾模型作為有效的反思工具。運用開放性探索活動進行概念探究之後，可以用弗瑞爾模型作為資料組織圖來蒐集思考內容：調查如何促進對概念的理解？在調查中發現了哪些新的例子和非例子？教師要確保學生有分享的機會，好讓學生聽到不同的想法以連結、延伸或挑戰自己的思考。	**是／不是**（Is／Is Not）：在這個策略中，學生將概念的例子和非例子分類到「是／不是」的標題下。「是／不是」讓學生思考概念的基本屬性並說明概念的各種示例。使用此策略時，可以用口頭或書面形式提供明確的概念定義。確認定義後，從**最顯而易見**到**最複雜**的順序展示例子和非例子；總是要讓學生先看不太複雜的例子。在分類時，鼓勵學生分享是什麼決定了這個例子屬於是或不是。下文範例中可以看到學生創造的「是／不是」示例。
牆上的弗瑞爾模型：如照片 5.2 所示創造出牆上的弗瑞爾模型，學生可以持續補充在學習活動中學到的例子與非例子。牆上的模型創造了單元重點的視覺提醒，並提供學生一個共創想法的空間。進行初步分類活動後，學生可以繪製反映自己想法的例子和非例子；如照片 5.3 中顯示，幼兒園的孩子們所繪製**動物特徵**的例子和非例子。	**弗瑞爾模型筆記**：將弗瑞爾模型縮小變成可放在學生筆記本中方便記錄的插頁。針對課程中那些不可或缺、學生經常需要回顧的重要概念，可以把這些概念黏在筆記本或存在電子檔裡，並在筆記本的空白處註記思考與當下想到的問題。在我們的會員專屬網站上有可供下載的可複製表格資源。

弗瑞爾模型也是常用於詞彙發展的一種策略。該策略如何可能幫助學生建立他們對概念的理解、同時增強語言技能？

_____

_____

_____

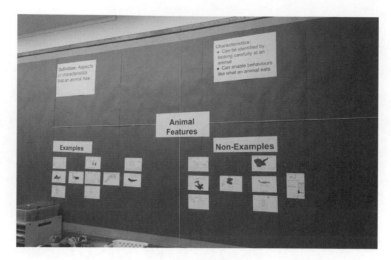

▶ 照片 5.2．牆上的弗瑞爾模型──動物特徵

▶ 照片 5.3a 與 5.3b．學生創造出動物特徵的例子與非例子

◆ 創造新例子

　　學生初步體驗後，能夠自己產出概念的例子和非例子的重要性無法言喻。創造新例子有助於他們連結先備知識並統整自己的思考，同時提供教師寶貴的評量資料以指引課程單元的後續步驟。

影片：重複加法的「是 / 不是」（一年級）

在全班上過「是 / 不是」的微型教學單元後，教師要求一年級學生想出**重複加法**（repeated addition）這個概念的新例子或非例子，並解釋為什麼它適合分類在是或不是的類別。影片中呈現兩名學生思考的螢幕錄影。觀看影片時，請考慮以下問題：

1. 想出新的例子與非例子如何顯示學生對概念的理解？

2. 學生提出什麼證據以證明他們的圖片是重複加法的例子或非例子？

你可以進入我們的會員專屬網站（www.connectthedotsinternational.com/members-only）來觀看這支影片。

想想你的單元。哪些概念會因為運用弗瑞爾模型來剖析而容易學會呢？你會給學生定義嗎？或是讓他們共同建構定義呢？課堂會是什麼樣子？

概念象限（Concept Quadrants）

如何運用：概念象限運用 2 x 2 田字方格紙，是一種供全班或小組設計圖片分類，以進行微型教學單元的多用途資料組織圖。設計田字方格時，我們放進概念的三個例子和一個非例子，讓學生依據對概念基本屬性的理解，來探究四個方格之間的相似點與不同點，並深化對基本屬性的理解。就焦點微型教學單元，我們可以設計深奧複雜度漸增的多組圖片分類，逐一探究不同的屬性（參考次頁影片示範）。在這種情況下，我們會先處理概念中最顯而易見的屬性。讀者可以進入我們的會員專屬網站（www.connectthedotsinternational.com/members-only）下載概念象限模板。我們也可以用膠帶貼在地板上標出方格，或使用分成四格的容器。以下是運用概念象限的一種方法：

1. 說明組織工具：一開始先跟學生說明組織工具，告訴學生其中三個格子有共通點，另外一個「沒有這個共通點」。

2. 給予時間進行開放性探索：先給學生幾分鐘時間開放的探索這個象限，而不用概念來聚焦。他們注意到格子之間有什麼相似與相異點？有什麼好奇之處要分享？

3. 聚焦於觀察：如果學生找不出概念，就直接告訴他們以集中其注意力；依據學生的先備知識，我們可以告知定義而非概念名稱，或反向操作。接著學生討論四個方格的特性進行分析，決定哪個方格不符合此概念，並說明缺少了什麼屬性。記得要處理存在於四個方格的共通點。例如：照片 5.4a 示例聚焦於**平行四邊形**，當中的梯形亦有兩條平行線與四個邊，這樣有助於學生發展區辨的技能，並看出各個概念之間如何彼此關聯。

4. 彙總發現：接下來，參考海報紙或資料組織圖的註記，彙總在活動中所發現這個概念的各種屬性。

5. 鼓勵學生創造：鼓勵學生設計自己的圖片分類，以統整對概念的理解（參考照片 5.4b，學生創建的示例）。

平行四邊形的概念象限	學生創建的哺乳類象限

▶ 照片 5.4a 與 5.4b・概念象限的範例

▶ 影片：用於鏡像對稱的概念象限（一年級）

這支影片呈現了一年級的小組微型教學單元，用以發展學生**鏡像對稱**的概念。觀看影片時，請思考以下問題：

來源：David French

1. 哪些教學決定幫助學生辨視**鏡像對稱**的基本屬性？

2. 概念象限的第一組圖片分類如何連結學生對**鏡像對稱**的先備知識？

3. 每組概念象限的圖片分類如何增進複雜程度？

你可以進入我們的會員專屬網站（www.connectthedotsinternational.com/members-only）觀看這段影片。

概念象限藉由視覺比較並對比例子與非例子，來幫助學生瞭解概念。有哪些方法可以改編這個策略以因應你學生的年齡和技能程度？

_____

_____

_____

全部、部分、沒有（All, Some, None）

如何運用：「全部、部分、沒有」讓學生能夠探索兩個或多個概念之間的關係。雖然我們納入三種關係類型（見表5.6），但教師可以決定要「聚焦」哪一種關係，例如交集或文氏圖。下面的每個資料組織圖都可以依據課堂中調查的概念數量而調整成兩個以上的圓圈。此策略也可用於組織的階段，以協助學生整理真實案例中獲得的資訊。

表 5.6｜集合的類型

類型	不相交集合： 「沒有」	交集： 「部分」	子集合： 「全部」
視覺呈現	A　　B	A　B	A B
例子	爬蟲類不是哺乳動物。	光和聲都可以反射與折射。	正多邊形是多邊形的子集合。

以下是使用「全部、部分、沒有」的一種方法：

1. 提供概念和真實事例：討論這些圓圈中要比較的概念，確保學生有一系列可以連結到這些概念的真實事例。請學生依據所探究的概念，例如**信念**與**偏見**，將例子分成兩組。

（續）

2. 辨識特徵：在這個階段我們會問：「每個概念的例子之間有什麼相同點？」然後記錄學生的思考。在這個步驟結束時，我們應該會得到每個概念的特徵列表。如果學生看似抱持某種迷思概念時，教師務必要提點學生。

3. 確認關係：在此步驟中，請學生考慮這個問題：「這些概念之間有什麼關聯呢？」為此，他們可以比較和對比前一步驟產出的特徵列表，然後找出概念之間的相似點和相異點。

4. 考慮模型：根據找到的相似點和相異點，對學生展示三種集合類型。哪一種類型最能代表概念之間的關係呢？在**信念**和**偏見**的例子中，偏見會被視為信念的子集合。也就是說，**所有**偏見的例子也都是信念的例子。

5. 陳述關係：為了幫助學生闡明概念的相關性，我們可能會介紹句子架構，例如：「因為……，所以（概念一）包含（概念二）。」或「因為……，所以（概念一）和（概念二）有交集。」鼓勵學生運用**全部**、**部分**或**沒有**等詞語來描述自己在概念之間找到的關係。

◆ 改編：重新檢視主導概念

對於整體單元中調查的所有主導概念，我們可以一再重新檢視文氏圖等組織工具以顯示概念之間的關係。例如柏林大都會學校（Berlin Metropolitan School）四年級的馬克・席利托老師讓學生對光與聲進行科學調查，並將調查發現記錄在全班的圖表上。下列文氏圖可以用來協助學生呈現他們對光和聲的「最佳想法」，以及課程進行中新實驗帶來的變化。

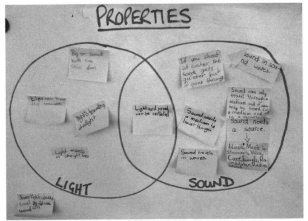

▶ 照片 5.5・比較光及聲的屬性

找出屬性（Adjectives）

如何運用：這個策略運用體驗活動為基礎以進行概念形成，特別適用於幫助學生理解單元開始時的模型或調查。課堂中的運用方式如下：

1. **運用形容詞來描述：**看完針對相關概念的影片、創建模型或參與調查之後，暫停並要求學生羅列形容詞來描述**像是什麼**。這個提示要求學生思考概念的屬性。照片 5.6 呈現了一個八年級的例子。南西・費爾伯恩老師班上的學生運用艾倫・麥克阿瑟基金會（Ellen MacArthur Foundation, 2016）的資源，設計了一個呈現**線性生產歷程**的流程圖。學生構建自己的流程圖後，進行了腦力激盪並寫下**長的、花時間的、單向的**等等形容詞以描述線性生產歷程。

2. **注意並分析形容詞列表：**等學生寫下了他們自己的形容詞，鼓勵他們查看其他小組的作品並檢視哪些是重複的？哪些相似（同義詞）？哪個你不同意？全班一起列出每組都出現的字彙，並討論其重要性。

3. **導入更多的概念：**接下來預先說明在形容詞列表中尚未出現、但對概念定義不可或缺的概念。教師務必從學生的先備知識中連結到這些概念。在八年級**線性生產**的示例中，教師先介紹**輸出、輸入**概念，然後請學生將這兩個概念納入發展中的定義。參見照片 5.7 顯示學生運用概念所建構的定義。

4. **創造、分享和張貼定義：**最後，讓學生有機會去創造、分享並張貼自己的定義。請學生思考彼此的定義可能如何互補或相互擴展。將形容詞和定義並排放在一起，可以幫助學生辨識自己用來構建個人意義和集體意義的歷程。

▶ 照片 5.6・運用找出屬性來瞭解線性生產

（續）

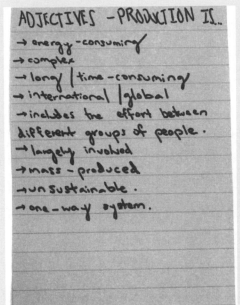
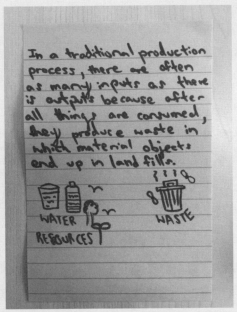

▶ 照片 5.7a 與 5.7b．學生就線性生產想出的形容詞與創造的定義

來源：Nancy Fairburn，攝影：David French

分組、描述、命名（Group, Describe, Name）

如何運用：依據西爾得·塔巴（Hilda Taba）所設計的策略，「分組、描述、命名」可用於提供某個概念的初步經驗，或在課程單元稍後的階段統整學生的思考。這個策略運用幾個教師提問以協助學生創造組別並予以命名（Durkin, 1993, p. 7）。

任務開始時的問題有助於學生連結先備知識，後續提出的問題則鼓勵分類與發展論點等思考歷程。「分組、描述、命名」的用法如下：

1. 呈現待整理資料：引導學生注意待整理的物品／圖像：**在這裡你注意到了什麼？**這個問題幫助學生連結先備知識，並開始進行為下一階段打下基礎的初步觀察。

2. 資料分組：指示學生開始將物品／圖像分組：**這些物品／圖像中，哪些看起來有共同歸屬？**用**看起來**可以提供多種詮釋的空間，也能提升學生的歸納式推理。若學生想用不同的方式分組完全沒有問題，這是發現概念各種基本屬性的歷程中的一環！教師接著提出：「當你想到力時，這些物品中有哪幾個是可以放在一起的？」這樣的後續問題，可以提供學生更多的支持性結構。

3. **證明分組邏輯**：鼓勵學生解釋他們的邏輯和推理：*我很好奇你們是如何決定把這些放在一起的？可以多說一點嗎？* 孩子被問到「為什麼」的問題時可能會失去自信。換個方式問學生理由，表示我們希望學生詳細說明自己的想法，而不是提出一個「正確」答案。

4. **命名**：邀請學生為這些組別命名：*現在我們有了自己的組別，你會怎樣稱呼這個小組呢？* 這個步驟幫助學生進行分類的最後一步——幫每組取一個反映其特徵的特別名稱。學生可能沒有運用精確語言進行組別命名，但只要在教師支持的過程中發展出適當的術語就可以了。例如，照片 5.8 顯示「簡單機械」單元開始時，學生圍繞著力的種類形成想法，這些小組命名描述了操縱物品的動作類型。單元後續，學生可以重新檢視這個分類活動，看看槓桿、楔型或其他簡單機械如何同時需要推力與拉力才能運作。

5. **重組（選擇性的）**：協助學生尋找其他關係：*我們可能把某些物品／圖像放到其他組別嗎？* 此步驟培養彈性，以及根據可辨識出來的特徵，覺察到物品／圖像可能適用於多個組別。

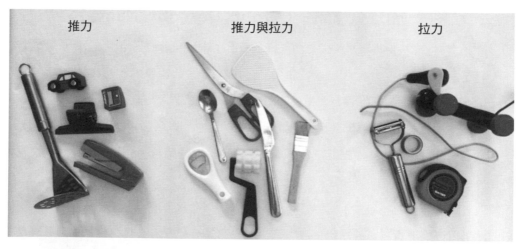

推力　　　推力與拉力　　　拉力

▶ 照片 5.8・用分組、描述、命名來辨識力的種類

想想那些你希望學生瞭解、但複雜而難以定義的概念，其中哪些概念會因為集體討論或
定義而變得容易些？考量你學生的年齡和技能程度，這個策略操作會是什麼樣子？

_____

_____

_____

概念謎語（Concept Riddles）

如何運用：學生對幾個單元概念形成初步瞭解後，他們
可以創造反映某個概念基本屬性的謎語。雖然這個策略乍看
之下似乎適合國小學生，其實它需要複雜的概念性思考，因
而也很適用於中學生。這是個整合的策略，因此應該在其他概念形成策
略完成之後使用。根據學生的年齡以及對策略的熟悉程度，教師可以增加或減少所提供
的鷹架。以下是學生可以應用的簡易結構：

第1行：我是……的一部分／一種（與主題或更廣博概念的連結）

第2行：有關一個基本屬性的訊息

第3行：有關另一個基本屬性的訊息

第4行：有關第三個基本屬性的訊息

第5行：我是什麼概念呢？

　　照片 5.9 顯示了梭尼雅・林惠斯（Sonja Nienhuis）老師在東南亞聯合世界書院七年級
人文課所運用的策略實作，課程內容探索**再生**與**非再生能源**等概念，這名學生用漫畫形式
來呈現他的謎語。

表 5.7｜改編後的概念謎語策略

QR Code 謎語：學生寫完謎語後，他們可以生成 QR Code 顯示答案。學生可以直接運用線上 QR Code 產生器，選擇「純文本」（Plain Text），輸入答案，然後下載 QR Code 並貼在自己的謎語檔案中。學生可以使用平板自行測試以檢查答案。以下是生態系統單元中**生產者**（producer）概念的例子：	神秘概念：這個策略不需要每個學生都編一套謎語，而改變成在每個學生的背上貼一個神秘概念。然後學生運用一些概念的基本屬性，互相詢問是/否問句來猜概念是什麼。這些概念應該先列在黑板上，讓學生考慮哪些是某些概念共有但不是所有概念都具備的基本屬性。例如，在經濟系統的單元中，學生可能會問：「我的經濟系統中是否用以物易物方式交換貨物？」一旦他們說對自己的神秘概念，他們就可以跟同伴交換背上貼的神秘概念。我們建議將神秘概念的數量保持在十個以下。
我是生態系統的一部分。 我自己能夠產生能量。 我需要太陽藉由光合作用來產生能量。 我通常是綠色的。 我是誰？ Luisa 撰寫 	

▶ 照片 5.9・再生與非再生能源的概念謎語

想想概念謎語策略及其改編方式。你可以在教學中的哪個部分運用這個策略？可能最適合哪些概念？為什麼？

_____

_____

創造與合併（Create Combine）

如何運用：創造與合併從學生個人的定義開始，反覆整合而發展出全班的定義。當學生在課前已經看過概念的示例時成效最佳，例如：作為投入階段時的微型個案研究。創造與合併對具備多重定義或定義模糊的概念效果尤佳，例如：**探索**

（exploration）、**創業家**（entrepreneur）或**友誼**（friendship）。我們雖然在下列概述中建議小組人數，但也都可以調整。重點是學生回到全班分享前，至少經過三個「回合」。創造與合併的步驟如下：

1. **撰寫個人定義**：開始時要學生花 3 至 5 分鐘複習以前的筆記，然後對概念發想個人的定義，強調定義必須涵蓋之前探索的**所有**事例，例如：**探索**的定義必須超越地理的探索。此步驟中可以引導學生的問題包括：

   a. 我下的定義是否適用於針對此概念所探索的所有事例？

   b. 我可能需要加上或移除什麼，才能確保我的定義適用於所有事例？

2. **找一個夥伴合併**：學生完成初步定義後，鼓勵他們找一個或兩個夥伴，彼此分享個人定義，找出共通點與相異點，然後綜整創造出新定義。在和別組討論之前，小組共同回顧前述問題。我們建議此一步驟進行大約 5 至 7 分鐘。

3. **跟另一組合併**：二人或三人小組找另一小組合併，互相分享彼此的兩個定義。再次鼓勵學生深思這些定義之間有什麼明顯的相似點或新想法，小組夥伴決議哪些是重要的特徵並合併成新的定義。

（續）

4. 跟另一組合併： 當新的定義產出後，要學生再找另一組學生一起創造最終的定義。此時，學生已經形成 8 至 12 人的大組，我們建議任命一位引言人與計時者讓大組有效運作。

▶ 照片 5.10・學生利用創造與合併
來定義偏見

來源：David French

5. 全班一起分享： 集合全班學生。依活動設計，應該已經產生兩個到四個定義可供分享與分析。讓學生有時間思考，閱讀並找出這些定義之間的共通點，引導學生討論將多元的定義「彙集」在一起，最終產生一個全班的概念定義。鼓勵學生反思需要多麼心智開放、重視證據與態度執著，才能成功的進行協作。

表 5.8 │ 改編後的創造與合併策略

井字（Tic-Tac-Toe）**詞彙：** 在邀請學生創造自己的定義之前，先由全班腦力激盪可能的詞彙，並填進井字板中。目標概念寫在格子中間，從目標概念引發的詞彙則填寫在外圍格子。這種改編可以幫助學生啟動之前探究獲得的先備知識，同時提供額外的支持協助他們開始撰寫定義。下頁影片中可以看到井字詞彙的例子；會員專屬網站中亦提供了空白的井字模板。	**運用樹狀圖**（Tree Diagram）**：** 運用樹狀圖可以讓全班創建定義的歷程變成可見。學生可以用便利貼來創造自己的每個定義。我們建議每次小組合併使用不同的顏色，在活動結束時，學生可以將便利貼放在班級樹狀圖上，以顯現如何綜整出全班的思考。兩人一組的定義放在樹狀圖表的底部，最後的全班定義貼在樹狀圖的上方。讀者可以在會員專屬網站中找到空白的樹狀圖模板。
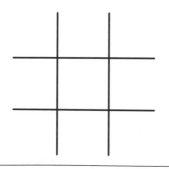	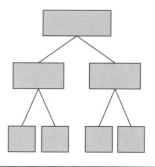

▶ 影片：創新者的創造與合併（五年級）

這段影片呈現蘇黎世國際學校的凱薩琳‧德意志老師的五年級課堂，全班運用創造與合併為**創新者**（innovator）這個概念形成集體的定義。觀看影片時，思考以下的問題：

來源：Katherine Deutsch

1. 教師該如何跟她的學生腦力激盪產出相關詞彙，以協助定義的建構？

2. 個別、配對、小組合併等創造定義的多重機會如何鼓勵學生思考**創新者**的基本屬性？

3. 教師如何引導全班討論，以協助學生形成**創新者**的全班定義？

你可以在我們的會員專屬網站（www.connectthedotsinternational.members-only）觀看這段影片。

☰ 光譜排序（Spectrum Sort）

如何運用：光譜排序這樣的排列策略適用於難以區分例子或非例子、但事例存有不同程度差別的概念。這個策略讓學生在代表了**最少**與**最多**的光譜兩端之間排列事例，以形成自己對概念的理解（如圖 5.3）。對數學或自然科等學科，最好搭配正式的調查，以確認事例在光譜上位置的正確性與精準度。

```
最少                                          最多
←─────────────────────────────────────────→
事例A              事例B              事例C
```

▶ 圖 5.3・光譜排序

運作方法如下：

1. 界定尺度：選擇與所調查的概念相關的形容詞以界定尺度，例如：**安全**這個概念可以用「最不安全」到「最安全」作為尺度。

（續）

2. 導入活動：示範兩三個顯而易見的例子，讓第一次接觸這個策略的學生瞭解。鼓勵學生在排列時比較這些例子，例如：比起搭車不繫安全帶，放鞭炮更不安全嗎？要學生解釋理由，如果需要，示範將例子擺放在光譜上給學生看。

3. 分類材料：請學生二人一組或分成小組在光譜上擺放例子，將非例子放在光譜之外以表示不適用這個組別。依概念性質與學生年齡，可以用文字、圖卡、學生拍的照片或實體物件進行分類活動。

4. 要求證明：吸引學生投入光譜排序時，確認學生能夠講出擺放位置的理由。如果已經有一些依序擺放的例子，學生會怎樣決定將一個新例子放在哪裡？

5. 全班討論：集合各小組，全班一起討論各自的發現，如果學生對這個概念的經驗有限，先強調光譜的兩端。例如：哪些例子會擺放在**最多**端？記得一定要討論學生覺得最難放的例子，為什麼最具挑戰性？

6. 記錄想法：此步驟由教師記錄學生對目標概念的想法，例如，我們可以問：「**最多**端的例子有什麼共通點？**最少**端的例子有什麼共通點？」並記錄屬性。鼓勵學生自己想出一些例子，加到全班的光譜排序表上。

照片 5.11 顯示光譜排序策略在「光與聲」單元的實際運用。學生們使用手電筒測試素材，利用「最不透明到最透明」的尺度沿著地板上的光譜擺放素材。學生利用科學調查，發展對**透明度**（transparency）的理解。完成後，他們將觀察結果記錄到自己的自然科筆記本，將透明度相近的各種素材種類建立連結。

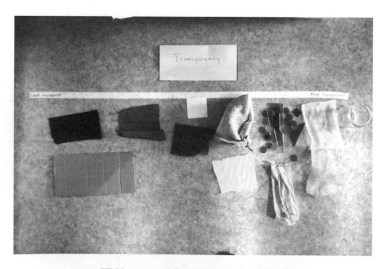

▶ 照片 5.11・透明度概念的光譜排序

策略改編：改變尺度

　　依概念而異，有時候把尺度兩端改成兩個相對的概念更有意義。以**需要**和**想要**的概念為例，照片 5.12 呈現凱歐西・瓊斯老師在香港國際學校一年級課堂做的改變。這兩個概念放在光譜的兩端，學生對植物或書籍等不同物件的歸屬形成論據。

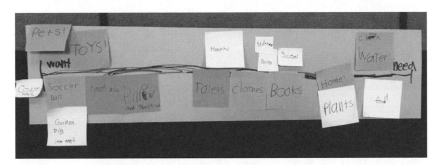

▶ 照片 5.12・光譜排序的改編版：想要與需要

來源：Kelsey Jones

鑽石分層（Diamond Ranking）

　　如何運用：我們的鑽石分層版本要求學生依據反映概念的程度高低排列例子。鑽石分層最適合引發辯論和對話的概念，如**創新、進步、權利**或**不平等**。鑽石分層幫助學生思考哪些概念的示例較明確或較接近原本想法。在過程中，學生按照優先順序排列訊息，釐清他們的想法並做出合理的決定。以下是鑽石分層的一種引導方式：

　　1. 建立事實性知識（預做準備）：學生參與鑽石分層之前，確保他們經歷並瞭解與此概念相關的個案研究。當學生在活動中對實例進行排列時，他們需要具備足夠的背景知識才能證明他們的選擇。事實性知識可能從例子的相關文章段落或短片等小型個案研究中獲得。

　　2. 在卡片上呈現個案研究：將學生分成三到五人的小組。讓小組有機會檢視他們要排列的紙卡或電子卡片，鼓勵他們解釋對這九張卡片的真實事例有什麼瞭解，如果需要的話，學生可以使用這個句子架構：「在這個例子裡……」。

（續）

3. 協力排列卡片：提供小組活動指示。目標是依據概念的**代表性程度高低**來排列真實事例。如圖 5.4 所示，一張卡片放在最上面的位置，兩張卡片放到次一排，接下來三張，然後兩張、最後一張，同一排的卡片屬於相同等級。學生排列卡片時，必須提出思考的**理由**。如果小組成員的看法不一致，彼此可以試圖說服對方或者是達成共識。無論哪種方式，鑽石完成時，整組必須達成一致的共識，並能夠溝通鑽石分層的邏輯。

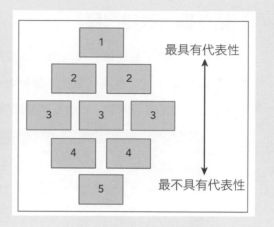

▶ 圖 5.4・鑽石分層結構中的層級

4. 分享支持的理由：一旦小組組織好了他們的鑽石，請他們跟同學分享他們的最上層和底部位置的卡片並說明選擇的原因。全班的鑽石分層呈現某種模式嗎？為什麼會這樣？照片 5.13 顯示八年級學生就**歷史重要性**這個概念進行對話。學生們學到 18 世紀開始的許多發明，接著以共同創造歷史重要性的定義來排列卡片。各組兩兩配對比較及對比他們的鑽石分層，並論辯為什麼有些發明的歷史重要性較高，有些較低。

▶ 照片 5.13a 與 5.13b・歷史重要性的鑽石分層
來源：Nancy Fairburn

表 5.9 │ 鑽石分層的改編版

比較和說服：此改編版要請學生說服其他組同學改變其鑽石分層圖。在創造出鑽石分層圖之後，兩個小組聚在一起並比較他們的作品。我們建議學生運用以下簡單的協定： 1. 指出相同點和不同點。 　（第一組和第二組一起進行） 2. 選擇一到兩張卡片，說服另一組接受改變並記錄原因。 　（第一組和第二組分別進行） 3. 辯論為什麼小組應該變動卡片。 　（第一組先，再換第二組） 4. 提出證據支持卡片變動或不接受建議。 　（第二組先，再換第一組）	重新排列和辯護：在此改編版中，各組學生拿到一份「已完成」的鑽石分層而不用從頭做。學生可以重新排列卡片，但前提是他們必須有證據支持移動的主張。例如，小組可以將一張卡片從第二層移動到第三層，但同時要說明：「因為……，所以這張卡片的例子不是那麼重要。」鼓勵各小組指派一位同學記錄，確保他們的思考內容能被記錄下來，以利於課堂討論時進行溝通。

概念座標（Concept Graphs）

如何運用： 這個策略讓學生在兩個概念軸之間進行示例的分類。在比較稍有「衝突」、但彼此又代表某一更宏觀概念的兩個面向時，此策略的效果最佳。例如，視覺藝術中的**抽象化**與**意義**。以下，我們將比較構成有效企業的**永續性**和**獲利性**這兩個概念（如圖 5.5）。運用概念座標時，學生依據真實事例中這兩個概念的含量多寡來擺放位置。為了簡化擺放位置，我們在圖表中放個九宮格，但學生不需要填滿所有空格。運作方式說明如下頁所示。

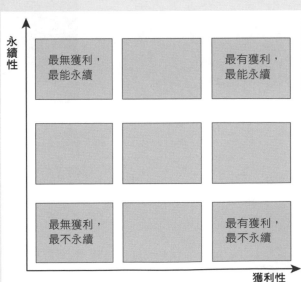

▶ 圖 5.5 · 永續性與獲利性的概念座標（擺放位置）

（續）

1. 調查微型個案研究： 學生參與策略之前，確認他們經歷過相關概念的幾個微型個案研究。

2. 介紹圖表： 讓學生有時間瞭解圖表的結構。例如，**最無獲利**、**最不永續**的例子會放在哪裡？**最有獲利**、**最能永續**的例子要放在哪裡？接下來，提供學生真實事例，讓學生有機會跟一位夥伴進行討論。

3. 討論例子與位置： 學生在此步驟中分成小組進行閱讀、討論並擺放例子。確保學生提供理由支持自己的思考，並對不同意見達成共識。就永續性／獲利性的圖表（如照片 5.14）而言，例子包括：

- 一家量販店用更省油的卡車取代了三分之二的車隊，該店在美國境內卡車車隊的效率因而翻倍。

- 一年多來，一家企業集團藉由能源效率提升節省了 22 億多美金，跟全年的申報利潤總額相同。

- 一家從事生物燃料研究的農業公司，因為不同類型的汙染而面對數億美元的法律訴訟。

4. 全班討論： 各組在圖上擺放好例子後，討論相似之處和相異之處。例如，是否有任何小組最能永續、最能獲利的例子擺法跟其他小組不同？他們對自己思考提供的理由為何？在這兩個概念的例子擺法中，有什麼共通點？記錄下學生對於這些概念仍然存有的任何迷思概念，以及從這個活動而產生的「大概念」（big ideas）。

▶ 照片 5.14 · 永續性與獲利性的概念座標示例

維度排序（Dimensions）

如何運用：維度是在由低到高的尺度上，要求學生比較和對比微觀概念的維度或面向的策略。如艾維・凱普蘭（Avi Kaplan, 2008）寫到：「和界限（boundaries）不同，界限標示出對立的概念；維度則讓概念在彼此間相互轉化。」（p. 480）。本策略的目的是讓學生思考看起來非常不同的微觀概念之間，其實有些共通屬性。維度排序非常適合用來探索跟宏觀概念相關的一些微觀概念，但學生必須對這個宏觀概念及相關的微觀概念具有初步瞭解。以下是此策略運作方式：

1. 說明尺度和概念：介紹維度的同時，提供學生從低到高的尺度，可以畫在紙上或在桌上貼膠帶以建立尺度，暫時不要透露用來分類的維度。將全班分成每組四到六名學生的小組，提供需要排序的卡片，每張卡片上只有一個概念。教師提供概念的定義，以利學生在活動中有需要時可以參考。給每組 3-5 分鐘檢視這些概念和定義。

2. 排序和記錄：排序要進行好幾輪，每一輪採用一個不同的維度。我們建議進行三到四輪，讓學生在概念之間建立深度連結。完成維度排序並記錄結果後，各小組輪流分享新的維度。如果可能，指定一名學生擔任攝影師，在每輪排序後拍照記錄。本策略由淺入深，所以先進行容易的維度再處理複雜的維度。

例如，在九年級的「經濟系統」單元中，我們首先關注的可能是**消費者選擇**這個維度，因為這對瞭解各種經濟系統非常重要。

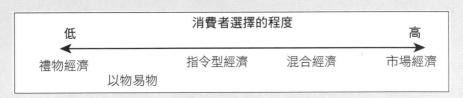

▶ 圖 5.6・運用「消費者選擇」的維度排序

到了第二輪排序，我們可以指示全班使用**政府管制**這個維度來重組他們的圖表。運用不同維度重新組織概念，讓學生能夠自己建立概念之間的關係，同時也加深他們對每個概念的理解。

（續）

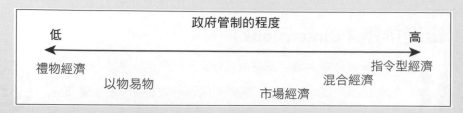

▶ 圖 5.7・運用「政府管制」的維度排序

3. 比較排序： 學生參與至少三輪不同維度的排序後，要學生比較彼此的結果：有什麼有趣的發現？有什麼驚訝的發現？有什麼意外的發現？這樣，我們可以幫助學生找出之前還沒發現的概念之間的關係。

4. 總結： 排序活動結束時，提問讓學生有機會產生結論：我們發掘出哪些概念之間的關係？我們的理解如何發生改變或延伸？這些新的思考衍生出哪些問題？也可以邀請學生討論：「你們形成了哪些概念之間的新連結呢？」之類的問題，或給學生時間記錄思考內容。

維度排序的課堂實作

茱莉亞・布羽格斯老師決定運用維度排序，幫助 IB 高階化學課程的學生聚焦於「化學鍵結與結構」這個單元中的主導概念。以下是她的教學單元描述：

「我希望學生們加強對單元中幾個主導概念的理解，並使用維度排序活動來達成目標。我提供學生以下的內容：離子鍵結、共價鍵結、金屬鍵結、分子間力與分子內力。我告訴學生我會指定強度、共享電子的程度，以及熔點和沸點這三個類別，讓他們從高到低排列概念順序。學生需要做研究找出一些他們還不知道的趨勢。完成後，我把他們的每個維度排列拍成照片，並將照片發布到他們的線上課堂。每個學生都需要在線上課堂留言舉出支持排序的理由。」

茱莉亞・布羽格斯
哥倫比亞英國學院
化學科召集人

（續）

▶ 照片 5.15 · 維度排序的課堂實作：化學鍵結與結構

來源：Julia Briggs

關係類比（Analogies）

如何運用：關係類比請學習者運用自己的事實性知識表達概念性關係，是個簡單的策略。可以依據學生不同年齡，從下列句子架構中擇一應用：

· 小學：因為……，＿＿＿＿＿＿ 就像 ＿＿＿＿＿＿。

· 中學：＿＿＿＿＿ 就像 ＿＿＿＿＿。意味著……

或

＿＿＿＿＿ 之於 ＿＿＿＿＿，有如

＿＿＿＿＿ 之於 ＿＿＿＿＿ 因為……

對年齡較小的學生，我們可能需要示範如何使用這樣的句子架構，或鼓勵學生在小組中創造自己的類比。

（續）

我們建議在教學單元一開始或結束前，或學習組塊（chunk of learning）運用關係類比進行理解的評量。學生個別書寫的類比內容提供重要的評量資料，教師可藉以瞭解學生對概念的哪些屬性記憶最深。在照片 5.16 中，你可以看到八年級學生就**工業化**和**前工業化**這兩個概念的關係類比示例（影片後附）。

Industialisation is like..
a brand new iPhone 8.

Pre-Industrialisation is like...
when there were no phones.

This implies that there is a lot of
difference between the two, ~~and~~ in
the efficiency, etc.

Industrialation is like travel by plane
over seas for a few hours. Pre industrialtion
is like walking for days to your
destination. This implies that it is easier
in industrialation to get places as well
a being quicker.

▶ 照片 5.16 a 與 5.16b・學生對工業化與前工業化的關係類比

來源：David French

▶ 影片：工業化與前工業化的關係類比（八年級）

本段影片呈現南西・費爾伯恩老師的八年級學生在烘焙模擬後，針對**工業化**與**前工業化**所創作的類比（見第四章的模擬策略）。觀看影片時，請同時思考以下問題：

來源：David French

1. 學生產出的類比如何反映他們對**工業化**和**前工業化**基本屬性的思考？

2. 作為出場任務（exit task）時，此策略如何提供教師評量的資料，以規劃課程單元的後續步驟？

你可以在我們的會員專屬網站（www.connect thedotsinternational.com/members-only）觀看這段影片。

聚焦階段的評量

在聚焦階段，我們蒐集學生理解個別概念的評量訊息。一方面要確保在投入階段發現的學生迷思概念都已經藉由概念形成策略釐清，同時我們密切觀察並蒐集資料，以決定何時以及如何進入調查階段。蒐集評量訊息時，我們會自問以下問題：

- 學生能否正確辨別概念，或創造概念的例子和非例子？
- 學生瞭解某個概念的屬性嗎？在檢視真實事例時，能夠描述出這些屬性嗎？
- 學生能否描述概念之間如何相似或不同？例如爬蟲類和兩棲動物之間的差異？

如果學生對特定單元概念的理解仍然有限，我們可能會在這個階段多停留一會兒。當學生對單元概念有扎實的初步瞭解時，我們會思考怎樣在調查階段策略性的運用個案研究，以統整或擴展學生的思維。如果發現迷思概念仍然存在，我們會回到聚焦階段來介紹新的概念或加深對先前探討概念的理解。

🔗 連結其他探究階段

聚焦階段可釐清課程單元，確保學生進入調查階段時，帶著對概念透鏡和主導概念的初步瞭解開始探索各種真實事例。學生有機會對概念進行分類、命名或排序之後，我們接著培養他們的事實性知識與研究技能。如下一章所述，可能藉由全班、小組，或個人的個案研究進行。當我們在不同探究階段之間移動，我們還要考慮當學生投入在脈絡中顯現概念的重要個案研究時，如何幫助學生增進開放性思維、證據思維以及堅毅思維等三種取向。

暫停與反思

當你為課程單元選擇概念形成策略時，問自己以下的問題：

· 考慮一個特定的主題和單元通則，該單元可能有哪些概念透鏡和主導概念？

· 投入階段獲得的哪些評量訊息可以協助你為學生設計有意義的概念形成任務？學生的提問可以扮演什麼角色？

· 你的學生對主導概念具備多少先備經驗？

· 這個概念的例子和非例子多麼直白易懂或深奧複雜？你會如何安排例子的導入順序，為學生的思考搭建鷹架？

· 這些概念的定義會支持還是限制學生的思考？共創定義對哪些概念較有助益？

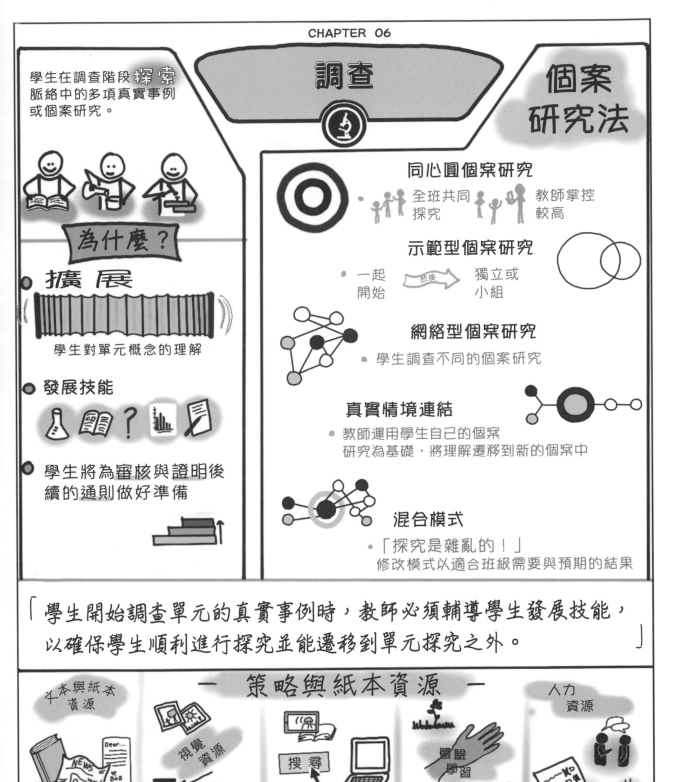

CHAPTER 06

調查　　個案研究法

學生在調查階段**探索**脈絡中的多項真實事例或個案研究。

為什麼?

擴展
學生對單元概念的理解

發展技能

學生將為審核與證明後續的通則做好準備

同心圓個案研究
全班共同探究　　教師掌控較高

示範型個案研究
一起開始　然後　獨立或小組

網絡型個案研究
學生調查不同的個案研究

真實情境連結
教師運用學生自己的個案研究為基礎,將理解遷移到新的個案中

混合模式
「探究是雜亂的!」
修改模式以適合班級需要與預期的結果

「學生開始調查單元的真實事例時,教師必須輔導學生發展技能,以確保學生順利進行探究並能遷移到單元探究之外。」

─ 策略與紙本資源 ─

文本與紙本資源

視覺資源

搜尋

科技應用

體驗學習

人力資源

Designed by Andrea Mosteller, copyright Marschall and French, 2018

CHAPTER

06

調查

探究的調查階段

階段目標：

- 探索真實事例或個案研究，並與單元概念建立連結
- 藉由個案研究呈現複雜性並提出更多問題，以擴展學生對單元概念的理解
- 習得探究所需的學科與跨學科技能

本階段的主要引導問題：

- 事實性問題

調查階段的課堂實作

▶ 照片 6.1・地理課的學生
藉由虛擬實境穿戴裝置
環遊世界

來源：Bryne Stothard

　　布萊恩・史塔德老師的十一年級 IB 地理課正在進行有關危險和災難的單元。學生運用模型、過去的新聞報導、影片以及其他非小說文本進行調查。之後學生利用 Google Earth 虛擬實境，到世界各地容易發生天然災害的地方實地考察。虛擬實境提供學生分析地形的獨特機會，讓學生能評析災難防備的努力程度。

　　學生進一步選擇不同個案進行調查，藉以探索並回答以下引導問題：「強度相同的情形下，為什麼有些地震造成的死亡人數明顯高於其他？」學生形成小組，針對**規劃**、**預測**與**回應**等主導概念比較他們的發現。

　　透過和藝術與媒體研究的教師協作，讓學生有機會運用不同的方式發表並分享他們的發現。豐富的資訊來源使學習生活化，這種方式使傳統的直接教學模式永遠難以企及。

真實事例的威力

在調查階段，學生探索真實事例但不止於此，調查更是在情境脈絡中看見單元概念之實例的方法。調查一系列的個案研究將可發展廣博的知識基礎，這些基礎有助於學生在課程單元的後續階段審核並證明自己的理解。為了建立通則，學生**必須**接觸多重事例。如果學生企圖用單一個案研究獲得的知識來建立通則，理解的陳述通常會過度概化而欠缺正確性或有效性。

舉個例子，想像藉由調查青蛙以學習生命週期的一群學生。他們觀察青蛙度過卵、蝌蚪、幼蛙以及成蛙等不同階段，並從這個經驗建構出以下通則：**動物在成熟之前會經歷變形**（metamorphosis）。但我們知道這個陳述並不正確，因為很多動物從未經歷變形階段。因此，

> **個案研究：**指事件、人物、時期、難題或假設情境等特殊案例（**instance**）或事例（**example**），可以用來調查以闡明某個概念或通則。

如果只經驗一個個案研究（case study），就假定青蛙的生命週期和所有的生命週期都一樣，學生將會形成不正確的概念性理解。

身為概念為本探究的教師，我們在調查階段可以規劃不同的研究方式。其中的一個重要變項是如何讓學生接觸個案研究；可以是全班一起、分成幾個小組或是獨立調查。重要的是，教師要考慮個案研究是否扣合單元概念，以及個案研究如何在課程規劃歷程初期建立學生的研究架構。在表 6.1 我們以視覺化呈現不同的個案研究方法，之後的章節會詳細探討這些方法。

表 6.1 │ 個案研究的方法

幫助建立通則的個案研究方法	
同心圓個案研究 **適用於結構式探究** 全班共同研究每一個個案研究。單元的主導概念提供連結各個個案研究的框架。 	**示範型個案研究** **適用於結構式或引導式探究** 全班共同探討同一個個案研究，接著進行獨立或分組探究其他和單元概念相關的個案研究。 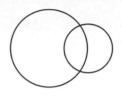
網絡型個案研究 **適用於引導式或開放式探究** 個別學生或小組依照興趣分別探討不同的個案研究、分享發現，並尋求個案之間的連結。 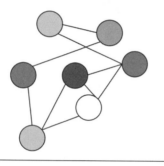	**真實情境連結** **適用於所有探究類型** 在接觸新的個案研究後，學生將先備知識與目前事件進行真實的連結。 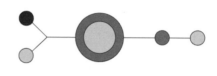
混合模式 **適用於引導式或開放式探究** 在一個概念為本的探究中結合兩種或多種個案研究方式。 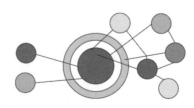	

©French & Marschall, 2017

個案研究取徑

在**同心圓個案研究**（concentric case studies）中，全班共同以較具結構的方式調查同一個個案研究。通常由教師選擇個案研究以確保緊密扣合單元的主導概念和概念性理解。共享的經驗有助於教師在課堂討論中建立明顯的連結並為概念性理解搭建鷹架。因為所有的學生探究同一個個案研究，便於教師規劃實地考察、實驗等共享經驗，所需的資源較少。不過這個方法的結構化性質的確降低了學生的能動性。

同心圓個案研究的課堂實作

在香港，潔妮・范・蓋稜老師的三年級學生正在探討移民及其成因，以瞭解**移民創造了機會與挑戰，因而改變了人們的生活**。在運用概念形成策略幫助學生瞭解移民這個概念後，潔妮老師邀請客座講師到班上提供真實的移民個案研究，包括訪談難民、政治異議分子、學校裡因為工作機會移民來到香港的英國籍教師。她也在文學研究課中運用《姓名罐》（*The Name Jar*）和《家的顏色》（*The Color of Home*）等書，藉以吸引學生對移民者的經驗進行比較與對比。在探討每個真實事例時，潔妮老師提示學生注意個別移民的原因以及他們面對的機會與挑戰。學生的想法都被記錄在交叉比對表（Cross-comparison Chart，第 174 頁）上，以幫助學生建立真實事例之間的連結。潔妮老師並運用表上的資訊指導學生形成通則。

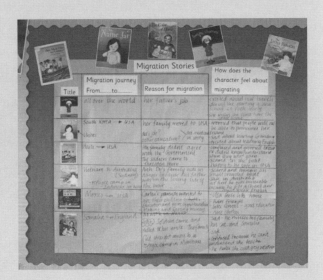

▶ 照片 6.2・移民的同心圓個案研究

來源：David French

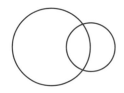

示範型個案研究（modeled case studies）針對教師選定的單一或多個共享個案研究開始進行全班調查，之後教師漸進的釋放讓學生發揮的空間。在課程單元進行的過程中，讓學生選擇自己的個案研究而逐漸轉換成引導式探究。在全班進行調查時，教師保持雙重焦點：兼顧單元主導概念，並幫助學生培養日後順利進行獨立或小組研究所需的探究技能。最初的個案研究除了提供後續討論的共同參考點，也成為可供比較的案例。相較於同心圓個案研究，這種方法需要更多資源。因應學生可選擇的個案數量，教師可能需要和學生討論以確保個案研究扣合課程單元的概念焦點。

示範型個案研究的課堂實作

德國法蘭克福國際學校的幼兒園學生藉由學習安全以理解**人們負起責任以維護自己和別人的安全**。學生的調查從全班到消防隊進行實地考察開始，學生聚焦於**責任**這個概念透鏡以及**策略／規則、設備、角色**及**服裝**等主導概念。幼兒園團隊有意識的努力提供年幼學習者更多選擇，因而將這個單元學習從**同心圓**轉換成**示範型個案研究**方法，賦予學生機會，獨立或在小組中選擇個案研究進行探索。蓋兒·安布朗老師與社區合作並利用社區的豐富資源促成騎馬、單車安全及泳池安全等小組實地考察。各小組回到學校時，在班級的「安全小書」中發表自己學到的新知識。

▶️ 影片：示範型個案研究（幼兒園）

這部影片呈現法蘭克福國際學校的幼兒園學生調查各種情境的安全議題。觀看影片時，同時思考以下問題：

1. 如果教師採用同心圓個案研究法，這個單元會如何不同？
2. 全班到消防隊參訪的目的是什麼？這樣的參訪如何幫助學生進行小組調查？

你可以在我們的會員專屬網站（www.connectthedotsinternational.com/members-only）觀看這段影片。

在第八章，你會看到這些學生運用「顏色連結」策略（第 227 頁）以形成課程單元中的通則。

▶ 照片 6.3・消防隊的實地考察
來源：Gayle Angbrandt

網絡型個案研究（networked case studies）代表一種更加開放或差異化的概念為本探究。雖然課程單元可能是從共同探究開始吸引學生投入，然而這種方法的威力來自於學生接觸到一系列不同的個案研究。教師提供機會讓學生對其他人呈現並分享自己的發現，藉此可使學生建立連結並建立通則。

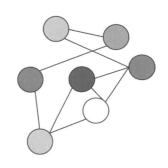

　　有時候，教師仍然可能依據學生的準備度而指定特定個案研究或差異化的內容，例如根據學生的閱讀能力指派不同的個案研究。更常見的是，學生依據教師建立的規範自行選擇個案研究，或從一系列的選項中選取。這種較為開放的方式需要小心管理，以確保個案研究扣合課程單元的主導概念。一般而言，此方法比較適合年齡稍長且具備獨立或協作小組調查經驗的學生。

網絡型個案研究的課堂實作

　　東南亞聯合世界書院十一年級的學生正在經濟課中學習有關市場中的政府干預。安主・麥卡錫老師希望他們瞭解**政府可能干預市場以平衡效率、促進公平或提升永續性**。從經濟團隊整理的一系列個案研究中，學生受邀以小組的形式，選擇一個自己有興趣的政府干預個案進行調查。全班運用 Google 文件來組織想法並分享研究結果，如此讓學生能看出個案研究之間的模式並建立連結。在此僅列舉幾個學生探討的個案研究，例如：尼泊爾的登山許可證、印尼的政府石油津貼以及德國的太陽能板等。

▶ 照片 6.4・調查不同的政府干預
來源：Andrew McCarthy

　　這是安主老師第一次用這種方式進行個案研究。反思時他提到：「這種網絡型模式有條不紊的探索政府干預的個案研究，非常有趣。學生在這個禮拜完成了資料的交叉比對表；我們在前兩堂課中運用交叉比對表摘要填寫個案資料，從各種干預中，**依據公平、效率以及永續性**等重要概念找出通則。在課程單元初期開始個案研究，然後透過這些個案研究引導學習，讓我大開眼界！」

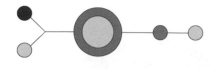

真實情境連結法（authentic connections approach）建立在學生已知的個案研究上，並且在單元探究完成後，支持學生將理解遷移到新的個案研究。在投入階段，教師仔細聆聽，找出學生和此單元個案研究相關的先備知識與興趣。當學生形成通則後，教師可以問：「有沒有人可以想出這個單元中我們還沒有調查過的其他例子，而且這些例子可以支持或反駁我們的想法？」利用學生知道或感興趣的個案研究，能夠彰顯他們的個人智識。

真實情境連結的課堂實作

在德國法蘭克福國際學校，大衛・法蘭奇老師任教的五年級以**機會**作為概念透鏡，展開對機率（probability）的探究。大衛老師規劃了以微型個案研究為基礎的結構式探究，以利學生動手調查。

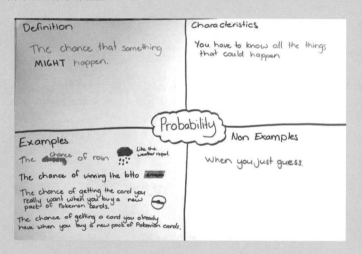

▶ 照片 6.5・以弗瑞爾模型解釋機率的真實連結
來源：David French

全班分成小組完成弗瑞爾模型（詳見第 114 頁）作為前測。這讓大衛老師得知學生對**機率**的既有瞭解，並決定採用哪些和他們興趣相關的個案研究。學生的例子顯示他們已經思考過先前所學交換卡片、天氣或家族成員生男或生女可能性等個案研究的機率。大衛老師修改他的單元規劃，在部分個案研究中納入更多深入調查以繼續探究。這個班在同年稍後學習了基因遺傳，在討論到基因特性以及環境條件時，學生能夠連結到他們的數學單元。

事實上，探究是個「雜亂」的歷程。在大多數的課程單元裡，教師大多採用**混合模式**（hybrid model）。我們鼓勵教師在規劃各個單元時，想辦法從不同個案研究方法中找出最適用元素。藉由個案研究的選擇，教師支持學生整合並擴展他們對主導概念的理解，並將主導概念建立在關鍵內容的基礎之上。在規劃階段，教師必須考量有助於學生建構概念性理解基礎的事實與技能。

選擇個案研究時，我們考量：

- 個案研究中概念性關係呈現的清楚程度
- 課程單元的關鍵內容；亦即學生應該知道什麼、會做什麼，以及理解什麼
- 學生對這個主題擁有多少先備知識
- 學生的興趣
- 學生的年齡與技能水準
- 資源的可得性以及個案研究的呈現方式，例如提供不同閱讀程度的文本、訪問專家的管道等等

聚焦於技能發展

當教師規劃並建構學生即將探究的知識時，也必須考慮課程單元中技能的發展。在探究中，可能發展專屬於某一學科的技能，例如書寫說服性論點；也可能發展跨越學科領域的技能，例如撰寫研究問題。作為概念為本探究的教師，我們必須超越技能練習；藉由幫助學生形成歷程導向的理解，讓他們可以把技能遷移到未來的學習脈絡中。

談到探究技能，我們知道不少個人或組織已經為學習者發展一套套的技能列表（參見 Harlen & Jelly, 1997; International Baccalaureate Organization, 2009; ISTE, 2016）。這些技能適用各種脈絡而應用於結構式、引導式或開放式探究的連續進程之間。我們在課程規劃歷程中運用這些技能概述，除了可以建立通則作為學生努力的目標，也可以建構有助於學生發展通則的問題。表 6.2 提供了形成問題這項技能的範例。請注意，這項技能從幼兒園到十二年級都用得到，但我們期待學生隨著年齡增長，寫出的通則會越來越細緻深奧。

在課程單元中同時專注於知識性與歷程性理解，學生因而瞭解兩者對成功的學習均屬必要。克萊斯頓、錢伯斯、包歐與路卡斯（Claxton, Chambers, Powell, & Lucas, 2011）稱之

為「分割畫面思考」（split screen thinking），說明了任何學習任務都承載著雙重焦點。例如，在學習**有關**植物結構怎樣支持植物生存時，學生同時也學習**如何**執行客觀的檢測。就探究思維的發展而言，知識層面與技能層面缺一不可。

表 6.2 │ 探究技能的通則範例

探究技能	為了發展這項技能，我們自問以下問題……	可能的通則
形成問題	問題是什麼？（事實性） 我想要發現什麼？（事實性） 問題怎樣幫助探究者發展並分享他們的想法？（概念性）	問問題可以幫助探究者組織並聚焦他們的研究。（三年級） 藉由投入初步研究以凝聚焦點，個人可以發展出研究問題。（十年級）

寫在策略之前

教科書通常將資訊呈現為需要記憶的事實，並沒有鼓勵學生從中探索想法並尋找連結。在概念為本探究的課室中，我們運用廣泛的資訊來源，提供學生建構概念性理解的豐厚事實基礎。本章的「策略」部分不同於其他各章；本章概述了替代教科書的可用資源，以及增進調查的策略。我們鼓勵讀者在建構單元時運用各種資源，幫助學生發展出多元技能組合並成為勝任的研究者。

思考你的某個課程單元，學生現在是如何獲取知識與技能？個案研究是否充分反映單元概念與通則？學生運用哪些資訊來源進行研究？學生在這個過程中擁有多少能動性？

_____

_____

_____

_____

_____

_____

調查的策略與資源

表 6.3｜調查的策略與資源

資源	簡介	頁碼
紙本資源		
非小說書籍	學生閱讀符合他們閱讀程度的非小說文本。	154
報紙、雜誌、期刊和資料庫	學生閱讀雜誌、期刊、報紙文章或摘要，並運用索引工具（indexed collections）存取資料庫資訊。	154
文學：繪本與小說	繪本和小說提供安全的討論平台，讓學生洞悉人類行為。	154
第一手資料：信件、日記與歷史檔案	學生運用第一手資料，探究某特定時期的事件及觀點。	154
科技應用		
網路搜尋引擎	學生運用策展精選（curated collections）或是網路搜尋引擎獲取資訊。	155
程式設計	學生在程式設計創造編碼時發展他們的運算思維（computational thinking）與問題解決能力。	155
虛擬和擴增實境	學生運用虛擬或擴增實境，用數位技術操控自己看到的世界景觀。	155
視覺資源		
影片	學生依照自己的速度或翻轉教室的方式觀看影片。	156
圖像放大與處理	學生放大或處理照片來發現不為人知的世界。	156
圖像	學生觀看圖像以接觸無法親身體驗的事件或地點。	156
體驗學習		
實驗	學生透過動手實驗來進行調查。	157
文物	學生探索文物以體驗某個時期或某個文化。	157
實地考察	透過參訪當地或範圍更大的社區，學生得以深化單元個案研究的相關知識與技能。	157
照顧生物	學生藉由負責照顧生物以瞭解這些生物的需求。	157
服務學習	學生透過服務學習在情境脈絡中調查真實世界的議題。	157
人力資源		
視訊會議	學生連結世界各地的專家或學習者。	159
電話訪談	學生打電話蒐集資訊或安排參訪。	159
訪談、問卷與調查	學生自己設計問題並且負責蒐集資料。	159
夥伴班級、同儕輔導或互相教導	學生藉由連繫其他年級或其他學校的學生互相學習。	159

紙本資源

非小說書籍
（Nonfiction Books）

發展對非小說的喜愛，及理解非小說的技能與策略造就出熱情的探究者。訊息類文本不同於小說，其結構與目的在於分享我們周遭世界的資訊。

杜克（Duke, 2000）的研究透露：課堂中可運用的訊息類文本大約僅占教室圖書的 9.8%，短缺到令人擔心。杜克還發現學生在上學日中，一天大約只花 3.6 分鐘接觸訊息類文本。

報紙、雜誌、期刊和資料庫
（Newspapers, Magazines, Journals, and Databases）

我們從經驗得知，被動的閱讀者多半覺得雜誌比書本容易親近。我們建議教室跟學校圖書館訂閱一些適合學生年齡的小說及非小說性雜誌與期刊。

資料庫讓學生接觸到精選且可信的資訊，其中包括了雜誌、期刊、報紙文章與摘要等可供索引的收藏；現在許多資料庫也建置了互動性元素。

文學：繪本與小說
（Literature: Picture Books and Novels）

繪本與小說幫助各年齡層的學生接觸並考慮其他人的經驗與觀點。文學作品從人物角色的行為脈絡中討論感覺、價值或動機，讓學生覺得比較「安全」。選擇學生閱讀的文本時，想法要超越主題而聚焦在單元的概念和概念性理解。

重要的是，知道文學不免有些扭曲或不經意的強化某些迷思概念的例證。我們不需要完全避開所有的迷思概念，因為這些都可以作為重要的教學機會（Sackes, Trundle, & Flevares, 2009）。

第一手資料：信件、日記與歷史檔案
（Primary Sources: Letters, Diaries, and Historic Documents）

這類資源主要來自重返歷史事實的信件、日記摘錄或舊報紙。我們可以運用第一手資料幫助學生鑽研某段時期的事件與觀點。因應探究的需求，有些學生可能願意分享自己可以取得的家族重要文件。

許多國立圖書館檔案庫提供展示品、演說發表，以及動手製作新聞性活動以接受學校參訪，國家檔案庫提供易於搜尋的豐富線上資源，可利用網路進入，某些國家已經依據主題以及年齡層妥善整理以上資源。

科技應用

網路搜尋
（Internet Search）

我們認為最好等孩子到三年級或更大時再運用搜尋引擎進行獨立研究。即使如此，教師還是可以指導年幼的學生到預先選定的網站，跟他們分享教師選擇的相關影片、圖像或文本。

網路訊息的多樣性和規模在課堂中既是強大的工具也是挑戰。想要有效的運用網路作為工具，學生必須發展跟有效搜尋策略、數位公民以及批判隱含偏見的訊息等相關的概念性理解。

程式設計
（Coding）

程式設計提供了應用數學、科學實驗和運算思維等學習機會。讓學生在實際應用中體會並看到概念。

藉由程式設計，學生在尋求設計解決方法並進行多次測試以確認程式效率之同時，也培養了堅毅思維取向。現在有越來越多的程式設計工具可供選擇，包括 Bee-Bots、Cubetto、Dash & Dot、Sphero、micro-bit、Raspberry Pi 以及 Arduino。

虛擬和擴增實境
（Virtual and Augmented Reality）

透過虛擬和擴增實境，學生能夠用數位的方式來操弄他們看到的世界。想像一下，把你的班級帶到吉薩大金字塔、創建一個人體的 4D 模型，或進入人類腦部。馬克‧迪魯哈（Mark DeLoura, 2013）指出：「遊戲一如書籍和電影，可以用來提供資訊、教育以及娛樂。有些透過傳統線性媒體難以理解的主題，有時可以透過互動的方式輕鬆的掌握。」

擴增實境遊戲能讓學生按照自己的節奏進行探索。免於外在獎懲後，失敗就只是遊戲中必然的一部分。

以下影片展示了布萊恩‧史塔德和蘇‧寇列特（Sue Corlett）如何運用虛擬實境幫助九年級學生瞭解定居地和城市區域。

YouTube 連結經布萊恩‧史塔德許可共享。
https://www.youtube.com/watch?v=bWMh2pcLvRY&t=3s

視覺資源

影片
（Video）

學生知道學習的焦點時，觀看影片可以成為有效的學習活動。學生可以：

· 依照某一特定觀點記錄筆記。
· 回應單元中的某些事實性、概念性及／或激發性問題。
· 運用視覺筆記（第 188 頁）以彙總主要想法。
· 完成交叉比對表（第 174 頁）之類的資料組織圖。

　　研究顯示，互動式影片的運用改善了學習成果（Merkt, Weigand, Heier, & Schwan, 2011; Schwan & Riempp, 2004）。捨棄全班同時觀看同一段影片的做法，考慮讓學生自定進度或採用互動式影片。讓學生按照自己的節奏觀看影片，隨時可以暫停、重複、快轉或稍後複習。這種做法促進自我調節的資訊處理。

　　對於年齡較大的學生，你可以考慮採用翻轉教室模式，讓學生在家中觀看影片，有備而來的走進教室參與討論或展現自己的學習。

圖像放大與處理
（Magnification and Manipulation of Images）

藉由放大微小的水中生物、昆蟲的翅膀或鹽的晶體，學生參與的程度斷非檢視照片可以比擬。

　　將數位顯微鏡連結到平板電腦或螢幕，可以讓學生進行協作並鼓勵討論。數位顯微鏡還可以讓學生拍照或錄製高倍數影像，並將圖像放在學習日誌中。

　　讓學生隨時可以運用顯微鏡以鼓勵開放式探究。

圖像（Images）——
照片、硬筆描繪（drawing）、軟筆繪畫（painting）、圖表、地圖與其他視覺圖像

視覺圖像讓學生有機會探索他們無法親身體驗的地點、人物和事件。圖像提供了自己生活和經歷的對比（Murdoch, 1998）。運用圖像有助於訊息的記憶。由於視覺的感受強烈，當學生聽到一則訊息，三天後，他們大約只會記得10%，但加上圖片的話，學生可以記得大約 65%的訊息（Medina, 2014）。

如第四章所探討，體驗型策略在單元中運用的時機將會改變其教學目標。以研究與調查為目的而進行的體驗學習在你的課堂上會呈現什麼樣貌？目前你的學生多久會參與一次體驗學習？

_____

_____

_____

體驗學習

實驗
（Experimentation）

實驗提供了提問、進行調查、蒐集資料以及得出結論的機會。學生在尋求問題解答的初步嘗試中可能失敗，但瞭解失敗的原因是學習過程中一個重要的部分。

我們通常認為實驗在自然學科發生，但所有課程其實都有進行實驗的機會。例如，學生可以在體育課進行實驗，以發現踢球或擊球的最有效策略。

文物
（Artifacts）

文物重現特定的時期或文化，讓學生探索時間和地點的概念。運用此策略時，教師或學生可以帶文物來跟全班分享。當允許學生觸摸並使用這些物品時，文物策略尤其有效。例如，學生可以撥動老式電話的轉盤或練習使用筷子。文物幫助學生對調查的脈絡獲得更深入的瞭解。

實地考察
（Field Trips）

參訪劇院或當地農場等實地考察，對建立某個主題的知識非常重要。鄰里漫步等非正式實地考察也可以激起學生的好奇心。

在安排實地考察時，我們會考量單元的主導概念，並設計明確的學習路徑讓孩子們連結這些概念。刻意將概念重點融入實地考察，我們可以讓實地考察的目標明確並符合學習期望。

鼓勵學生查看參訪地點的地圖或網站，對行程提出建議。他們想看到什麼？這些規劃提供線索，幫助我們瞭解學生的興趣與可能的先備知識。

照顧生物
（Caring for Living Things）

教室中的植物或動物讓學生有觀察、蒐集資料以及對生物負責的實際經驗。國家科學教師協會（National Science Teachers Association, NSTA, 2008）對此曾寫道：「學生與生物的互動，是達成國家科學教育標準羅列出眾多目標的最有效方法之一。」（p.1）

無論種植物或是飼養動物，如果學生參與整個過程，他們將擁有豐富的體驗，而概念性理解隨之展現厚實的深度。盡可能讓學生負責設計、設置和維護動植物棲息地，以及餵食和清潔動物。如果你正考慮把動物帶入教室，我們建議你先詳閱 NSTA 有關在科學課堂中負責任的運用活體動物和解剖的立場聲明（National Science Teachers Association, 2008）。

服務學習
（Service Learning）

我們通常認為服務學習是總結性的學習經驗，但把它當成一種探索方法也一樣好用。透過服務學習，學生可以培養技能和策略，同時也覺察到不同的觀點。

服務學習專題提供學生深入沉浸在主題中的機會。藉由與需要協助的人締結夥伴關係，學生可以瞭解他人的挑戰並連結自己的生活。服務學習的經驗注重互惠關係（平等對待彼此）以及信守可永續的改變。因此，比起一次性的服務體驗，我們更建議長期耕耘當地組織以發展夥伴關係。

▶ 照片 6.6・實驗
阿姆斯特丹國際學校的梅萊妮・史密斯老師的二年級學生
進行實驗以更加瞭解消化系統。
來源：Melanie Smith

下一節將探討在調查中如何運用人力資源。在以往的課程單元中，你的學生如何連結專
家、社區成員或組織？哪些方法有效？你需要留意什麼？

_____

_____

_____

_____

_____

_____

_____

_____

_____

人力資源

家長、其他教師、社區成員、專業人士和學生自己都可能擔任某個主題的「專家」。

視訊會議
（Video Conferencing）

視訊會議讓學生得以跟世界各地的人們連結——作家、太空人和藝術家，可能性無窮！連結其他國家的班級提供學生一種有趣方法來學習地理和文化。

有很多方法可以連結來自世界各地的「專家」。我們建議你運用自己的網絡：告知家長、詢問其他教師，或在社群媒體上發布請求。微軟有個「課堂中的 Skype」服務，包括幫忙找講者和神秘 Skype 服務。

▶ 照片 6.7・與作家 Skype 視訊
香港國際學校的凱歐西・瓊斯老師的一年級學生與紐西蘭作家吉兒・艾葛頓（Jill Eggleton）進行 Skype 視訊。
來源：Kelsey Jones

電話訪談
（Phone Calls）

打電話是學生進行訪談、尋求資訊或安排訪問的有效方法。讓學生撥打電話可以增強他們的信心。學生可以負責安排實地考察或邀請演講嘉賓。打電話也是學生學習適當禮儀的機會。

教師示範和學生的角色扮演有助於學生練習打電話。

如果孩子安排好訪問時間，或另約時間再打電話，鼓勵他（她）把所有的未來行程記錄在班級日誌或個人日記中。

訪談、問卷與調查
（Interviews, Questionnaires, and Surveys）

真實情境調查的效果在於賦予訪談、問卷與調查等真實的目的。學生從中學習如何針對目標有意識的制定問題並解讀資料的意義。

對於以蒐集數據為主的探究，我們建議設計並行的數學單元，讓學生學習如何分析蒐集到的數據資料，以充分掌握豐富的探究機會。

夥伴班級與同儕輔導
（Buddy Classes and Peer Mentoring）

隨著學生的調查進行，他們可以和不同的班級連結，以分享專業知識或互相幫助學習；這包括與同儕、不同年齡的學生或不同學校的班級一起合作。年齡較大的夥伴可以幫助年幼學生讀取自己無法完全獨立閱讀的內容，也可以協同工作以製作模型，或進行需要更細緻操作或思考技能的實驗。跟樂於接收訊息的聽眾分享學習成果，將使所有的學生從中受益。

學生也可以成為其他學生的專家。洛杉磯的一群十年級學生更想瞭解移民時，他們聯繫了一所學生都是移民的學校。他們訪談了這些移民孩子並協助他們講述自己的移民故事。雖然學習重點在於英語文課的傳記，但分享和記錄移民故事對這兩群學生來說都是極具成效的學習經驗。

▶ 影片：國際連結（幼兒園和一年級）

　　凱歐西・瓊斯老師和香港國際學校的一年級學生正在學習其他國家的生活。學生設計問題並運用 Skype 訪談世界各地的六個班級。時差使他們難以跟蓋兒・安布朗老師的德國幼兒園學生交談，他們的替代方案是用電子郵件傳達他們的問題；蓋兒老師的班級則創作電子書來回應。

　　當你看到這段電子書節錄時，思考以下問題：

▶ 照片 6.8・德國創作的電子書傳送到香港的夥伴班級
　　來源：Gayle Angbrandt

1. 凱歐西老師的班級撰寫問題，而蓋兒老師的班級則創作了電子書。你認為運用這個策略讓這兩個班級發展出哪些技能？

2. 在這個例子中，學生藉由電子書分享訊息。學生還可以用哪些方法跟遠地的人分享訊息？

　　你可以在我們的會員專屬網站（www.connectthedotsinternational.com/members-only）觀看這段影片。

　　上述電子書是運用 Book Creator 這個應用程式創作而成。

腦力激盪出一些方法，讓你可以在本地、國內或國際上以有意義的方式連結「專家」或夥伴班級。為了建立這些連結，你的學生第一步可能必須做些什麼？可能涉及哪些探究技能？

_____

_____

_____

調查階段的評量

在調查階段，我們評量的目的是確保學生在事實知識和技能方面具備扎實的基礎，這樣他們就可以在組織和建立通則階段從個案研究之間找出模式。形成性評量和回饋是達成以上目標的關鍵，但不需要每週抽考來檢測記憶力。教師要刻意找機會來確認學生的學習順利。表 6.4 展示一些評量的策略和工具供大家運用。

表 6.4 │ 概念為本探究的課堂中評量的策略和工具

評量策略	評量工具
・觀察 ・討論 ・晤談 ・出場券（Exit Ticket） ・學生提問 ・學生作品樣本	・檢核表 ・規準 ・軼事記錄（Anecdotal notes） ・自我評量 ・同儕評量

當我們提供學生回饋時，形成性評量就有了明確的目的。為了在調查階段提供有意義的回饋，我們必須充分暸解學生達到概念性理解所需的知識與技能基礎。盡早在課程單元進行中提出回饋，讓學生有時間調整關注的方向，這點很重要。如果我們發現學生不具備調查所需的某些學科或跨學科技能，我們馬上就要給予回饋並規劃小組或全班的學習經驗。

當我們提供學生回饋時，我們會關注學生正在做什麼以及他們可以如何改進（Hattie, 2010）。哈堤與添伯里（Hattie & Timperly, 2007）概述了以下四類回饋類型：

- **任務回饋**（Task feedback）針對產品或結果是否正確提供回饋
- **歷程回饋**（Process feedback）包括學生在調查中有關技能及策略的運用情形
- **自我調節的回饋**（Self-regulation feedback）與我們在整個探究歷程中倡導的持續反思有關（見第十章）
- **個人回饋**（Personal feedback）指向「自我」。例如，我們可能會對學生說「這是個深思熟慮的回應。」

這四類回饋並沒有階層高低之分，也沒有「最佳」的回饋類型。我們運用觀察，在學生整個探究歷程中提供回饋，並兼顧以上四類回饋以改善學生的後續步驟。在調查階段提

供有意義的回饋，讓學生看見自己如何獲取關鍵內容和重要技能。客制化的回饋可以建立學生的信心，讓他們看到自己已經準備好進入探究的下一階段。

🔗 連結其他探究階段

學生在調查階段蒐集資訊時，我們已經開始預想如何組織這些資訊。學生開始調查時就提供資料組織工具，可以幫助他們集中注意力並凸顯特殊的關係。在下一章中，我們將深入探討為什麼資料組織工具在概念為本的探究這麼重要，以及資料組織工具如何幫助學生看出模式，並為建立通則預做準備。

暫停與反思

當你在課程單元中規劃各種可能的調查方式時，請自問以下問題：

· 哪些個案研究最能夠說明課程單元中的主導概念？

· 就學生的年齡和能力而言，你會採用哪種個案研究方法？其中有哪些機會讓學生建立能動性？

· 你的單元中有哪些機會讓學生運用不同的資源進行探究？

· 在這個單元中學生需要哪些單一學科和跨學科的歷程、策略和技能？哪些歷程導向的通則有助於學生培養這些能力？

· 當學生進行調查時，形成性評量將會呈現什麼樣貌？你將如何提供學生有意義的回饋？

CHAPTER

07

組織

探究的組織階段

階段目標：

· 同時在事實層級與概念層級組織思考

· 運用不同的素材、媒介及（或）主題領域以再現概念和想法

· 辨識並分析情境脈絡中的技能

本階段的主要引導問題：

· 事實性問題

· 概念性問題

組織階段的課堂實作

　　瑞秋·法蘭奇老師正跟四年級學生一起調查尺寸（measurement）。在一次學習任務中，瑞秋老師給每個小組一個不同的塑膠容器，並要求他們量測這個容器的不同屬性，而且越多越好。為了記錄各組的調查，學生運用交叉比對表為思考搭建鷹架。這個資料組織圖的前三欄是著重容器特定尺寸的事實性問題，最後一欄是用來幫助學生建構通則的概念性問題。

▶ 照片 7.1·調查尺寸並組織思考

表 7.1 | 組織一個數學的調查

你在測量什麼？	你選用什麼度量單位？	測量到的尺寸是多少？	是什麼決定了最適合的度量單位？
側面長度	公分	18 公分	
重量	公克	96 公克	
容量	毫升	1210 毫升	

（續）

學生的反應各不相同，但理解的深度則明顯可見：

我們瞭解……
- **物體的尺寸和形式決定了什麼是最適合的度量單位。**
- **某人需要的資訊類型和所需的精準度決定了什麼是最適合的度量單位。**

　　可用的知識迥異於不連貫的事實，如同布蘭斯福（Bransford, 2000）的解釋：「專家的知識圍繞著重要的概念進行連結與組織」（p. 9）。在組織階段，我們提供工具和策略讓學生組織自己的思考，同時闡明事實和技能的關聯，以幫助他們理解資訊。

　　作為教育工作者，我們都遇過學生已經獲得某些與主題相關的資訊，但不確定哪些是自己綜整理解的重要事實資訊。如果只知道鯊魚的牙齒鋒利而且嗅覺敏銳等知識還不足以發展出可遷移的理解，除非運用**功能、行為和需求**等概念類別來組織這些事實。藉由組織自己的發現，學生能夠萃取出相關訊息，在接下來的建立通則階段形成理解。從我們期待建立的通則逆向回推，我們可以設計出減輕學生認知負擔的組織圖（organizer）*，讓他們更輕鬆的建立通則。

> **組織圖**：幫助學生從概念、之前經驗或先備知識（個案研究）中汲取意義的工具或心智模型。

運用組織圖來建構意義

　　在概念為本探究的教室中，學生不只彙總事實性資訊，他們必須投入更多心力來組織自己的發現。組織資訊讓學生建立想法之間的關係，成為概念性理解的前導。運用單元概念、引導問題連同引人入勝的豐富個案研究，我們帶動學生從事實層級的思考進入概念層級的思考。組織並**不是**去過度簡化關係；相反的，我們幫助學生辨識並理解複雜性。藉由幫助學生組織資訊，我們提供了看見模式和建立連結所需的鷹架。

---

*譯按：organizer 依其字義應譯為「組織工具」或「組織器」，其形式多為圖形或列表；在本書中常與 graphic organizer 混用。本系列書籍中，graphic organizer 捨棄「圖形組織工具」而譯為「資料組織圖」，乃取其口語化、易懂及利於師生在課堂中引述。因此，一併將 organizer 譯為「組織圖」以避免因為不同譯法而造成讀者困擾。

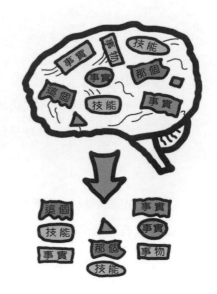

　　理查・薩其曼（J. Richard Suchman）是 1960 年代的一位探究教學早期倡議者，他開發了「意義模型」（Meaning Model）（1966）以呈現建立理解的歷程。該模型顯示了我們如何將短暫的偶遇轉化為持久而可遷移的學習。其關鍵在於**組織**。組織資訊能讓我們看出模式並建立連結，進而促進概念性理解形成。我們認同薩其曼的主張：為了形成嚴謹的通則，我們要增加偶遇或組織圖的質與量。藉著增加**偶遇**（encounter），我們創建了一個經驗儲存庫，學生可以用來支撐他們的概念性理解。接觸方塊積木（unifix cubes）、真實生活中的數學問題和數學符號的孩子會有多重「進入點」（entry point）來組織關於加法的數學思考。藉由導入**組織圖**，我們提供學生在事實層級與概念層級找出模式的方法。例如，我們可以引入塗鴉餐墊組織圖，將方塊積木轉換成示範加法的**十位數**與**個位數**。在組織階段，我們策略性的教給學生有助於綜效性思考和意義建構的組織圖。

▶ 圖 7.1・意義模型
來源：改編自 Suchman（1966）

認知負荷理論和組織資料的重要性

　　認知心理學提供了許多腦部如何處理訊息以及理解訊息的洞見。隨著我們對工作記憶的理解加深，對教學設計的啟發變得更為明確。因為工作記憶的儲量有限，只能在非常有限的時間內儲存少量的訊息，如果任務的認知需求超過腦部的處理能力，那麼我們的腦部

很容易會超載（Baddeley & Hitch, 1974）。藉由考慮如何導入訊息，我們可以減少任務中的認知負荷並促進高階層次的思考。

　　因為教育心理學家諸如約翰・史威勒（John Sweller）、耶路安・馮・恩維埃營博（Jeroen Van Merriënboer）和弗瑞德・帕斯（Fred Paas）等人的研究，認知負荷理論（cognitive load theory）獲得重視。認知負荷理論強調盡量擴充我們有限工作記憶儲量的策略，藉以指引我們設計學習經驗的方式。認知負荷，亦即任務中工作記憶所需的心智努力的總量可以分成三種類型，我們依據概念為本的探究模式敘述如下：

表 7.2 | 認知負荷的類型

認知負荷				
內容負荷	+	教學負荷	+	心智負荷
就個人的先備知識和經驗而言，主題或個案研究的複雜度。		教材的呈現方式，亦即教學的決策。		處理資訊、形成概念和發展概念性理解所需的心智努力。

　　內容負荷加上心智負荷對發展概念和概念性理解誠屬必要，但教學負荷則否。我們無法完全消除教學負荷，但可以透過教學方法的選擇而改變。藉由提供鷹架支撐資訊的組織與再現（representation），我們可以減少教學負荷，讓學生投注更多的心智能量於概念性思考。

藉由提供鷹架支撐資訊的組織與再現，我們可以減少教學負荷，讓學生投注更多的心智能量聚焦於概念性思考。

　　認知負荷具有累加性。試將工作記憶看成一艘玩具船，船裡裝滿了代表認知負荷的彩色彈珠；無論這些彈珠是紅的、藍的還是綠的，玩具船承載了一定的數量後就會下沉。為了讓玩具船繼續漂浮，彈珠的數量必須維持在臨界數量之內，這時，彈珠的顏色其實無關緊要。在學習情境中，如果內容特別具有挑戰性，我們可以改變我們的教學方法來支持概念性學習。

　　那麼，我們如何才能減少認知負荷並幫助學生組織資訊呢？

建構資訊的意義時，

- 導入資料組織圖來幫助學生建構並重新呈現資訊
- 結合**視覺與聽覺元素**，以取代混合書寫文本及圖像等多種形式的視覺化資訊
- 創造**模式和範例**以示範如何執行任務或解決問題，而不是要求學生按部就班的操作

建立通則時，

- 鼓勵學生運用某些**句子開頭語和句子架構**來幫助學習聚焦並減少教學負荷
- 讓學生看自己的**筆記本和課程檢索圖表**，允許他們可以閱讀和查看之前單元學過的例子

溝通想法和形成論點時

- 提供**談話提示**以減少教學負荷並延伸思考
- **寫下並保留**全班建構的**通則**，以便日後可供回顧

≫ 再現與概念性理解 ≪

　　為了幫助我們建構意義，可以用不同的媒介和學科作為組織有關概念思考的象徵性語言。當孩子用不同的方式再現他們的理解時，他們統整了對基本概念屬性的理解。當學生再現自己的想法時，教師可以運用事實性和概念性問題來延伸或挑戰學生的思考。讓我們看一個政府系統單元的例子，教師給學生小熊軟糖來呈現不同的政府形式，如照片 7.2a 及 7.2b 顯示其中兩組呈現的**獨裁**和**民主**概念。表 7.3 分享我們趁學生在創造再現時，用來深化他們理解的問題。隨著學生成為綜效性思考者，他們開始內化這些問題類型，並強化了

再現具備創意與精緻想法的能力。

▶ 照片 7.2 a 與 7.2b · 用小熊軟糖來再現獨裁（上圖）與民主（下圖）
　　來源：靈感來自於 Brittany Bermingham 的教師部落格（http://theartoflearning-bermingham.
　　blogspot.de/2014/10/gummy-bear-government.html），由 David French 拍照攝影

表 7.3 │ 再現過程中的問題

問題	學生思考什麼
（民主）**到底**是什麼？	應該在作品中明顯可見的概念的基本屬性
我們如何運用這種媒介或學科領域來展示那個想法？	如果運用特定的媒介或學科領域，基本屬性看起來會如何
（民主）和（獨裁）之間有什麼區別？	這個概念比較和對比其他概念將會如何
我們可以如何運用空間、大小、顏色或材料以最適切的呈現（民主）？	怎樣處理材料的實體佈置最能夠強調基本屬性或概念性關係

共享發現形成探究者社群

當班上學生進行了不同的個案研究時，更重要的是讓學生有機會再現各自的發現並探究個案間的連結。在運用網絡型個案研究（請參閱第六章）的傳統式探究課堂中，教師會鼓勵學生總結他們的發現，然後將所學「教」給全班。即使其他同學專心聆聽，這種模式還是讓他們淪為被動的訊息接收者！在許多探究課堂中，再現與共享變成探究的最後階段；但在概念為本探究的課堂中，再現有其重要性，學生在共享與協作中探索個案研究之間的連結。組織並再現想法本身不是探究的目的也不是探究的終點——這兩個歷程幫學生做好準備，在下一個階段建立通則。

寫在策略之前

通常教師在自己的工具箱裡會有一套常用的策略。就組織與再現而言，你可能已經熟悉許多策略，例如卡洛爾圖（Carroll Diagram）或 T 字表（T-Chart）。雖然我們沒有收錄在我們的列表中，但不意味著這些工具不能用來發展概念性理解：它們絕對可以！除本章介紹的策略外，當你考慮如何幫助學生有效的組織和再現他們的想法時，我們也鼓勵你運用自己的策略庫。

考慮你現在的課堂實作。學生在組織和再現資訊時，你提供了哪些協助？可能如何強化或深化這些既有做法？

_____

_____

_____

_____

組織與再現的策略

表 7.4 │ 組織與再現的策略

資源	簡介	頁碼
組織的策略		
比較性組織圖		
交叉比對表	學生在調查中建構交叉比對表，以利建立連結並看出模式。	174
交易卡	學生創作交易卡，用以描繪並組織個案研究中的資訊。	176
推力、拉力、阻力	學生探索不同的觀點以深思人們的動機。	178
歷程性組織圖		
失落的一角	學生運用資料組織圖以瞭解系統或歷程中不同組成部分的角色。	180
網絡	學生運用幾個網絡模型以發現概念之間的關係。	184
流程圖	學生探究序列、歷程或系統中的線性與複雜關係。	186
總結性組織圖		
視覺筆記	學生運用文本、圖像與結構以創造視覺筆記，藉以整合腦中各部分並促進意義建構。	188
註解	學生凸顯並註記文本或圖像的特定面向。	190
再現的策略		
社會性戲劇	學生參與戲劇演出情境以再現概念。	192
語言表徵	學生運用口頭和書面語言以再現概念。	194
模型	學生創建二維度與三維度模型以再現概念。	197

交叉比對表（Cross-comparison Chart）

如何運用：交叉比對表是資料組織圖的一種，用來幫助學生建立概念並探索個案研究之間的連結。交叉比對表運用單元中的主導概念聚焦於記錄資訊內容，因而減少認知負荷。交叉比對表同時提供一個清晰的架構，讓學生組織在調查階段蒐集到的資訊。

交叉比對表通常會運用網格或矩陣以比較下列之一：

1. 比對概念與概念
2. 比對概念與真實事例
3. 運用個案研究比對事實性或概念性問題

概念為本探究的教師藉由「拆解」單元的一個或多個概念性理解，以設計交叉比對表。各欄的標題通常運用單元的主導概念、事實性問題或概念性問題。

交叉比對表可以由個別學生或小組完成，也可由教師在全班討論中協助完成。可以在調查過程中逐步填寫，也可以用於結束時彙總發現結果。

西雅・哈伯德老師的二年級學生運用交叉比對表來探索不同故事中的難題與結果，道德或教訓，以瞭解作者建構難題和解決方案以分享道德或教訓（照片 7.3）。

▶ 照片 7.3・英語文的交叉比對表

來源：Shea Hubbard

影片：交叉比對表
非小說的文本形式——英文（六年級）

伊恩・提姆斯老師六年級英文課的學生正在調查非小說文本，這是英文／人文學科跨學科單元學習的一部分，單元的主題是發展。學生探索的具體內容包括標題、圖像、表格和圖表等**文本形式**的功能，以及這些文本形式怎樣幫助讀者建構意義。為了協助學生組織資訊，伊恩老師為學生設計了一個資料組織圖，供學生接觸與分析個案研究時運用：

▶ 照片 7.4・伊恩・提姆斯老師的六年級英文課
來源：David French

表 7.5 ｜ 非小說文本形式的資料組織圖

文本特徵	訊息 顯示了什麼？	目的 作者為什麼運用此形式？	讀者 文本形式如何幫助讀者 加深對書面文本的理解
標題			
圖像			
表格／圖表			

在觀看此影片時，請反思以下問題：

1. 伊恩老師告訴他的學生：「當事情很複雜的時候，把它拆解成小部分比較容易理解。」交叉比對表如何拆解學習並減少認知負荷？

2. 交叉比對表如何讓學生跨出特定文本，並幫助學生完成以下通則：**作者考量文本形式和書面文本如何相輔相成以有效溝通自己的想法。**

你可以在我們的會員專屬網站（www.connectthedotsinternational.com/members-only）觀看此影片。

交易卡（Trading Cards）

如何運用：交易卡是一種容易操作、用來記錄與再現個案研究資訊的方法。我們可以運用單元通則設計出交易卡的模板：建議用半張或整張索引卡，讓學生將個案研究視覺化呈現在卡片的正面，而背面則運用不同的概念標題或提示語來組織訊息。圖 7.2 呈現了莉亞・庫恩老師在一年級棲地單元中的交易卡，學生一邊探究雨林及紅樹林棲地，同時也選擇一種生物創作圖卡。為了建立**棲地、需求、生存**和**相互依存**等概念之間的連結，一年級的教師們設計出下方圖卡模板來記錄某種動物的相關資訊。在單元稍後的階段，學生們將建立多種動物之間的連結，以瞭解這些動物如何在同一棲地共存。

正面	背面

▶ 圖 7.2・綠冠蜥蜴的交易卡（雨林）

◆ 延伸：連結圖卡

　　一旦學生研究並蒐集了自己交易卡的資訊，他們就可以開始建立各個案研究之間的連結。為了啟動這個歷程並讓學生準備好建立通則，我們請小組學生帶著圖卡圍成圓圈或圍著桌子坐下，然後開始連結（見圖 7.3）。學生可以運用以下句子開頭語作為對話基礎：

- 在我的個案研究中……
- 在你的個案研究中……
- 我們因為……而連結

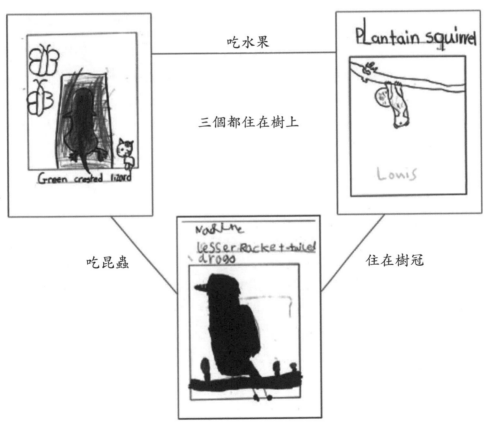

▶ 圖 7.3・連結雨林棲地的交易卡

推力、拉力、阻力（Push, Pull, Hold）

如何運用：這個策略鼓勵學生思考人類（或動物）的動機以深入瞭解他們的行動並建構通則（參見下頁照片 7.5）。本書會員專屬網站（www.connectthedotsinternational.com/members-only）提供了這個策略的可複製表格資源。以下為運用方式：

1. 檢視個案研究：讓學生投入這個策略之前，確認他們已經調查過一些個案並檢視了這些個案研究的主要意義。

2. 說明「推力」、「拉力」和「阻力」詞彙：在分析個案之前，先說明策略中所運用的主要詞彙。以下是三個主要想法的工作定義，定義可以依據不同年級程度調整：

- 將「推力」視為不採取行動或不做出改變所帶來的負面結果。
- 將「拉力」視為採取行動或做出改變所帶來的正面成果。
- 將「阻力」視為會防止或阻止某人做出改變或採取不同行動的正面或負面事實。

3. 探索動機：學生備好不同個案研究的筆記，老師運用以下三個概念性問題鼓勵學生深思並分類不同的人性動機：

- 推力：是什麼促使人們去……？
- 拉力：是什麼吸引、鼓勵人們去……？
- 阻力：是什麼限制、防止人們去……？

4. 建構通則：請學生根據自己的發現建構通則，他們可以運用句子開頭語「我們瞭解……」開始表達自己的想法。

我們來看表 7.6 這個例子，內容有關於著重飲食的個人健康單元：

表 7.6｜推力、拉力、阻力的示例：健康的身體

問題	是什麼**促使**人們吃健康的食物？	是什麼**吸引**人們吃健康的食物？	是什麼因素**限制**人們，阻止他們改善飲食？
可能的回應	吃得不好時，人們感覺疲倦與暴躁。 人們遇到了糖尿病或肥胖症等健康問題。	人們感覺更好也更有活力。 人們可能渴望變得更健康。 有些健康食物正在流行。	健康的有機食品價格昂貴。 人們可能沒有時間準備健康的餐點。 可能人們在教育中獲得的健康知識有限。

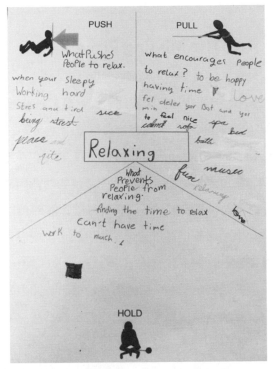

▶ 照片 7.5・推力、拉力、阻力―放鬆
梅萊妮・史密斯老師的二年級課堂中運用
推力、拉力、阻力來瞭解人們有關飲食、
放鬆、運動及衛生的選擇。
來源：Melanie Smith

這個策略特別適用於倫理層面的主題。例子包括：

社會議題：人口遷徙、革命、行動主義

健康議題：藥物成癮、飲食失調、健康的選擇

環境議題：森林砍伐、過度捕撈、資源回收

以上策略包括各種類型的比較性組織圖。你在課堂上還運用了哪些組織圖來幫助學生比較與對比訊息呢？這些組織圖如何可能用來形成概念性理解？

_____

_____

_____

失落的一角（The Missing Piece）

如何運用：失落的一角是由史瓦茲與帕克斯（Swartz & Parks, 1994）所設計，用來協助學生瞭解系統或歷程的資料組織圖（參見圖 7.4）。本書會員專屬網站（www.connect thedotsinternational.com/members-only）有提供免費下載的可複製表格資源。這個組織工具幫助學生深思一個系統或歷程中整體的功能與構成要素的功能。藉由探究部件（part）的角色和對整體的重要性，學生得以瞭解部件之間的相互依存關係。需確保學生在運用這個組織圖之前已經研究過探討中的系統或歷程。學生需要深厚的知識才能討論每個部件對整體的重要性。

失落的一角可以用來總結特定個案研究的事實性資訊，如果學生想要進展到概念的層級，他們必須從可遷移概念的角度思考整體，諸如**生態系統、身體系統、都市系統**或**政府系統**。

注意：假如**系統**是單元的主導概念之一，那麼頗適合讓學生投入概念形成任務，以建立對**系統、功能、部件**的理解。教師要先確認學生瞭解這些概念，再說明失落的一角策略。

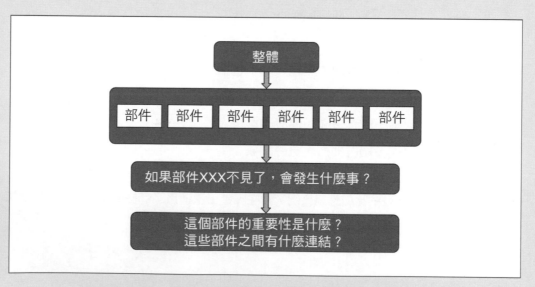

▶ 圖 7.4 ｜失落的一角資料組織圖

來源：Swartz & Parks (1994)

（續）

運用方式如下：

1. 為系統命名： 全班一起辨識並為整體系統命名，例如**市場經濟**。

2. 辨識組成部件： 運用資料組織圖所提供的架構，邀請學生單獨或分組來識別並標記系統中的各個組成部件。

3. 討論引導問題： 學生完成組織圖後，請他們反思這兩個問題：

· 「假如其中一個部件消失了，會發生什麼事？」

· 「這個部件對整體的重要性是什麼？」

4. 建構通則： 討論完部件的功能和部件之間的連結後，鼓勵學生運用句子開頭語**「我們瞭解……」**來建立通則。

以下是本策略應用於身體系統單元的示例（照片 7.6a 至 7.6c），在研究循環、呼吸和骨骼等不同的系統之後，梅萊妮·史密斯老師的二年級學生反思如果其中一個系統消失或無法正常運作，會發生什麼事。照片 7.6c 中的箭頭指出學生想法的解釋與理由。

▶ 照片 7.6a 至 7.6b · 身體系統之失落的一角

來源：Melanie Smith

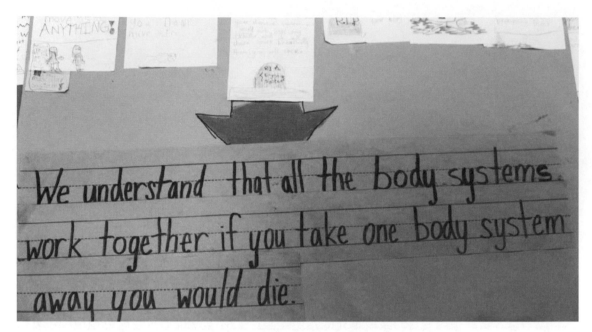

▶ 照片 7.6c・身體系統之失落的一角（續）

表 7.7｜失落的一角的改編策略

聚焦於歷程：同樣的策略可以做簡易的改編來瞭解歷程，例如，食品生產歷程、寫作歷程或藝術創作歷程。創造一份流程圖，然後遮住或刪掉其中一個階段或更改階段的順序，接著問：「如果我們省略這個階段，會發生什麼事？這個階段有什麼重要性？每個階段的存在跟排列順序有多重要？」	描繪出來：國小低年級學生和英語學習者將受惠於視覺化教具，無論是圖片還是真實物體，都可以用來遮住或代表「失落的一角」。在運用組織圖中發現的問題來投入討論後，學生可以描繪出自己對「如果其中一個部件不見了，會發生什麼事？」的回應。
聚焦在問題上：即便不使用資料組織圖，失落的一角中的問題亦可以作為學生討論的架構。教師不呈現圖表，而是運用組織圖裡的各層次內容來引導對話。這個修改策略類似「如果……會怎樣？」問題的策略（第 257 頁），可以用來幫助學生遷移他們的理解。	

影片：失落的一角（七年級）

　　這段影片呈現了瑪麗亞‧卡多納老師在佛羅里達州柯耳貝預科學校七年級的自然科學課。

　　瑪麗亞老師在影片中提出以下問題：

　　「如果某人不能吃碳水化合物會怎麼樣？」

　　「對細胞會發生什麼影響？」

　　「對生物體會發生什麼影響？」

　　在觀看此影片時，同時反思以下問題：

▶ 照片 7.7‧瑪麗亞‧卡多納老師的七年級
自然科學課堂
來源：David French

1. 思考系統中如果少了某一部件會怎樣，可以如何幫助學生深思其功能的重要性？

2. 學生在聚焦和調查階段需要什麼樣的概念形成和知識發展，才能夠有效回答教師提出的問題？

　　你可以在我們的會員專屬網站（www.connectthedotsinternational.com/members-only）觀看這段影片。

本節所運用的策略協助學生理解歷程或系統。你目前在課堂上運用哪些組織圖來達成這個目的？學生投入的情形如何？

_____

_____

_____

_____

網絡（Networks）

如何運用：網絡可以用來描述系統中各個因子（agent）之間的關係。依據我們分析的層級，每個點（dot）或節點（node）可能代表**哺乳類**或**植物**等個體、群體或概念類別。

在這個策略中，我們探討表 7.8 顯示的不同網絡模型，藉以揭露系統內部的關係和可能的行為。

表 7.8 │ 各類網絡範例

類型	樹狀網絡	星形網絡	動態網絡
視覺模型			
特質	節點排列成由上而下的階層。	節點在中心以順利管理並掌控此網絡的所有功能。	各節點密切連結並持續變化。
示例	12 世紀歐洲的封建制度主宰了國王、封臣與農奴之間的社會關係與權力動能。	某政府控制網路流量，進而要求集中管制所有資訊。	黃石國家公園重新引進狼群，導致生態改變，例如河狸與植物數量增加等。
可能的通則	階級式組織系統奠立權力動態並主宰了社會關係。	政府可能因為審查或控制輿論等企圖而進行干預。	在生態系統中引進或消滅某一物種，會以可預見與不可預見的方式改變整體系統。

運用網絡

策略：探討關係

如何運作：個別的個案研究中呈現出什麼樣子的關係呢？如何藉由網絡模型再現這些關係？以下是讓學生探討這個問題的一種方式：

（續）

1. **分享網絡模型**：學生檢視並選擇最適合自己個案研究的網絡模型。例如，學習孟買、波士頓、開羅和莫斯科的都市體系的學生，可以選擇動態網絡來代表每個城市。

2. **創建模型**：鼓勵學生創建自己的模型（例如，繪圖呈現），為自己個案研究相關的每個節點命名。例如，都市體系中的**衛生系統、電力系統、教育系統**以及**運輸系統**。如果學生已經研究了單元中的不同真實事例，這些應該可以再現。然後學生可以探討網絡結構在不同情況下可能有什麼差異。

3. **比較和對比模型**：模型建構完成後，請學生將他們的模型與代表另一個不同個案研究的模型進行比較和對比。這些模型如何相同或相異？這又透露出系統內關係的什麼訊息呢？

策略：可能性思考

如何運作：如果系統被組織為不同的網絡模型，系統的樣貌可能會如何呢？在這個策略中，我們要求學生將多個網絡模型應用於一種系統中，讓學生思考這樣會導致結構和主要功能如何改變：

1. **分享網絡模型**：讓學生對模型進行初步觀察（如表 7.8 所示），他們注意到了什麼？他們認為這個網絡將如何運作？可能有什麼優點和缺點？

2. **將模型應用於系統**：接下來，將每種網絡模型應用於系統中，討論並記錄它會如何運作。例如，想像我們的身體系統由樹狀網絡組織而成，大腦位於網絡的頂部，系統會怎樣運作？然後將大腦作為星形網絡的中心節點，系統會怎樣運作？最後，如果大腦只是身體動態網絡中的一個節點，系統又會怎樣運作？

3. **組織與記錄**：運用資料組織圖來記錄這些問題的答案，例如運用交叉比對表，其目的是探索系統的複雜性。小學的學生可以扮演系統部件的角色，圍坐成一圈，用繩子來連結系統的不同部件。

4. **確定「最適合」的模型**：最後，請學生確定哪種模型最能夠呈現真實生活中的系統。學生可能想要重新繪製更精確呈現他們系統的網絡模型。這當然很好，此時務必要鼓勵學生運用先前學習的證據來佐證自己思考的內容。

流程圖（Flow Diagrams）

如何運用：流程圖通常是歷程的線性關係呈現。歷程中兩個階段之間的箭頭指向單一方向以顯示因果關係和變化。模林（Moline, 2012）主張流程圖有助於顯示變化、成長、發展以及因果關係。流程圖當然可以強調這些概念，但某些類型的流程圖會比其他類型更能夠發掘出特定的想法。

表 7.9│流程圖的類型

類型	線性歷程圖	循環圖	因果圖
最適於探索	歷程 順序 因果關係	循環 因果關係	系統 因果關係
示例	敘事順序 生產程序 法律程序	生命循環 碳循環 岩石循環	個人關係 都市體系 身體系統

運用要訣

　　在介紹每個流程圖時，務必用學生熟知的內容來示範。這樣可以讓學生不用傷腦筋所整理的**內容**，專心學習如何**運用**組織圖。年紀小的學生需要教師明確教導應該怎樣組織他們的圖形，以傳達有關歷程、循環或系統的資訊；這也提供了教師運用放聲思考的絕妙良機（第 287 頁）。

線性歷程圖

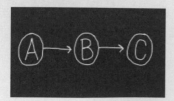

· 確認學生運用**單向**的箭頭來顯示導致變化的一系列事件。

· 鼓勵學生要反思他們用來描述歷程中每個步驟的**文字說明**的意義，以及用來解釋的**圖標**或**圖畫**。

· 學生還可在**步驟之間的箭頭寫字**來描述轉變的歷程。例如：蛋 $\xrightarrow{\text{孵化出來}}$ 小雞。這個做法對於幫學生準備好進行概念構圖（第 225 頁）等複雜的組織圖很有幫助。

（續）

循環圖

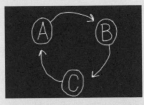

· 因為循環沒有明顯的起點或終點，鼓勵學生反思圖中資訊的空間組合方式。這樣有助於建議讀者找出起點。

· 運用「當時」和「接著」等**時間詞**以增加循環圖呈現的清晰程度。

· 循環圖可以用來評估**學生的理解**，然後運用「如果……，將會發生什麼」問題來進行後續的討論，藉以增強學生的**概念性理解**（參見第 257 頁）。例如：「**在水循環中，如果海水受到重度汙染會發生什麼事呢？**」教師可以鼓勵學生創造他們自己的「如果……會怎樣？」問題。

因果圖

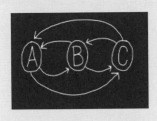

· 因果圖中的元素應該以名詞表達：這些元素可以是個案研究中的組成要素（事實層級），或如圖 7.5 的概念（概念層級）。

· 兩個名詞之間的箭頭方向和**加號或減號**表示導致箭頭另一端**增加**或**減少**（見圖 7.5）。

· 因果圖可以在系統的兩個因子間用兩個往返箭頭表達**回饋迴圈**（feedback loops）。

· 只要針對分析中的議題決定適當的**時間範圍**，學生就可以看見系統產生的**預期和非預期結果**。例如，我們可以模擬經過幾個世代使用抗生素之後細菌發生突變。

· 學生可以在自己的圖表上書寫，以**解釋**他們在組成要素間所建立的**關係類型**。

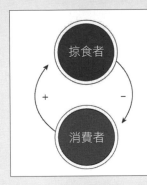

在食物階層內，掠食者從四種消費者階層中捕食獵物。

掠食者數量越多，生態系統中的消費者就越少。然而，消費者的數量越多，掠食者就能養活更多後代並繁衍。

▶ 圖 7.5 · 學生運用回饋迴圈的因果圖（食物階層）

來源：運用 Loopy（http://ncase.me/loopy/）製作

視覺筆記（Visual Note-Taking）

如何運用：視覺筆記並不是新奇的事物。幾世紀前第一幅洞穴繪畫創作時，視覺筆記就已經存在。我們在學習口語之前，已經會想像圖畫或圖像與概念的連結。

學生不需要正式的書面語言就能記錄他們的想法。我們可以在課堂中借助圖像的力量來表達概念，為學生提供另一種交流想法的工具。正如瑪糾里斯與法連薩（Margulies & Valenza, 2005）所述：「當學生能夠在紙本上看見歷程時，學生想通事物的能力也隨之提升。」（p. 10）

教師和學生都可以將視覺筆記運用於以下各種目的：

- 說明錨形圖（anchor chart）
- 摘要從影片、文章或其他媒介中獲得的知識
- 在學生筆記本中記錄重要的想法
- 演講、訪談或其他經驗中有意義的「塗鴉」
- 一系列的探究結束後，以圖像、符號等象徵性方式綜整想法

透過視覺和文字的提示，運用視覺筆記可以幫助學生持續聚焦且更容易保留訊息。當學生投入於視覺筆記時，可以提供他們以下要訣：

文本

- 針對一系列視覺筆記，細心挑選關鍵詞或主要想法。
- 考慮哪些想法比較重要並優先選用。
- 視覺筆記中，細節和描述在視覺呈現上要比重要文字小。
- 學習中的記錄者可以透過寫下縮寫和字首發音來做筆記，例如，可以用「No E」來取代「No electricity」（沒電）。

（續）

圖像

· 運用視覺助記符號（mnemonic）與視覺呈現來代表文字。例如，畫一顆心來代表「愛」這個字。

· 繪製圖像來取代文本中長篇大論的部分。

結構

· 組織筆記，在關聯的想法之間建立流暢的連結。

· 整合圖表、表格、曲線圖或地圖等適於強化意義的資料組織圖。

視覺筆記的課堂實作

　　法蘭克福國際學校的安綴雅・謀思泰勒老師在能源單元的課程中，帶領四年級學生閱讀莫莉・班昂（Molly Bang）寫的《我的光源》（*My Light*）。參閱圖 7.6，學生運用視覺筆記繪製流程圖，記錄能量如何從太陽經由轉移（transferred）和轉換（transformed）來到人們家中。學生繼續運用視覺筆記來記錄整個單元中的實驗和專案。

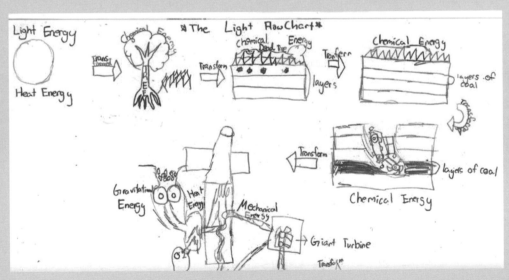

▶ 圖 7.6・能源轉移和轉換的視覺筆記

來源：David French

☰ 註解（Annotate It）

如何運用：註解文本是一個強而有力的策略，可以幫助學生透過主動閱讀來聚焦和加深他們與文本之間的互動（Porter-O'Donnell, 2004）。正如智維卡與苟梅茲（Zywica & Gomez, 2008）所說，該策略「透過尋找傳達訊息的結構和模式，來幫助學生以分析的方式處理文本」（p. 156）。因此，這個策略可以有效的用於發展歷程導向概念的理解，如**主要想法、支持證據、對話**或**轉折**等。學生也可以運用註解來放大特定的事實性資訊，以支持知識導向的概念性理解。

　　註解提供了一種標記文本的結構，讓學生能夠看到文本中的模式並建立連結。以下分享如何運用此策略：

1. 預讀：選擇文本，其中包含可以明顯看出一個或多個主導概念的示例。學生可以閱讀相同或不同的文本，但專注於相同的概念。請學生閱讀他們的文本或節錄內容，或者，教師也可以大聲朗讀給學生聽。與其他策略一樣，重要的是教師必須清楚什麼是指引註解發展的概念性理解。

2. 註解：教師運用主導概念，邀請學生針對一個或數個特定的概念在文本內容中標示記號，例如：「請將主要觀點和支持證據標示出來。」或「請標示有關地震活動如何改變景觀的任何內容。」鼓勵學生在文本旁寫下他們的觀察，作為他們對文本內容的初步理解。例如：

- *作者運用統計證據來支持這個論點。*
- *引用專家論述增加了文章的可信度。*
- *這個例子提供了支持主張的細節。*

3. 後續行動：學生註解完文本後，就可以全班一起來彙總各自的發現並分享自己的理解。同時可以運用句子架構（第 221 頁）和概念性問題（第 213 頁）協助學生建立通則。

註解的課堂實作

　　德國圖林佳國際學校楚蒂・麥米林老師的五年級學生藉由標示所有的對話和行動來註解一篇文本，以瞭解**文本中對話和行動透露出人物的特質**。

▶ 照片 7.8・正在註解文本的五年級學生
來源：Trudy McMillin

本節中的策略（視覺筆記、註解）可幫助學生彙總資訊。找到主要想法和重點如何可能幫助學生在下一個探究階段建立通則？

_____

_____

_____

_____

_____

_____

社會性戲劇（Socio-dramatic Play）

如何運用：社會性戲劇是模擬策略（第 86 頁）的一種類型。即使是用於國、高中的學生，都可能是成效卓著的策略。概念性戲劇鼓勵學生發揮想像力來組織並再現自己的發現。正如維高斯基（Vygotsky, 2004）所說，「『想像力』成為一個人經驗拓展的方法，因為他可以想像他沒看過的東西，可以從別人的故事與敘述中，構思出某些自己從未直接體驗的概念。」（p. 17）在課堂上，我們透過即興或有腳本的社會性戲劇體驗，讓學生身歷其境的引發想像力。透過角色扮演，學生可以探索甚或測試社會的規則（Elkonin, 2005）。

在概念性戲劇中，教師在設置環境和促進學生呈現思考方面扮演重要的角色。我們會運用單元的事實性、概念性和激發性問題來幫助學生統整知識和技能。在概念性戲劇中，我們可以扮演觀察者或參與者的角色。

身為概念為本的實作者，我們在幫助學生從戲劇情境中提取重要的想法上也扮演非常重要的角色。我們可以策略性的運用組織及建構通則的策略。在南西・費爾伯恩老師的班上，一群國中學生在「荒島」的角色扮演中演示如果社會上沒有規則會發生什麼事情，之後全班在課堂上投入於因果關係的討論。如圖 7.7 所示的檢索圖表中，學生闡述以下初步想法：

· 缺乏規則將會導致社會中的權力失衡。

· 領導者具體展現了幫助人們滿足需求的特質。

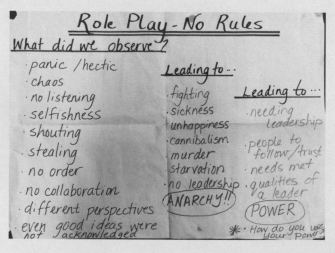

▶ 圖 7.7・荒島角色扮演的反思

社會性戲劇的課堂實作

法蘭克福國際學校的費翁娜・麥開瑟威柏老師在一年級歷史單元的一個段落中，扮演一百年前教師的「角色」。學生體驗了傳統教學的樣貌和感受，並深思學生的角色如何隨著時間的推移而改變。在單元後段選擇社會性戲劇讓學生有機會來再現他們的學習並帶著理解參與戲劇。這個

▶ 照片 7.9・社會性戲劇——一百年前的學校
來源：Fiona McArthur-Weber

例子說明了某些投入階段的策略可以用在組織階段，以幫助學生再現他們的思考。

注意：務必記住戲劇演出有許多好處，但不是所有的戲劇都適合或值得用來再現事實性資訊及發展概念性理解。

▶ 影片：社會性戲劇——羅馬市場（二年級）

這段影片展示盧森堡國際學校二年級的學生在「羅馬市場」擔任不同角色。安納・斯坎內爾老師扮演時間旅人的角色，讓學生的思考聚焦於商品和服務的價格。

1. 戲劇演出中的問題大多是事實性或是概念性問題？為何會這樣？
2. 如果教師沒有積極參與，戲劇演出的焦點將如何不同？
3. 學生在商品和服務的價格之間建立了什麼連結？
4. 在社會性戲劇之後，教師運用句子架構策略（第 221 頁）幫助學生建構通則。建構通則如何幫助學生從戲劇演出經驗中提取意義？

▶ 照片 7.10・社會性戲劇——羅馬市場
來源：David French

你可以在我們的會員專屬網站（www.connectthedotsinternational.com/members-only）觀看這段影片。

語言表徵（Linguistic Representation）

如何運用：語言表徵包含一系列不同的口頭和書面形式。口頭形式的例子包括：辯論、歌曲和口頭報告；書面形式的例子包括：論文、詩歌、報紙文章和菜單。以下我們特別說明三種語言表徵的形式（班級小書、漫畫、書信），以及它們跟概念為本探究的連結。

班級小書（小學）

製作班級小書可以提供學生從小組或全班的調查中取得並記錄資訊的機會。照片或學生畫的插圖可以激發想法，並提醒學生在調查階段發生的學習。

當你準備創作班級小書時，務必以單元通則為最重要的考量。這些通則會影響我們組織小書的相關決定。在法蘭克福國際學校蓋兒・安布朗老師的班上，她對學生的回應進行了顏色編碼，以幫助學生在單元後段建構通則（參見顏色連結策略，第 227 頁）。

▶ 照片 7.11・班級小書（幼兒園）
來源：Gayle Angbrandt

漫畫（所有年齡）

　　我們有很多學生在課外閱讀漫畫和圖像小說，但他們很少有機會在課堂學習的情境中創作自己的作品。因為具有吸引人的視覺外觀，漫畫可以透過一系列的結構和工具來平衡文本內容和圖像，例如畫格（panels）、臭味線條（stink lines）和對話泡泡（speech bubbles）等。讓學生有機會創造自己的漫畫，可以促進創造力、高階層次思考技能以及獨立思考。照片 7.12 顯示梭尼雅・林惠斯老師的七年級學生就再生和非再生能源單元繪製的漫畫。請注意學生在觀眾面前呈現了一場辯論，其中反映了當今世人對於這些問題的許多討論和爭議。提供學生在課堂上製作漫畫的機會時，我們建議你提供一系列樣本，並要求學生共創有效漫畫的基準（參見第 285 頁），基準中務必包括想要溝通的概念或想法。共創基準可以不著痕跡的推動學生改進初稿並精煉自己的思考。

▶ 照片 7.12・呈現再生與非再生能源的漫畫
來源：Sonya Nienhuis

書信（所有年齡）

因著學生的個人特質，寫信可以讓學生採取不同觀點，呼籲某個目標，或論證以爭取變革。觀點取替對於理解**非常重要**：學生需要有機會辨識富有洞察力的觀點、反思不同的視角，並考量與自己不同觀點背後的邏輯（Wiggins & McTighe, 2008）。書信是促進這種思考的絕佳方式。照片7.13 顯示這個策略在某個八年級人文課堂中的實踐。學過前工業化或工業化時代的特徵後，老師要求學生進行「時空旅行」，以 18 世紀人們的觀點寫一封信。在這封信中，學生需要討論他們的責任、完成工作需要的能量、他們的科技運用、他們如何獲取商品以及他們的社交活動。書寫生活的不同面向幫助學生深入理解工業化如何使許多人的生活品質變得更好或更差。

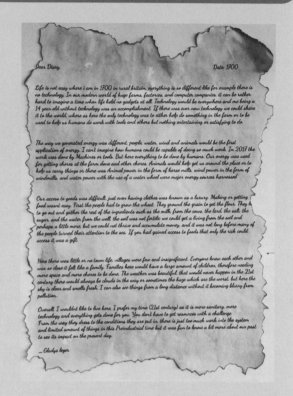

▶ 照片 7.13・前工業化觀點所寫的歷史書信

本章僅分享幾種表徵的形式，但還有很多你可能熟悉或學生曾經運用的表徵方式。你如何依據學生的年齡和能力要求他們呈現自己的想法？學生的選擇和聲音在這個策略中扮演什麼角色？

_____

_____

_____

_____

5

模型（Models）

如何運用：建模（Modeling，創建模型）讓學生能夠創造、視覺化並以符號呈現想法。在建模過程中，學生發現結構的組成或概念的屬性等內在關係。因此，建模可以作為建立通則的前導策略。當要求學生用模型表達自己的思考時，有以下三種類型供我們選擇：具體（concrete）、圖像（pictorial）和抽象（abstract）（參見表 7.10）。

學生能夠抽象的展示他們的思考固然重要，但象徵性的表徵形式不必然「優於」其他形式（Bruner, 1966）。我們希望培養能根據問題或任務選擇最合適模型種類的學生。

表 7.10 │ 模型的類型

模型的類型	定義	示例
具體	具體模型運用實體或數位物體，直接以「一比一」的方式重現。具體模型通常易於操弄或改變。	・運用小方塊積木來代表數學問題中的物體 ・堆建積木來呈現橋梁和隧道 ・在「我的世界」（Minecraft）遊戲中創造虛擬世界，以呈現一個永續的社區
圖像	圖像模型包括繪畫與其他圖形表徵。使想法「被看見」並呈現個案研究、概念或問題的各個面向。	・運用計數符號來呈現教室中出席的人數 ・繪製當地的濕地地圖 ・繪製圖表以顯示長久以來世界人口的改變
抽象	抽象模型運用符號呈現想法。透過認知上「速記」的形式來有效的溝通想法，但需要完全理解某種符號系統。	・操弄數字和運算符號來呈現數學方程式 ・編寫程式來呈現電腦指令 ・運用化學式來表示化合物

這個策略在課堂實作中呈現什麼樣貌？

具體模型：在三維度形狀的單元中，學生透過運用烤肉叉和黏土來「做出」三維度的圖形，來思考形體的邊和頂點間形成的關係（如照片 7.14）。具體呈現三維度形狀，讓學生觀察到當任一邊或頂點被移除或不見時，會發生什麼事。在學生自己製作具體模型，並觀察叉子和黏土對製作此形體均屬必要後，他們可以得出結論：**邊和頂點提供一種三維度形狀的形式**。

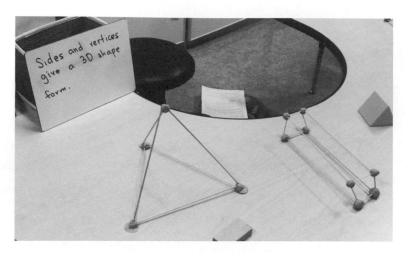

▶ 照片 7.14・數學的具體模型

圖像模型：一群國中學生正在學習永續社區。在實地考察中，他們投入觀察性繪畫以創造自己的城市地圖（如圖 7.8），圖中這些圖像模型包括城市的主要特徵，也包括自然空間。在分析完自己的地圖並閱讀永續社區的個案研究後，他們產生了通則：**永續的社區經常會考慮個體與集體的福祉，以開發自然並創造空間。**

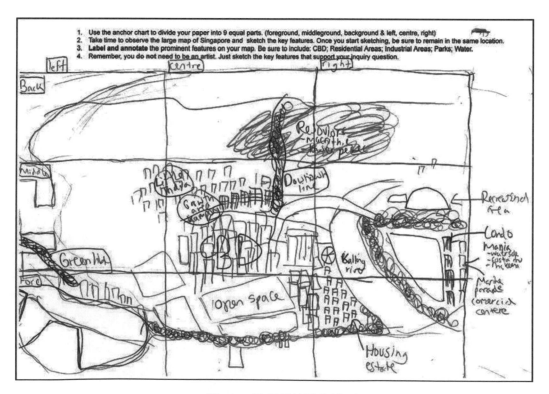

▶ 圖 7.8・社會科的圖像模型

組織階段的評量

　　在組織階段，組織和再現的策略提供我們豐富的評量資訊。當學生運用資料組織圖時，我們可能注意到他們缺乏總結思考所需的事實性知識。同樣的，我們可能觀察到學生需要技能的微課程，以利於有效組織和再現他們的想法。當學生在進行這個探究階段時，我們會問自己的問題包括：

- 學生對該主題是否具備充分的知識基礎？如果沒有，可以提供哪些更多的調查機會？
- 如果希望學生有效的投入組織和再現策略，他們可能需要哪些技能？
- 學生在這個階段的作品如何顯示他們對主導概念的理解？可能需要更多其他的概念形成策略來統整概念嗎？

　　請記住，總結性評量並不一定需要大規模的實作任務。這個階段提出的策略幫助學習者以可掌握與「組塊」的方式學習，俾益於總結性評量。例如，在廢棄物的單元中，二年級教師可能決定運用線性歷程流程圖來蒐集學生理解的證據：**廢棄物質經過一段歷程以利於再使用或循環再生**。

 連結其他探究階段

　　本章運用的各項策略專門用於搭建學生思考的鷹架，讓學習者能夠進行綜效性思考。建立通則階段的策略通常運用本階段形成的組織圖，以協助學生闡釋自己的思考。本章中的許多影片示例都說明了學生如何運用組織策略作為建構通則的跳板。從這一方面來看，我們可以把組織與建立通則階段視為密不可分的探究階段。如果學生尚未組織自己的思考，就難以表達出概念理解。同樣的，如果學生組織了他們的思考，但不需要在概念層級陳述他們的發現，學生終究只會產出鎖定在特定時間、地點和情境中的事實性資訊綜整。下一章將探討協助學生建立通則的策略。

暫停與反思

當你考慮組織和再現資訊的策略時，我們敦促你留意探究分為結構式、引導式和開放式三種類型（在第二章中介紹）。

在規劃教學單元時，問自己以下問題：

· 你如何用主導概念和引導問題作為核心設計資料組織圖，讓學生做好建立通則的準備？

· 是否最好採用結構式取徑，讓所有學生用同樣的方式來組織及（或）再現他們的思想？

· 你會採用引導式取徑，讓學生在某些限定範圍內自己選擇嗎？

· 你的學生是否具備開放式取徑所需的技能和經驗？是否能自己決定如何組織和再現自己的發現？

· 通常你預設來組織和再現資訊的是哪種取徑？為什麼？

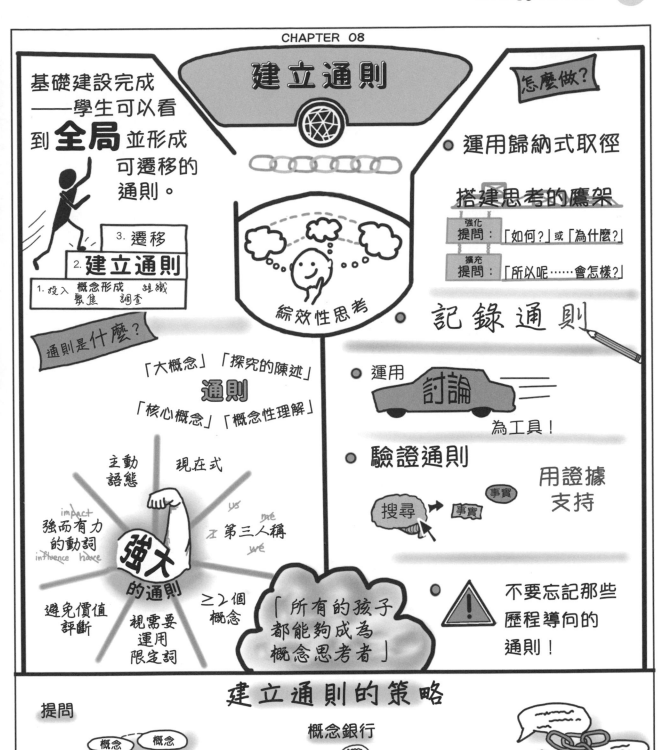

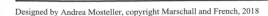

CHAPTER

08

建立通則

探究的建立通則階段

階段目標：

- 在真實事例與概念之間建立連結
- 清楚表達、證明並溝通可遷移的概念性理解

本階段的主要引導問題：

- 概念性問題

建立通則階段的課堂實作

　　安迪‧法西里老師熱衷於概念為本的探究。他精心設計問題以挑戰學生深入思考體育中的技能發展。在南京國際學校的四年級體育課中，安迪老師的學生已經練習過隔網運動。因為許多學生對桌球、羽球或網球的先備經驗薄弱，安迪老師決定在這個單元嘗試歸納式取徑。以**協調**（coordination）作為概念透鏡，學生除了觀看影片、檢視照片，最重要的是實驗和反思自己的實作。安迪老師指導他們密切注意腳的位置、握力和目光移動。覺得學生準備就緒時，他問道：「運動員在比賽中如何提高協調能力？你可以從『高效能的運動員』開始構思。」學生的回應各不相同，但安迪老師聚焦於單元的主導概念，確保學生能夠產出一些可以幫助自己改善表現的重要想法：

- **高效能的運動員追蹤球並視覺化球的軌跡，以提高準確性。**
- **高效能的運動員專注於適當的握力以提高穩定性。**
- **高效能的運動員協調自己的手、眼和腳的移動。**

　　通則是重要、可遷移且具概念性的想法，也是學生在探究中逐漸理解所得到的結果（Erickson, Lanning, & French, 2017）。通則也可以稱為**概念性理解**（conceptual understanding）、**大概念**（big idea）。這些術語都是用於描述兩個或更多概念之間關係的陳述句。通則與事實不同，通則不受限於時間、地點或情境而能夠**遷移**。在概念為本的探究中，事實與技能提供了理解的基礎。

如第二章所述，我們倡導學生從事實和技能中形成通則的歸納式取徑。在本章中，我們將概述發展清晰有力通則的評量基準。我們分享一系列策略，讓老師幫助學生建立連結、說明自己的思考，並證明自己的想法。你會發現，複習第一章後半段「知識性與歷程性結構」所提到如何建構通則的部分有助於進行本階段。

© Marschall and French, 2018

教師經常注意到有些學習者天生就是優異的概念思考者。這些學生會建立豐富的連結、分享深思熟慮的評論，無需教師提示也能夠進行學習遷移，他們通常被貼上「聰明」或「資優」的標籤。跟這些學生互動的經驗，可能會讓我們相信有些孩子會用概念思考而其他孩子就是不會。但這不是事實；**所有**的孩子都可以成為概念思考者。然而，這個想法凸顯出建立通則是一種需要明確教導的高階層次思考技能。無關乎某個孩子安靜寡言、學業落後，或天生善於建立連結：教師必須藉由積極教導學生如何綜整與建立通則，以幫助所有的孩子達到概念層級的思考。

教師必須藉由積極教導學生如何綜整與建立通則，以幫助所有的孩子達到概念層級的思考。

如果我們希望我們的學生會建立通則，那麼我們必須能夠清楚表達「我們希望學生理解什麼」。因此在單元的規劃階段，我們藉由建立通則並列示帶動單元學習的知識與技能，以決定結構式或引導式概念為本探究所預期的學習成果（參見第三章）。

根據課程範圍和學生年級，我們鼓勵教師在一個單元中發展五到九個通則，包括一個或兩個與概念透鏡有關的重要理解（參見第五章）。其餘通則提取自知識和技能，依單元性質可能是學科內或跨學科的通則。

有時我們被問到是否應該用「孩子的」語言來撰寫通則。我們並不倡導過度簡化的語言。這意味著概念性理解中可能會出現新詞彙，因為概念形成階段的目的就是幫助學生建立對概念透鏡和單元主導概念的理解。然而重要的是我們選擇適合學生年齡的概念和動詞，這點對高中學生也很重要。隨著學生年齡增長，我們必須增加概念的複雜性和專有性，以確保我們維持嚴謹的課程品質。

建構通則的歸納式取徑

　　儘管我們認為在規劃階段清楚說明單元通則至關重要，但我們不會直接告訴學生這些通則。概念為本探究的核心要素是支持學生創造並分析自己的通則。學校裡的探究實作太常懸而不決，以致於錯失發展豐厚概念性理解的機會，如此將使下列三者之一一再發生：

1. 迫於時間的壓力，課程單元在組織階段結束，只呈現單元內容的事實性發現。
2. 因為瞭解獲得結論的重要性，教師會指導學生總結他們的發現，但不確定如何搭建鷹架來支持學生進行超越事實層級的思考。學生的總結鎖定在時間、地點或情境中，沒有拉高到**可遷移**的概念理解層級。
3. 教師採用演繹式教學並告訴學生概念性理解，請學生連結到課堂中探究的真實個案研究。（Erickson et al., 2017）

　　學生必須從內容資訊中提取訊息以建構通則，運用調查階段所探討的個案研究或先備知識以建立連結並證明自己的想法。如果欠缺在事實與概念層級之間往返的綜效性思考，學生要不就根據一個例子而過度概化，或者創造出無法反映真實世界脈絡的不正確理解。身為教育工作者，我們必須設計出促進綜整多於記憶的學習經驗，藉以創造綜效性思考的機會。

發展強大的通則

　　身為概念為本探究的實作者，重要的是瞭解什麼構成強大通則，以及如何建構這些特質來支持學生的學習。我們想要建構精確而清晰的通則，那麼，強大的通則具備哪些特質呢？

　　通則應該描述反映真實世界情境的概念性關係。我們可以運用表 8.1 列示，由艾瑞克森與蘭寧設計的基準和要訣來創造通則（Erickson et al., 2017, p. 204）。

表 8.1 | 發展強大通則的要訣

運用……	避免……	搭建學生思考鷹架的要訣
運用強而有力的動詞，以精確的方式描述概念性關係，如**控制、導致、增加**	避免運用**是、有、影響**這些動詞。這些字形成的概念性關係較為薄弱。	運用「如何？」「為什麼？」和「所以呢……會怎樣？」等問題，來幫助學生釐清自己的想法，例如，「我喜歡這個想法，但我認為我們可以講得更明確有力。你可以告訴我如何……嗎？」
運用一般第三人稱代名詞，例如他們、他們的，使理解可以遷移到不同情境	避免運用**我**或**我們***和特定的第三人稱代名詞，如他跟她。	挑戰代名詞的特定性。例如，「只有適用於我們嗎？還是可以涵蓋所有的數學家？」
視需要運用限定詞以確保通則持續為真並可以遷移，例如：**可以、可能或經常**	避免過度概化概念「如何」或「何時」連結。例如：**個人的衝突會改變個體的認同**。這句話永遠是對的嗎？	問：「在所有時代／情況下都是如此嗎？」或「這是一個重要的想法，但（在個案研究）中是否正確？我們能如何修改這個想法，它才會符合事實呢？」
運用主動語態可以讓概念之間的關係更加清晰，例如，「遷移導致更多的文化擴散。」	避免被動語態。被動語態通常會把最重要的概念放到最後，這樣的排序使通則變得較不明確，例如：「文化傳播增加肇因於遷移（migration）。」	説：「目前句子中最重要的概念在最後面；我們試著倒轉一下句子，看看是否會讓意思變得更清楚？」
運用兩個或多個概念來表達概念性關係	避免通則中只有一個概念，這樣會無法表達概念性關係。	説：「你在這個想法中只用了一個概念，一起看看我們能不能再加一個概念，來建構更扎實的想法。」
運用現在式時態以確認通則的可遷移性	避免過去式或未來式時態動詞。這兩種時態會限制遷移性。	問：「這個想法現在還正確嗎？你認為這個通則在未來是否仍然合理呢？」或「你可不可以修改動詞，讓這個想法不受時間限制呢？」
避免帶有評斷或價值觀的陳述	避免用**必須**或**應該**等動詞，以免產生承載價值判斷的陳述。	問：「這是你們／我們的想法，但是（其他地方／時期／情境）的人會同意嗎？換個想法，再看看你能不能想出袪除意見的想法。」

*對學齡前或幼兒園的孩子，有時候適合運用**我、我們**這些代名詞。

 ## 搭建思考的鷹架

　　學生撰寫的通則有時不夠清楚。陳述薄弱的主要原因是過度運用低層次或不精確的動詞，諸如**是**（is, are）、**有**（have）或**影響**〔譯按：原文包括 impact（衝擊），泛指不論程

度深淺、範圍大小的任何影響；affect（影響），通常指有形力量造成的影響，或對感情、感覺的影響；influence（間接影響），通常指無形力量間接產生的影響）。艾瑞克森等人（Erickson et al., 2017）認為這些動詞缺乏概念的明確性和力道而稱之為第一階動詞。為了強化學生的思考，教師必須知道如何幫助學生創造強大的通則。

　　為達到這個目的，我們可以運用琳恩·艾瑞克森稱為「搭建思考的鷹架」（scaffolding thinking）（Erickson, 2007）的策略。在這個策略中，我們會追問「如何？」或「為什麼？」等釐清性問題，以幫助學生用更強大的動詞或更明確的概念來開展構想。這些問題要求學生解釋自己的思考，這樣往往會帶出更深的概念明確性。為了進一步延伸思考，我們可以再問「所以呢……會怎樣？」（So what?）以下是小學三年級數學關於資料處理的單元中，如何為學生搭建鷹架以建構通則的示例。

學生第一階的初步思考： 圖表會影響（affect）我們閱讀資訊的方式。
教師提問為學生的思考搭建鷹架： 圖表如何（How）影響我們閱讀資訊的方式？

學生釐清他或她的想法（第二階）： 圖形幫助人們組織資訊並看出數據中的模式。
教師藉由提問來延伸學生的思考： 所以（So what）看出數據中的模式**有什麼**重要性？

學生提出第三階的想法： 辨識模式可以幫助人們瞭解數據並做出明智的決定。

　　注意： 在概念為本的探究中，我們的目標是跟學生一起發展第二階的通則。有時候，我們會想把學生的想法延伸到第三階。這樣做的過程中，學生會衍生出源自於第二階通則的其他想法。如果學生提出第三階的通則，這個通則必須是帶出一個或多個新概念的新想法；第三階不是重複或改寫第二階想法，也不是取代第二階的想法。把每個想法都延伸到第三階非屬必要也不值得多花心思。

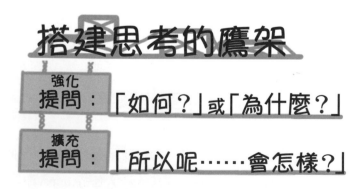

搭建思考的鷹架

強化
提問：「如何？」或「為什麼？」

擴充
提問：「所以呢……會怎樣？」

接下來是另一個取材自高中「生物」單元，搭建鷹架的示例：

學生第一階的初步思考：生命是（is）以碳化合物為基礎，包括碳水化合物、脂質、蛋白質和核酸。

教師提問為學生的思考搭建鷹架：為什麼（Why）生命是以碳化合物為基礎？

學生釐清他或她的想法（第二階）：碳水化合物、脂質、蛋白質和核酸等碳化合物對於細胞的結構和功能有所幫助。

教師藉由提問來延伸學生的思考：所以（So what）碳化合物有什麼重要性？

學生提出第三階的想法：碳具有透過共價鍵結形成複雜分子的能力，因而構成有機生命的基礎。

記錄通則的重要性

在概念為本的探究中，我們形成探究者社群來記錄通則，因而讓我們有機會分享、檢視，並從彼此的思考中學習。全班記錄通則內容還可以讓我們：

- 更容易取得並運用理解，以減少認知負荷
- 學習新個案研究時，重新檢視通則
- 為學生置入「思考時間」
- 找出可能改善通則的方法
- 協助學習的遷移
- 蒐集形成性和總結性評量的資訊

作為教師，我們必須反思我們目前用以獲得學生理解的系統。在課程結束時，我們會運用「出場券」來作為蒐集通則的方法嗎？課堂討論如何促進課堂思考的共享、記錄和分析呢？學生是否容易取得之前單元發展出的理解？反思這些問題可以幫助我們發展出長期蒐集學生思考的常規或程序。下頁的照片 8.1 顯示運用小白板來記錄學生通則的簡易方式。獲得學生通則的其他策略包括：

▶ 照片 8.1・運用小白板記錄學生的通則

- 創作班級小書（第 194 頁）
- 要求學生在筆記本或反思札記中記錄通則
- 制定單元通則表（參閱照片 8.2）
- 橫跨教室牆壁設置時間軸線，整年持續在上面貼出通則
- 設計數位投影片檔案以記錄每個單元的通則

▶ 照片 8.2・凱歐西・瓊斯老師的一年級學生建檔保存自己的通則紀錄

來源：Kelsey Jones

討論的重要性

　　身為概念為本探究的教師，我們運用討論作為發展概念性思考的工具。在小組和全班討論中，我們讓學生有時間在自己的思想與單元概念之間建立連結。我們認為這些概念如何連結？個案研究中有哪些證據支持這種關係？有什麼是我們仍然不確定的？

運用 討論 為工具！

　　當我們要求學生進行建立通則時，我們並不期望他們一字不漏的寫出教師在課程規劃討論時表達理解的用字和措辭。相反的，我們樂見學生原創的想法。我們用概念性問題來鼓勵學生提出一些可能的答案。以下是東南亞聯合世界書院史都華・馬可歐潘老師的十二年級「知識論」（Theory of Knowledge）課程中的一些通則範例。在範式（paradigms）單元中，史都華老師提出這個概念性問題：「範式如何影響知覺（perception）？」請注意，以下三則理解非常相似，但是學生仍然保有自己的聲音和表達自我的方式：

* 範式由記憶和經驗形塑，並創造了一種看待世界的主導方式。
* 範式由生活經驗和信念形塑，提供了一種感知事物的方式。
* 範式以自我價值觀與信念為底蘊，奠定了人們如何感知世界的基礎。

　　通常學生會比老師所想的還更容易提出概念性理解。最初，我們會對孩子思考的深度感到驚訝，然而之後會意識到這是因為學生深深的扎根並沉浸於課程單元的知識和技能中。作為教師，我們的職責是提出鼓勵綜效思考的探詢問題：「你能舉出例子嗎？我們還能在哪裡看到這個想法？這兩個想法如何相似或不同？」學生很快就會習慣以合理的論據來「支持」自己的理解並發展出證據思維導向。

綜效性思考

寫在策略之前

　　本階段的策略旨在設計搭建學生思考的鷹架，並幫助他們詳細說明可遷移的理解。如你在課堂示例和影片中所見，我們時常會結合不同的策略。例如，我們可能選擇用「概念性問題」來框定課程範圍，然後用「概念銀行」進一步搭建學生思考的鷹架。當學生變成更有經驗的概念思考者，我們可以減少支持次數。儘管本章介紹的這些策略能夠有效釐清學生的思考，但不是非用不可。有時候我們提供學生句子架構，學生卻沒有運用，這太棒了！如果學生們能夠獨立的提出強大的通則，更是可喜可賀！還有請記住，這些策略並**不是**設計來讓學生想出跟課程規劃歷程中教師通則一模一樣的字詞。

　　根據學生的年齡和形成通則的經驗，前述表 8.1「發展強大通則的要訣」中，「運用……」和「避免……」兩欄的資訊值得拿來檢視或提供學生參考。

建立通則的策略

表 8.2 ｜ 建立通則的策略

策略	概述	頁碼
用提問搭建思考的鷹架		
概念性問題	學生仔細思考問題，將思考從事實層級提升到概念層級。	213
快速連結	以學生心中一個特定個案研究為基礎，藉由事實性問題到概念性問題形成與其他個案的連結。	215
連結四方	學生運用資料組織圖來發現不同個案研究之間的相似與不同。	216
用概念銀行搭建思考的鷹架		
概念銀行	學生思考與單元相關的概念列表，並運用其中的概念形成通則。	219
句子架構	學生藉著完成句子的開頭或結尾來形成通則。	221
概念接龍	學生扮演某個特定概念的角色，並探討與其他概念的關係。	223
探索模式與連結來搭建思考的鷹架		
概念構圖	學生創建概念圖以探索概念的階層，並描述概念階層之間的關係。	225
顏色連結	學生運用討論中以顏色編碼的資訊來建立連結並形成通則。	227
模式獵人	學生運用資料組織圖所發現的模式來找出概念之間的關係。	230
建立微通則	學生將特定而遷移受限的微通則轉變成涵蓋面廣博的理解。	232

≣ 概念性問題（Conceptual Questions）

如何運用： 從事實性問題進展到概念性問題是概念為本探究的決定性特徵，也是歸納式取徑課堂的**核心**（essential）策略。我們首先提出事實性問題，這些問題與個案研究相關

並且可用於定義單元中的重要術語。一旦我們有了堅實的基礎，我們就進展到了概念性問題。相較於鎖定在特定時間、地點或情境中的事實性問題，概念性問題則可以遷移。

以下的例子顯示如何從事實性問題建構成概念性問題：

化學

· 水如何變成冰？（事實性）

· 水沸騰會發生什麼？（事實性）

· 狀態變化發生時，粒子如何重新排列？（概念性）

歷史

· 是什麼引發了阿拉伯之春？（事實性）

· 法國人為什麼在 1789 年發動革命？（事實性）

· 美國獨立戰爭的原因是什麼？（事實性）

· 為什麼人民團體會發動革命？（概念性）

· 為什麼有些被壓迫的人民團體會發動革命而其他團體不會？（概念性）

數學

· 這個三角形的面積有多大？（事實性）

· 什麼是正弦、餘弦和正切？（事實性）

· 數學家如何運用三角比（trigonometric ratio）來計算直角三角形的邊或角？（概念性）

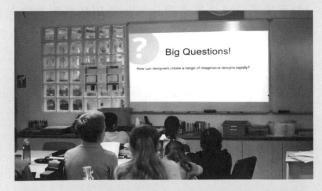

▶ 照片 8.3・設計與科技課程教師卡歐・瓦運用概念性問題來框定課程範圍

來源：David French

我們常被問到如何有效運用概念性問題來協助學生建構通則。以下是一些運用概念性問題來搭建思考鷹架的要訣：

表 8.3 | 運用概念性問題的要訣

運用概念性問題來……	如何運用
設計焦點問題	設計更具體、可以在教學單元層面運用的概念性問題，例如，「**商品和服務如何滿足需要和想要？**」可以變成「**商品和服務如何促進個人健康？**」
框定教學單元範圍	在教學單元開始和結束時回顧概念性問題。
建構學習意圖	告訴學生：「在本單元結束時，你將能夠回答這個問題……」
標示資料組織圖	在資料組織圖上方放一個概念性問題讓思考聚焦。
組織學生的分享內容	長期蒐集學生與概念性問題相關的思考，例如在一系列調查中的問題。
創建出場券	在教學單元結束時要求學生寫下對概念性問題的回答。
設計評量	運用概念性問題設計形成性及總結性評量。

© Marschall and French, 2018

▶ 影片：概念性問題——逆運算（八年級）

在影片中，美國佛羅里達州柯耳貝預科學校的泰歐瑪・臘簡老師問學生：「為什麼數學家在代數中運用逆運算（inverse operations）？」

學生的反應各不相同：

- 在代數中，數學家運用逆運算來求未知數的值。
- 在代數中，數學家運用逆運算進行快速證明並檢查自己的答案。
- 在代數中，數學家運用逆運算來簡化、加速問題解答並檢查自己的答案。

在觀看該影片時，請考慮以下問題：

1. 在提出概念性問題之前，老師問了哪些事實性問題來為學生的思考搭建鷹架？

2. 泰歐瑪老師提醒學生他們可能過度概化，所以他們會在下一堂課中重新檢視這些通則。在下一堂課中，泰歐瑪老師可能會提出哪些問題來對這些通則進行壓力測試？

▶ 照片 8.4・泰歐瑪・臘簡的八年級代數課

來源：David French

你可以在我們的會員專屬網站（www.connectthedotsinternational.com/members-only）觀看此影片。

 ### 快速連結（Speed Connections）

如何運用：這個策略的靈感來自於閃電配對（speed dating）的架構，最適合與網絡型個案研究方法結合，由所有學生各自探究不同的個案。本策略幫助學生連結不同個案研究，並從中萃取出相關的微觀概念，然後將這些微觀概念組成概念銀行以協助通則建構。運用方式如下：

1. 選擇個案研究：邀請學生扮演個案研究中調查過的角色。你不妨鼓勵學生穿著這個角色的服裝，或配戴源自個案研究的標誌，但非屬必要。

2. 找尋夥伴：告訴學生在房間裡四處走動，聽到指令時，停下來尋找一位夥伴。

3. 回應問題：指定以概念透鏡或任一單元主導概念作為對話主題的焦點。例如在關於「探索」的單元中，教師可以要學生討論：「是什麼激發你探索的動機？」學生各自有兩、三分鐘時間彙總自己的動機。

4. 產生連結：學生尋求與夥伴的連結。如果學生能夠運用討論提示語建立連結，就在索引卡上用一兩個字詞說明，然後與夥伴互挽手臂繼續在教室中漫步；如果無法建立連結，就跟夥伴分開，在教室中繼續獨自漫步。

（續）

5. **跟其他同學再重複一次：**重複相同的討論提示語，鼓勵學生去找新夥伴討論問題，找獨行的同學或手挽手的一對夥伴都可以。

6. **保持連結或中斷連結：**告訴學生如果遇到連結更強的其他人，他們可以中斷原有的夥伴連結，為新的連結命名並形成新的夥伴關係。

7. **形成大團隊：**歷經三到五輪討論之後，學生開始根據一個描述連結或關係的概念形成大組。回到我們「探索」的例子，學生可能會形成以下的組別：

- 資源的支配與權力：瓦斯科・達伽馬（Vasco de Gama）、庫克船長、馬可波羅、成吉思汗
- 探險：艾德蒙・希拉里爵士（Sir Edmund Hillary）、尼爾・阿姆斯壯、伊本・巴圖塔（Ibn Battuta）
- 科學發現：查爾斯・達爾文、斐迪南・麥哲倫
- 散布宗教信念：慕拉第（Lottie Moon）、哈立德・本・瓦利德（Khalid ibn al-Walid）

8. **列出微觀概念：**建立每組所呈現的微觀概念列表。

9. **提出概念性問題：**提出概念性問題，例如：「什麼會激發探索的動機？」學生運用活動當中形成的微觀概念來創造一個通則以回答這個問題。

▶ 照片 8.5・詹姆士・庫克船長尋找「連結」

來源：David French

連結四方（Connect 4）

如何運用：南西・費爾伯恩和卡拉・馬修共同開發的連結四方，是一種從事實性個案研究中尋找模式的策略。本策略要求學生綜整訊息以便建立通則。組織圖分為五個部分。

外圈的四個部分用於記錄個案研究調查到的相關資訊，每一部分都包括標題以幫助學生聚焦於相關的資訊。第五部分位於組織圖的中間，其中包括概念性問題或句子架構，藉以讓學生根據自己的發現來建構通則。概念性問題則放置在組織圖上方，顯示運用該策略後，全班應該能夠回答的問題。

以下為說明並協助學生運用連結四方的一種方法：

（續）

1. **說明概念性問題：**以概念性問題為中心來框定課程範圍，例如：「儘管挑戰重重，是什麼因素啟發領導者去改變社會？」先提出這個問題，再展示組織圖。

2. **運用組織圖示範：**重點是學生必須理解（1）每組四人必須運用不同的個案研究，（2）記錄的資訊應與每個方框中的標題有關。就我們關於領導者的問題，這些標題可能是：「是什麼啟發了他或她？」和「他或她如何因應挑戰？」用一個個案研究範例展示如何運用組織圖，可以讓學生看到其中涉及的思考。

3. **尋找模式：**學生填寫完塗鴉餐墊組織圖中個人的部分後，他們開始對話。目標是辨識這些個案研究的相似點和相異點。為了促進這一點，我們可以提供談話提示語，例如「我注意到因為……，所以_____跟_____相似」或「所有四個個案研究都……」。此步驟讓學生準備好在同一教學單元或後續教學單元步驟中進行建立通則。

4. **創建通則：**學生在組織圖中間的方格裡建構他們的通則，藉以反映他們所發現的模式。可運用以下句子架構以搭建學生思考的鷹架，如「_____可能啟發領導者改變社會」或「當經歷挑戰時，領導者……」，這個步驟在小組中完成。

5. **蒐集和綜整想法：**當所有小組都創出了通則，接下來全班一起討論。這些通則之間似乎存在哪些共通性？這些通則可能合併嗎？然後小組的理解可以轉化成反映最縝密思維的全班通則。如果小組的通則中顯現任何迷思概念，務必要提醒學生。例如，我們可能會問：「這個通則在所有情況下都是真的嗎？」或「有沒有任何小組的個案研究反駁這個陳述？」這樣的對話建立了開放性思維取向、證據思維取向以及堅毅思維取向等三個思維架構。

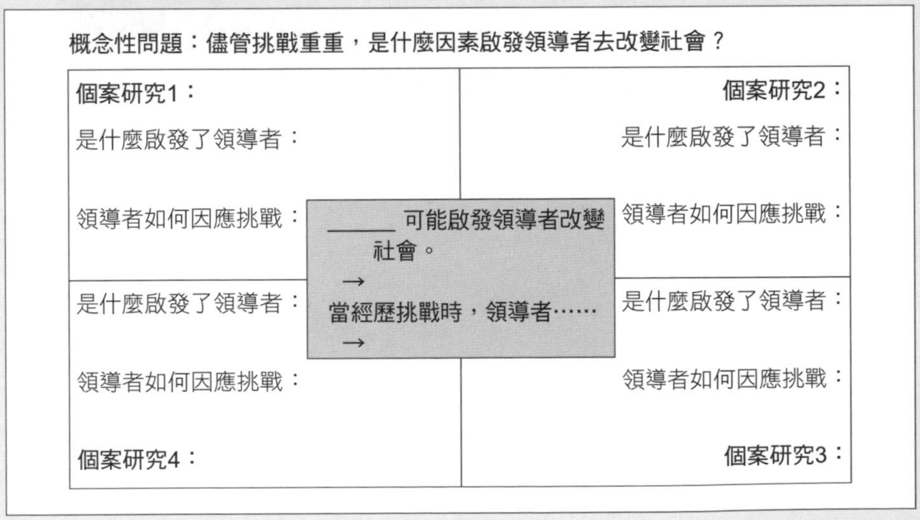

概念性問題：儘管挑戰重重，是什麼因素啟發領導者去改變社會？	
個案研究1：	**個案研究2：**
是什麼啟發了領導者：	是什麼啟發了領導者：
領導者如何因應挑戰	領導者如何因應挑戰：
是什麼啟發了領導者：	是什麼啟發了領導者：
領導者如何因應挑戰：	領導者如何因應挑戰：
個案研究4：	**個案研究3：**

（中間方格）_____ 可能啟發領導者改變社會。
→
當經歷挑戰時，領導者……
→

▶ 圖 8.1・連結四方塗鴉餐墊的例子

▶️ 影片：連結四方──創新者（五年級）

　　蘇黎世國際學校凱薩琳・德意志老師的五年級學生運用連結四方塗鴉餐墊，針對創新者建構通則。觀看影片時，請反思以下的問題：

1. 連結四方塗鴉餐墊如何幫助學生找出事實性模式？
2. 個案研究的範圍如何促進學生通則的強度？
3. 在發展全班的通則時，教師如何鼓勵學生之間的對話和辯論？

　　你可以在我們的會員專屬網站（www.connectthedotsinternational.com/members-only）觀看此影片和取得連結四方的模板。

▶ 照片 8.6・運用連結四方塗鴉餐墊
來源：Katherine Deutsch

概念銀行（Concept Bank）

如何運用：概念銀行提供學生用來建立通則的單元概念表。概念銀行可以由教師創造，也可以由師生在探究中共同創造。概念銀行通常包含概念透鏡、單元的主導概念，及全班探討出來的一些宏觀和微觀概念。展示概念銀行主要可以幫助學生回憶和重新檢視概念，進一步協助概念形成。運用的步驟如下：

1. 建立概念銀行：在整個單元學習過程中與學生共同構建概念銀行（參見照片 8.7），其中包括概念透鏡、主導概念和個案研究中萃取出來的其他概念。有些教師喜歡為每個概念加上定義，但非屬必要。

2. 回顧概念銀行：當回顧概念銀行時，確定學生知道所有概念的意義，並且能提出適當的例子和非例子來描述概念。必要時，回頭運用概念形成策略。

3. 建立通則：請學生從概念銀行選取兩個或更多概念，說明概念之間的關係以建構通則。依據學生需要的支持程度而決定由全班一起或分組完成。目標不是盡可能選用概念銀行中更多字詞，兩到三個就夠了。對於年幼的學習者，用顏色將字詞編碼或分組可能有助於學生建構通則。

4. 交叉檢驗個案研究：為了減少認知負荷，鼓勵學生復習他們的筆記本或班級完成的任何資料組織圖。在什麼脈絡中看到這些概念？我們可以運用哪些示例？

5. 證實：一旦學生建構了通則，提示他們運用事實性例子來證明自己的思考。這個步驟有助於形成證據思維取向。

▶ **照片 8.7・概念銀行的課堂實作**
阿姆斯特丹國際學校梅萊妮・史密斯老師的二年級學生在複習他們的概念銀行。
來源：Melanie Smith

表 8.4 | 概念銀行的改編策略

漏斗和金字塔：在此改編版中，我們請學生將相關概念從最廣泛（宏觀）到最具體（微觀）進行分類。可以運用漏斗或金字塔模板來幫助學生依據概念大小排列。照片 8.8 顯示五年級學生如何運用漏斗進行多邊形的分類和標記。  ▶ 照片 8.8・多邊形的概念漏斗 來源：Katherine Deutsch	**對概念進行分組：**運用概念銀行中的字詞，我們可以邀請學生創造一套字卡。這些字卡上各有一個字或詞，可用於分類和分組活動。例如，學生可以將具有特定屬性的概念放在一起，並用一個概念標籤為該組命名。分類和分組協助學生找到新的概念關係，並發展靈活的思考方式。

▶ 影片：概念銀行——文本中的距離及聲音（十一年級）

　　這段影片中，大衛・懷特老師十一年級 IB 英語及文學課堂的班上，學生分析先前產出的交叉比對表以辨識重要概念。學生分組學習時，大衛老師詢問最能引起共鳴的想法，並在圖表上記錄下來。然後學生參考這個概念銀行，思考文本中**距離**及**聲音**之間的關係以建構通則。

　　觀看影片時，請考慮以下的問題：

1. 教師如何運用概念性問題來框定學習範圍並幫助學生聚焦？
2. 教師如何說明強大通則的品質基準？
3. 概念銀行如何顯示學生討論過的最重要概念？

你可以在我們的會員專屬網站（www.connectthe dotsinternational.com/members-only）觀看此影片。我們將在第九章重新檢視這個教學單元，以瞭解學生如何測試他們的想法是否可以遷移（參見第 247 頁）。

▶ 照片 8.9・大衛・懷特老師的 IB 英語及文學課堂
來源：David French

句子架構（Sentence Frames）

如何運用：提供句子架構是搭建學生思考的鷹架，並支持通則建立的最簡單、快速方法之一。這種策略透過提供部分想法來減少學生的認知負荷。學生運用前幾個階段蒐集和組織的訊息，用自己的思考填補句子中的空白來完成句子。教師可以選擇提供句子中的任何部分來引導學生的思考。

有時，如果學生不熟悉如何建構通則，就可能需要額外的學習鷹架。如果必要，教師可以將此策略搭配概念銀行一起運用。重要的是要記住，提供句子架構不能取代學生調查事實和技能的需要。

以下是幾個句子架構的可行例子：

_____ 來治理他們自己或別人。

可行的通則：人們創建系統以治理他們自己或別人。

（由法蘭克福國際學校的安綴雅‧謀思泰勒所設計）

根號與指數_____

可行的通則：根號與指數保持反比的關係，讓數學家可以進行逆運算。

（由柯耳貝預科學校的泰歐瑪‧臘簡所設計）

誇飾、隱喻、明喻和擬人化可以_____

可行的通則：誇飾、隱喻、明喻和擬人化可以創造戲劇效果，喚起強烈的意象。

📹 影片：句子架構──動力人物（七年級）

在美國佛羅里達州的柯耳貝預科學校，珍妮芙‧賈格曼老師的七年級學生正在學習**動力人物**（dynamic characters）和**關鍵事件**（critical incidents）這兩個概念。珍妮芙老師運用時間線來幫助學生在蘇‧帕克（Sue Park）的《尋水之心》（*A Long Walk to Water*）一書中辨識關鍵事件。然後確認學生概念的形成，再運用句子架構：「＿＿＿＿＿＿＿＿＿＿＿**透露出人物的動力性質**」。

觀看影片時，請考慮以下的問題：

1. 句子架構如何幫助學生聚焦他們的思考？
2. 雖然學生運用相同的句子架構，但他們的反應如何不同？
3. 在運用句子架構之前，珍妮芙老師提出了一個事實性的問題：「為什麼薩爾瓦（Salva）可以被歸類為動力人物呢？」這個問題如何幫學生搭建思考的鷹架？

你可以在我們的會員專屬網站（www.connectthedotsinternational.com/members-only）觀看此影片。

▶ 照片 8.10‧珍妮芙‧賈格曼老師的七年級英文課
來源：David French

概念接龍（Concept Roles）

如何運用：在概念接龍中，學生扮演特定的概念角色並定義這個概念跟其他概念之間存有的關係。在課堂上引導這個策略時，我們從較有結構性的協定開始，再讓學生建立概念之間的交叉連結。為概念關係命名時，務必要強調提供證據的重要性。以下為本策略的運用方式：

1. 辨識概念與通則：在活動開始之前，從通則中找出三到五個概念讓學生連結。在每張索引卡上寫下一個概念，依據人數製作幾套足夠全班使用的卡片。

2. 分成小組：依據待連結的概念數量，把學生分成與概念數量相同之三到五個人的小組，請學生坐在地板上或椅子上，各小組圍成一個圓圈。

3. 指定角色：給每個小組一套概念卡片並請學生從中選擇一張。讓學生有時間考慮他們的概念意義為何，以及這個概念在單元中遭遇過的事例。

4. 順時針建立連結：每個學生手持或配戴上他們的概念（參見照片 8.11），請學生按照順時針方向進行連結，從其中一人開始，運用以下句子架構：「**我的概念是**＿＿＿＿＿＿，**因為……所以我連結到**＿＿＿＿＿＿。」依序跟右邊的人連結，直到圓圈中每個學生都建立連結。在第一輪採取明確的結構向右連結，以確保每個學生都輪到一次，也不用為了建立明顯的連結而重新連結。學生可以運用課程檢索圖表或個人的筆記來幫助自己識別概念之間的關係。

5. 建立交叉連結：所有學生都有機會發言之後，允許交叉連結。只要提出證據，學生可以連結任何自己想要連結的概念。

6. 形成通則：在此步驟中，挑戰各組產出理解的陳述。學生能夠用自己的幾個概念建構通則嗎？能夠運用他們所有的概念建構通則嗎？學生可以運用句子架構：「**我們瞭解……**」來協助建構通則。

以下概念組合的範例可提供給學生以形成通則：

加法單元：**加法、數值、總數**
為了瞭解……**加法結合至少兩個數值以產生總數。**

生態系統單位：**生態系統、消費者、生產者、平衡**
為了瞭解……**維護生態系統需要生產者和消費者之間的平衡。**

文學分析單位：**主角、反派主角、情節、對立、變化**
為了瞭解……**當主角推動情節進行時，反派主角藉由抗拒戲劇性的變革來象徵對立的力量。**

照片 8.11 呈現法蘭克福國際學校一班五年級學生扮演基因、行為、個性和環境等角色，以瞭解：

- **環境的條件與基因形塑個性以及個體在特定情境下的行為。**

▶ 照片 8.11・在基因單元中，學生配戴概念
並在概念接龍活動中扮演概念
來源：David French

概念構圖（Concept Mapping）

如何運用：概念構圖由約瑟夫・諾瓦克（Joseph Novak）在康奈爾大學的團隊開發，是一種將概念的組織和呈現視覺化，以找出概念間關係的方法。針對概念圖，諾瓦克（2012）說，「概念圖不只顯示概念的簡單定義，重要的是展示這個概念的意義如何與其他概念發生關聯的統整性觀點。」（p. 45）概念構圖需要學生在運作初期識別概念的階層，以便將微觀概念逐層嵌套進來。這種策略對尚未具備組織和綜整技能的學生特別有用（Hattie, 2010）。以下是本策略的運作方式：

1. **辨識概念**：選擇一些初步概念來讓學生繪製，這些概念應該包括概念透鏡和主導概念，以及在單元調查中得到的微觀概念。我們建議讓學生先用 15 至 20 個概念（年齡較小的學生可以更少）來練習。鼓勵學生添加他們認為可能遺漏的其他概念。如果是在紙本上進行這項練習，每個概念應該單獨寫在一張便利貼上。列印出標籤會是個減少學生製作便利貼時間的辦法。

2. **呈現概念和材料**：引導這個活動的有效方法是將學生分成三或四人的小組。需確定學生熟悉要排列的所有概念，並提供大張的海報紙來組織這些概念。

3. **從廣博到具體依序排列**：指示各小組從最廣博（包容性最大）到最具體的概念排列。幫助學生去找出最廣博的單一或數個概念，把它們放在概念圖的上方。通常概念圖的上方只會有一到三個概念。

4. **放進次概念**：接下來要求各組選出二到四個次概念，放在地圖最上方的各概念之下。這個步驟開始要構建地圖並定義相關區域。繼續創建次概念組合，直到所有概念都依據最廣泛到最具體的排序放進地圖。

5. **加上線和連結字詞**：概念圖的結構完成後，鼓勵學生畫線來連結概念。之後，學生用一個連結字詞來標記每一條線。有時將這個過程分成兩堂課更有意義，將這一步驟變成第二堂課的開始，這樣可以讓學生有機會離開他們的地圖，並考慮是否需要重新建構概念圖。讀者可以在表 8.5 中找到連結字詞的範例。

（續）

表 8.5 │ 連結字詞的範例

製造 （make）	包含 （contain）	由……組成 （consist of）	創造 （create）	導致 （lead to）
需要 （require）	決定 （determine）	組成 （compose）	形成 （form）	引起 （bring about）
建立 （establish）	建構 （structure）	塑造 （shape）	需要 （need）	產生 （produce）
造成 （cause）	可能是 （may be）	可以是 （can be）	諸如 （such as）	例如 （for example）

6. 建立通則：請學生說明他們在概念圖中所發現的一些大概念。他們可以運用句子架構：「我們瞭解……」，或可以從他們的概念圖中直接讀取，重新追溯包容性最廣博的概念到較具體的概念之間的連結。例如：「**幾何學研究多邊形中的直線類型，像是平行線和垂直線。**」

7. 依學生需要搭建鷹架：如果學生在通則中用了薄弱的動詞，你可能需要幫助學生強化他們的理解，可以運用「如何？」「為什麼？」和「重要性是什麼？」等引導問題來協助學生。

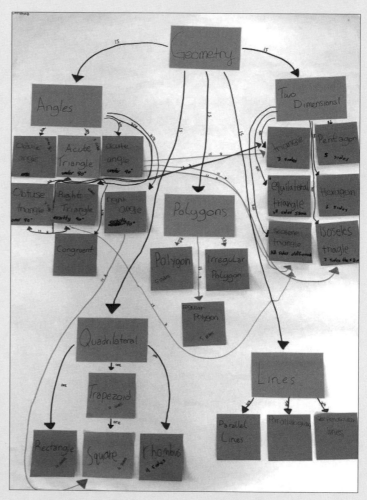

▶ 照片 8.12・幾何學的概念圖

來源：Katherine Deutsch

顏色連結（What's the Connection?）

如何運用：顏色連結是運用顏色編碼來幫助學生組織不同個案研究中的訊息且找出模式的策略。當年幼學生用班級小書或海報來呈現自己的發現時，找出不同個案研究之間的連結有時候頗具挑戰性。顏色連結可以當作鷹架支撐的過程。教師將學生的注意力指向類似的真實事例，然後問學生：「這些想法之間的連結是什麼？」以下是這個策略的運作方式：

1. 調查個案研究：這個策略幫助學生從多重個案研究中建構通則，因此學生需要擁有扎實的事實性基礎。教師選擇或指引學生找到反映主導概念的個案研究。

2. 分享發現：當學生逐一分享在個案研究中獲得的學習時，注意聆聽與單元之概念透鏡和主導概念的連結。例如，照片 8.13a 和 8.13b 說明教師如何記錄「組織」單元中以下概念的連結：**角色、責任、常規、材料與位置**。

3. 顏色編碼回應：謄寫學生的想法，找出跟單元主導概念有關的真實事例，然後用顏色進行編碼。例如，「組織」單元中與角色和責任有關的連結寫在綠色紙張。開始的時候不要讓學生的注意力放在顏色編碼上。不過，記錄支持概念形成的想法將有助於概念的命名。

4. 尋找模式和連結：當學生準備要建構通則時，選出顏色相同的所有例子，並詢問學生：「這些想法之間有什麼連結呢？」我們期待學生回應時提到一個或多個概念。例如，「那些都是我們儲藏東西的地方。」

5. 建構通則：如果學生已經辨識出事例與概念之間的連結，鼓勵他們說明這個概念和單元中其他宏觀概念之間的關係。例如，我們可能會問：「角色和責任如何跟組織連結？」

　　當我們跟年幼的孩子進行顏色連結時，教師可能需要先針對**連結**這個概念來進行概念形成任務，或者提供照片 8.14 顯示的錨形圖來協助學生進行連結。

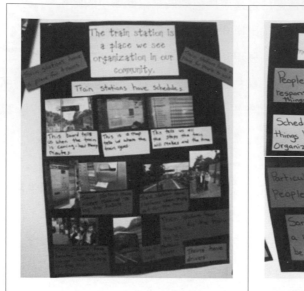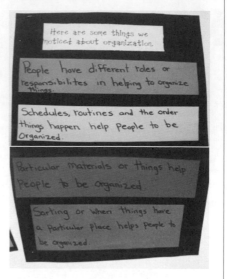

▶ 照片 8.13a 與 8.13b・針對「組織」單元的顏色連結

來源：Gayle Angbrandt

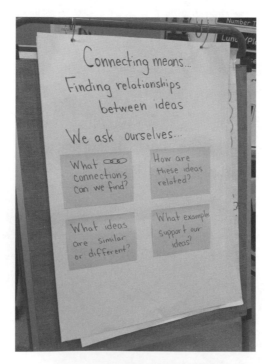

▶ 照片 8.14・顏色連結的錨形圖

影片：顏色連結 （幼兒園）

　　這段影片顯示了幼兒園課堂中如何運用顏色連結，來建立有關「保持安全的不同做法」的通則。

　　觀看影片時，請思考以下的問題：

1. 在幫助學生進行概念性思考方面，個案研究扮演了什麼角色？

2. 透過示範型個案研究方法，學生們在本單元中各自獲得不同的體驗。這種方法的優缺點各是什麼？

你可以在我們的會員專屬網站 （www.connectthedotsinternational.com/members-only）觀看這段影片。

▶ 照片 8.15・蓋兒・安布朗的學生在不同的個案研究間建立連結

來源：Gayle Angbrandt

模式獵人（Pattern Hunters）

如何運用：本策略幫助年幼學習者將事實性或技能相關的內容整理在資料組織圖以進行連結。在這個策略中，學生在資料組織圖上進行觀察，目的是找出模式。藉由放大組織圖與視覺化呈現，教師可以幫助學生從資料中找出模式。即使學生開始時只能從活動中發展出簡單的陳述，例如：「所有慶祝活動都有特殊的顏色」，教師們已經開始培養學生建構通則的能力，這種能力會隨著演練而強化。這項活動的目標是無論概念性理解的陳述多麼簡單或複雜，學生都能夠指出並參考資料以形成陳述。以下是這個策略運作的方式：

1. 查看資料組織圖：在單元進行的中間或結束時，可以運用教師提問：「我們可以看出哪些模式？」或「我們可以建立哪些連結？」來檢視資料組織圖。

2. 說明句子架構：可以運用句子起始語「我看到……和……」或「我發現的模式是……」來示範思考的過程。我們還可以運用**經常**、**可以**或**可能**等限定詞來示範如何進行觀察。

3. 起身開始談話：一開始，邀請學生起身並開始談話，兩兩或三人一組討論各自的觀察。

4. 提出模式：當學生提出模式後，鼓勵他們指出資料組織圖上所發現的證據。例如，「農曆新年、萬聖節和聖誕節等三個慶祝活動——都有特殊的燈光。」

5. 記錄想法：將這些陳述記錄為通則。視需要詢問「如何……？」、「為什麼……？」或「所以呢……會怎樣？」等搭建思考的鷹架，藉以增進想法的清晰程度。

圖 8.2 顯示了這個策略在小學一年級 3D 形狀單元的課堂實作。學生運用多種形狀進行調查，來看看這些形狀是否可以滑動、堆疊或滾動，接著學生們運用資料組織圖尋求共通的模式。

我們可以看出什麼模式？

我們瞭解……

只有平面的 3D 形狀可以滑動並且通常可以堆疊，但是無法滾動。

有平面和曲面的 3D 形狀有時可以滑動、堆疊和滾動。

瞭解 3D 形狀如何移動可能幫助人們製造事物。

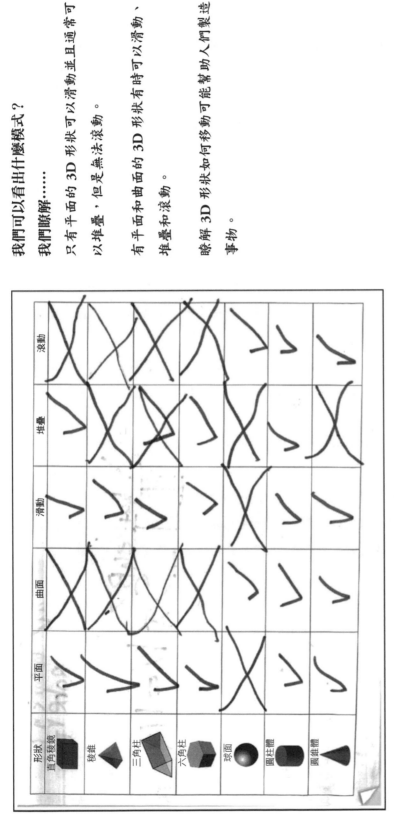

▲ 圖 8.2｜模式獵人策略的數學資料組織圖

來源：Carla Marschall

建立微通則（Microgeneralizing）

如何運用：當學生從事實和技能開始逐步發展時，從遷移程度較低的特定微通則開始可能比較容易，由此再進展到更廣泛的通則。這是因為微通則提出的概念比較明確因而感覺更為具體。以下是這個策略的運作方式：

1. 將相似的例子放在同一組：運用圖卡、字詞或例子，邀請學生依據特定的微觀概念將這些例子進行分組。例如提出：「我想知道是否可以將所有帶有尖銳爪子的動物放在同一組。」照片 8.16 顯示一名學生運用動物特徵的圖像來進行分類。學生們在校外教學中仔細觀察動物園裡的動物特徵，包括尖銳的爪子、翅膀和長尾巴等特徵用以形成不同的動物組別。教師可視需要提供額外的教學鷹架，包括先提供某些構成分類基礎的微觀概念定義。

2. 記錄想法：指示學生考慮微觀概念的重要性並記錄自己的微通則。例如，*尖銳的爪子幫助掠食者捕捉獵物，或者擁有鋒利的爪子幫助動物爬樹，並保護自己免於掠食者傷害。*

3. 列出微觀概念：一旦學生形成自己的微通則，從每個陳述中提取微觀概念。提示學生用更廣博的概念命名。在所展示的例子中，我們可以分成*尖銳的爪子、翅膀和長尾巴*等組別，接著問：「這些例子都是什麼？」讓學生用*動物特徵*來總括所有的例子。

4. 詢問概念性問題：運用概念性問題來幫助學生拓展想法。我們可以問，「為什麼動物會需要特定的特徵？」學生就可以清楚說出*某種動物的遺傳特徵使牠在身處的環境中得以生存。*

在聚焦階段的先備學習是本策略成功的關鍵。如果學生欠缺理解或可描述更廣博概念的詞彙，他們就無法將自己的微通則「轉譯」成更一般化的陳述。

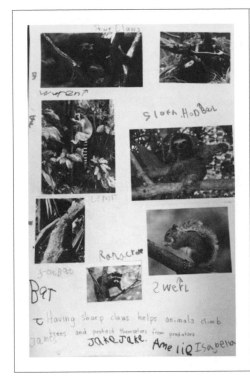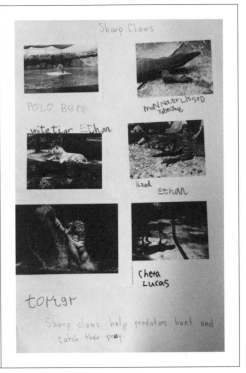

▶ 照片 8.16a 與 8.16b・建立動物特徵的微通則

建立通則階段的評量

　　在規劃一個單元時，我們會明確闡述單元通則以確保自己清楚知道我們希望學生理解什麼。然後，我們運用歸納式取徑來幫助學生自己產出這些想法。重要的是要記住，我們**不是**要評量學生讀取我們心思的能力，也不希望他們複誦我們構思的通則字句。

　　相反的，我們要評量的是學生是否能夠進行概念性思考，以及是否能夠運用例證支持自己的思考這兩種能力。在這個探究階段我們可用以評量學生的一些問題如下：

- 為了形成通則，學生需要的支持程度如何？
- 學生為自己的思考提供了什麼理由？這些理由有多麼淺薄或深刻？
- 學生是否運用「經常」或「有時」等限定詞，以顯示他們想法中的細微差異？
- 在討論中，學生改編彼此的想法或以彼此的想法為基礎繼續建構的程度如何？
- 在這個探究階段，學生如何展現出開放性思維取向、證據思維取向以及堅毅思維取向？

🔗 連結其他探究階段

當我們吸引學生投入、聚焦於概念形成、調查豐富多樣的個案研究，並組織自己的想法以降低認知負荷時，我們提供學生看到全局並形成可遷移通則的基礎建設。採用歸納式取徑讓學生形成自己的通則彰顯了學生的智識，並賦予學生在自己的學習中有高度的能動性。

概念為本的探究旨在幫助學生看見模式並將學習遷移到新的脈絡，藉此佈局幫助學生成功。我們在第九章將探討遷移理解的四種不同目的，並佐以實用的課堂策略。

暫停與反思

當你為了協助課程單元的通則建構而選擇策略時，可以自問以下問題：

・你所選擇的策略如何拓展或限縮學生的思考？

・在單元學習過程中，你可能如何運用這一系列建立通則的策略？

・你如何確保學生有機會用自己的話語表達超越單元範圍（譯按：意指「可遷移」）的想法？

・你如何可能與全班一起促進並頌揚多元的思考？

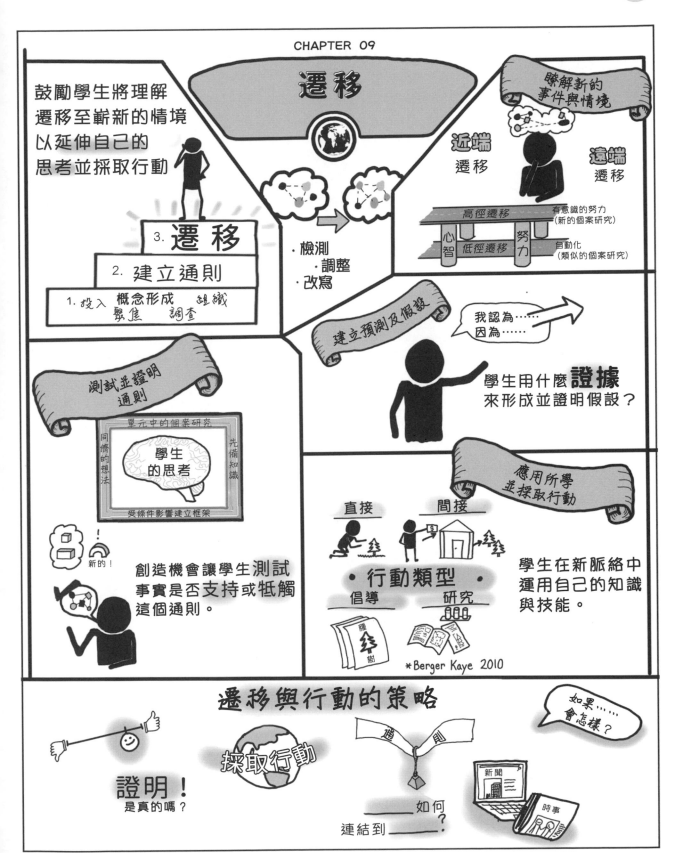

CHAPTER

09

遷移

探究的遷移階段

階段目標：

- 測試和證明通則的有效性
- 將通則應用於新的事件與情境
- 運用經驗和理解以建立預測與假設
- 應用所學採取有意義的行動

本階段的主要引導問題：

- 事實性問題
- 概念性問題
- 激發性問題

遷移階段的課堂實作

當艾咪‧萊特老師的幼兒園學生瞭解**作者可以說服他人改變他們的觀點或採取行動**後，信件、請願書和清單如雪片般飛來。一些請願書有了結果，請求獲准，而其中一宗個案——有封給艾咪老師要求上課時間做木工的請願書，因為理由不足沒有得到她的同意。但是這件事恰好為新的概念性理解奠定了基礎：**作者提出理由和例子支持他們的想法，從而產生令人信服的論點。**根據這個新發現的理解，學生們堅持不懈的寫信給她。信中包括做木工的好處和一天中可行的時間。這次，學生們終於說服了艾咪老師。隔週，他們一到學校就看到擺放好讓他們使用的木工材料。

▶ 照片 9.1‧說服性寫作變得有意義

在遷移階段，我們鼓勵學生將通則遷移到單元範圍內及超越單元範圍的新脈絡或情境以延伸他們的思考，這樣做讓學習者有機會清楚的運用概念性理解來解釋現象。

在傳統的課堂中，重點放在記憶資訊及彙總發現。在概念為本探究的課堂中，我們則積極的促進學習遷移，讓學生以各種有意義的方式運用他們的知識、技能與理解。透過鼓勵遷移的學習任務，學生整合了自己的思考。這樣讓他們更容易記憶資訊，同時又加深了理解。概念為本的學習能夠讓學生建立並重組他們的心智基模；相較於只在事實層級學習的學生，運用**理解**來學習的學生更有能力遷移他們的學習（Bransford, 2000）。

不過，遷移需要扎實的基礎以及充分的原創性學習（original learning，譯按：意指融合遊戲與探索的兒童早期階段學習方式）。事實上，布蘭斯福與許沃茲（Bransford & Schwartz, 1999）指出，許多關於「遷移失敗」的研究發現主因都是源於學習機會不足。概念為本的探究模式中，每個階段都是特別設計來培養遷移所需的知識與技能基礎。藉由調查多重個案研究並組織調查發現以表達出可遷移的概念性理解，我們已經為學生在這個探究階段的成功奠定了基礎。

深化理解的遷移

在概念為本的探究中，遷移活動啟發並深化學生的概念性理解。我們認為，能夠不假思索的遷移習得的技能，對於成為探究者非常重要，例如，無論什麼文本都可以進行解碼。不過，我們希望可以確保我們的學生能夠進行綜效性思考，並**有意識的**運用他們的概念性理解。當學生遭遇陌生的脈絡並有意識的從學習中尋求連結時，這種「高徑遷移」（high-road transfer）的遷移形式就發生了（Salomon & Perkins, 1989）。

為了促進高徑遷移，概念為本探究的教師為學習者創造機會：讓學生用建立通則階段獲得的理解來解釋或回應新的情境。我們可以提供時事、引入新的個案研究，或鼓勵學生參與實作任務來創造機會。為了創造高徑遷移發生的氛圍，我們會積極的促進討論並在「教學契機」（teachable moments）出現時，重新檢視之前探究中學到的通則。

請務必注意，當教師催促學生去思考與當初的個案研究或學習經驗相距太遠的情境時，可能會抑制學習遷移。因此，我們必須檢視學生先前的學習情況以設計挑戰程度合適的遷移活動。表 9.1 展示我們在課堂中鼓勵的遷移類型。本章隨後將詳細探討每一種遷移類型。

表 9.1 | 遷移的類型

遷移的類型	遷移的樣貌	例子
測試並證明通則 	運用新的個案研究或激發性陳述來證明目前的概念性理解	學生們過度概化所有的媒體都各自呈現偏頗的觀點這個陳述。教師以介紹呈現多元觀點的新聞報導來挑戰他們的想法。
瞭解新的事件與情境 	運用概念性理解來瞭解源自現實世界中真實而且多半複雜的事件和情境。	在研究一系列關於政府干預的個案研究後，學生們得以瞭解一篇關於泰國政府補貼稻米市場的文章。
建立預測及假設 	運用經驗和概念性理解來形成有關世界上各種現象的預測和假設。	運用對機率和遺傳學的理解，學生形成特定基因的遺傳預測。
應用所學並採取行動 	應用概念性理解來創造產品、執行專案或採取行動。	學生應用對鮮明的人物刻劃和細節運用有助於讀者想像從未經歷過的人物、地點和事件的理解，刻意的創作蘊含鮮活細節的敘事。

French and Marschall © 2017

測試並證明通則

進行概念為本的探究時，我們讓學生測試和證明自己的通則作為促進遷移的一種方法。藉由導入新情境與脈絡以挑戰學生的想法，我們可以幫助學生意識到自己某個過度簡化的想法。例如，在當地建築的單元中，二年級的學生得到的結論是：**建築物的用途決定了其設計特色**。教師看出可能的迷思概念，於是要求學生運用世界各地的房屋來測試這個通則。學生們因而瞭解所有房屋建造的目的都一樣：提供庇護、安全和休息的地方，就算世界各地的房屋有不同的設計特色。請學生將他們的理解與新的房屋脈絡進行比較，讓他們開始察覺到自己的理解需要修改。透過真實的現實生活情境來探討通則的有效性，讓孩子們去淬鍊自己的思考。

我們想強調，重點不是學生的思考「對」或「錯」。學生的通則是在一系列條件範圍中形塑而成：他們的先備知識、他們調查的個案研究以及同儕的想法。透過適合年齡的脈絡呈現，我們可以挑戰學生退一步再想想，進而提升通則的品質。

瞭解新的事件與情境

進行概念為本的探究時，我們希望學生設法解決真實生活中的問題，以肯認自己的理解如何建構這個世界的意義。在進行遷移時，學生會遇到「近端」和「遠端」等不同脈絡，亦即與原本的學習**相似**或**相距甚遠**的脈絡（Perkins & Salomon, 1992）。藉著幫助學生形成單元中的微觀和宏觀通則，我們可促進近端與遠端這兩種類型的遷移。微觀通則和宏觀通則二者結合起來提供了學習的深度和廣度。表 9.2 展示幾個數學單元發展出的兩個通則。留意較廣泛的通則如何更容易應用於數學領域之外的遠端脈絡。

表 9.2｜近端與遠端遷移

遷移的種類	通則	遷移情境
近端遷移	為了計算不規則形狀的面積，數學家將它們分成幾個由規則形狀組成的部分。	運用這個策略，將五邊形劃分為幾個的三角形，然後計算總面積。
遠端遷移	將問題拆解成不同部分可能更容易找到答案。	將複雜的寫程式挑戰拆解成幾個小步驟。

在這種遷移中，我們還關注真實世界事件的複雜性，並鼓勵學生運用跨領域的思考。舉例而言，聯合國的永續發展目標（SDGS, Sustainable Development Goals; 2015）之一是「水下生命」（Life Below Water），目標是促進海洋和海洋資源的保育及永續運用。為了深刻理解該目標以及可能的解決方案，學生可以利用之前各個學科中所建立的通則，諸如：

社會或人文學科：社區可以創建永續性廢棄物收集系統以減少環境破壞。

經濟：新的領導者可能改變政府干預的政治重點或者拒簽促進產業發展而輕忽環境問題的國際協議。

自然科學：細菌透過分解來製造其他生物可以運用的營養。

教師可以運用以下方式來幫這個歷程搭建鷹架：

1. **重新檢視通則：**我們在第八章討論了記錄通則的重要性。重新檢視既有的通則並鼓勵學生尋找可能的連結。

2. **探索連結：**有時侯，我們可能需要明白表示兩個想法之間存有連結。在這種情況下，我們邀請學生參與討論以查證這些想法之間如何發生連結。薩勒門與柏金斯（Salomon & Perkins, 1998）建議運用關係類比（analogy）或視覺再現（visual representation）來幫助學生進行遠端遷移。

3. **鼓勵學生提出問題：**關注學生遇到新事件或新情況時所提出的問題，我們可以深入瞭解他們在想什麼以及建立了什麼連結。

4. **建立協作的文化：**當教師清楚知道學生在其他學科的學習內容時，就更能夠預做準備，幫助學生進行跨領域的連結。這將需要各教學團隊內部及彼此間的協同合作。

預測及假設

在數據中找出模式並建立預測的能力是一種寶貴的生活技能。建立預測和假設有助學習者在結果不確定的情況下建構自己的世界的意義。這些預測取決於學生先前的學習以及在形成通則時所建立的連結。

讓我們用某位中小企業主為例。她瞭解高售價會為每筆銷售帶來更多的利潤，她也瞭解供需法則：**當價格下降時，需求通常會增加**。腦中具備了這些概念性理解，企業主預測在特賣期間，公司單件商品的利潤將會減少，但因為需求增加而產生較高的總利潤。當特賣進行時，實際經驗證實了這個理解。

在課堂上，學生對預測所提出的證明以及所形成的連結，比預測的準確性更為重要。教師可以強調歷程的重要性來促進學生的綜效性思考。這種依據邏輯預測結果的能力有助於培養更具批判性與判斷力的公民。

應用所學

應用是一種遷移形式，能夠讓我們在產出作品或創作時與自己的理解進行連結。應用包括寫作、實作、提出問題或採取行動等的活動。**做**（doing）是產出行動中固有的部分，但是**知**（knowing）也是應用任務中發展內容的必要部分。當學生創造如專題或實作評量等理解的產品時，他們必須應用源自於知識和歷程的理解（Erickson, 2007）。

不過，知識導向和歷程導向的理解在整個學年的課程中可能會有不同的應用。知識導向的理解因為專有性而可能有更多的應用範圍限制，例如以下的理解：**礦物質形成時的當下條件決定其結構和化學成分**。在國中自然科學課中，岩石的形成和分類可能只在單一單元中進行探究。儘管學生可能會在學年稍後連結到**化學成分**與化學學習這個想法，但是重新檢視這個通則的機會不大。

歷程導向的理解通常更廣泛並且可以延伸到不同的單元。例如，本學年我們國中自然科學課的第一個單元發展出以下的理解：**科學家保存精準而正確的觀察紀錄，讓其他人得以複製他們的研究**。因為這個理解可以應用到任何科學領域，我們預期學生會有多重機會在學年中重新回來檢視這個通則。

採取行動

行動是值得進一步討論的重要應用形式。在充滿生態、經濟和社會議題的世界中，如果只在單元有多餘時間時才讓學生採取行動，我們將承擔不起所導致的後果。除了達到學

科標準之外，行動也是將知識、技能與理解應用於新脈絡的有效方法。

　　慎思的行動運用單元中發展出的概念性理解和思考技能，針對特定目的逐步推演而形成。有意義的行動必有明確目標：學生為了創造正向改變的目標而選擇適當的策略。我們可以提供學生分析預期行動的框架來促進這一個學習歷程，包括對不同的行動類型建立理解，以及從需求開始逆向規劃的概念。柏歌·凱伊（Berger Kaye, 2010）定義了四種她稱為「服務學習」（service learning）的行動類型（表 9.3）。

　　取決於主題和課程單元理解，學生可能無法參與直接行動。例如，如果學生探索棕櫚油生產對印尼生態系統的影響，間接行動或倡議可能是防止進一步破壞紅毛猩猩棲地的最適合的策略。針對砍伐及燒毀雨林而生產的棕櫚油，學生可能決定在社群媒體上發出貼文，號召人們抵制使用這種棕櫚油的公司。這樣的時機是一個機會，可讓學生發展關於行動類型依據情勢會有不同優點及缺點的覺察。

　　教師需要幫助孩子認知到沒有一體適用的行動方法，這樣可以鼓勵他們考慮多元的替代方案。正如柏歌·凱伊（2010）的警告：「如果學生……只有間接的機會，可能傳遞出一種幽微的訊息：我們跟議題和難題之間要保持距離或不要涉入」（p.11）。就學生建立自己的價值觀而言，廣泛參與各種行動類型的體驗產生了深遠的影響。

表 9.3 ｜ 行動的類型和例子

柏歌·凱伊（2010）敘述的服務學習類型

直接	間接	倡導	研究
直接涉及接受者或環境的服務行動	透過援助機構等中介者來進行服務工作	喚起人們對特定議題的覺察，以建立支持或改變行為	處理並呈現資訊，進一步進行自發性的研究
例子			
- 在本地淨灘 - 去育幼院擔任志工 - 幫助移民在當地社區定居	- 為慈善機構勸募資金 - 募集食物的活動 - 為當地難民募集玩具	- 製作海報或請願書 - 撰寫信件 - 發起與某個議題有關的藝術表演	- 進行額外的訪談 - 分析當地水源的樣本

遷移的策略

表 9.4 | 遷移的策略

策略	概述	頁碼
測試並證明通則		
通則壓力測試	學生運用同學或教師提供的新個案研究來測試理解。	246
線上討論	學生或教師創造激發性的通則，以激起討論和辯論。	248
證明！	學生分析教師提供的陳述，判斷陳述的真偽並提供證明。	250
瞭解新的事件與情境		
如何連結？	學生回答問題，說明事實性個案研究如何與通則建立連結。	252
時事	學生探索媒體報導，將理解遷移到真實世界的時事。	253
預測及假設		
「如果……會怎樣？」問題	教師提出假設性問題，讓學生運用探究習得的知識、技能和理解來作出回應。	257
可測試的假設	學生提出自己的假設並設計實驗以檢測自己的想法。	259
應用與行動		
實作評量	學生創造產品或完成實作任務以展現自己的理解。	260
創造！	學生運用之前所建立的通則以創作自己的作品。	262
學生主導行動	學生辨識出需求或議題後，採取相關行動。	264

在繼續探討本章策略之前，請思考我們描述的四種遷移類型：測試並證明通則、瞭解新的事件與情境、建立預測及假設、應用所學與採取行動。目前你的課堂實作與這些遷移類型之間可以建立什麼連結呢？你有興趣進一步發展的領域有哪些？

_____

_____

_____

_____

通則壓力測試（Stress-Testing Generalizations）

如何運用：這個策略讓學生把他們的理解遷移到新的個案研究，來檢視自己的思考在新的脈絡中「適用」的程度。因為想法會不斷的討論和修正，所以這個策略需要開放性思維、證據思維與堅毅思維取向的課堂文化。

當學生建構通則時，我們期望他們運用一個或多個個案研究來提供理解的證據。考慮新的真實事例可以鼓勵學生修正他們的思考。例如，學生可能建構了一個鎖定在特定時間、地點或情境的通則，就此，我們可以引用一個新的個案研究，讓學生考慮自己的理解是否具有遷移性。壓力測試通常在通則形成後立即進行或在後續課程中跟進。教師可以運用以下三種策略來提點學生：

1. 鼓勵討論：邀請全班運用已知的個案研究來支持或反駁通則，以證明思考是否合理。可以針對個人、小組或是全班的通則。學生開始與夥伴一起檢視並討論理解後，教師會提出一系列問題：這個通則一直是真確的嗎？有人想到哪個個案研究不符合這個想法嗎？如何改變理解才能代表所有我們研究過的個案研究？在辯論結束時，我們修改了通則陳述，讓它更能夠反映出我們集體的想法。鼓勵學生繼續斟酌通則中的字詞，並在過程中解釋修改的原因。

2. 比較例子：讓學生二人一組，互相運用調查過的個案研究資料挑戰彼此的想法，重新探究之前的個案研究。他們能夠合併彼此的想法來形成新的概念性理解嗎？當運用示範型或網絡型個案研究方法時，這種策略特別有效。想像一下這個例子：學生在探索單元中需要研究一系列的人物，例如居里夫人、伽利略、伯茲‧艾德林（Buzz Aldrin，譯按：美國太空人，駕乘阿波羅 11 號執行人類第一次載人登月任務，並成為第二個踏上月球的人）和馬可波羅等。我們可以將調查科學探索的學生和研究地理探索的學生分在一組，讓他們透過對方的想法繼續發展思考。

3. 導入新的個案研究：刻意選擇及導入一個新的個案研究，並鼓勵學生重新思考自己的想法。例如，一群學習移民的學生建構了以下通則：*移民尋求新的機會和更好的生活條件*。在這種情況下，我們可以讓學生接觸奴隸和其他被強迫遷移的例子。然後，我們會讓學生修改他們的通則以適用所有探究過的個案研究。在某些情況下，這些修改可能簡單到加上*經常*或*有時*等限定詞就可以達成。

通則壓力測試的課堂實作

　　瑞秋・法蘭奇跟一群四年級學生正在進行領導力單元。其中一組比較了三位領導人的個案研究：馬丁・路德・金、羅莎・帕克斯（Rosa Parks，譯按：美國黑人民權行動主義者。1955 年，她因為在公車上拒絕讓座給白人而遭到逮捕，引發聯合抵制公車運動。美國國會後來稱她為「現代民權運動之母」），以及內爾森・曼德拉。最初，他們形成的理解是**有些人相信黑人不應該擁有與其他人相同的權利**。但教師介紹在塔利班（Taliban）統治下爭取女孩教育權的馬拉拉・優薩福扎伊（Malala Yousafzai）的個案研究之後，學生們意識到他們的思考可以再延伸，於是將通則改成**有些人認為少數群體不應該擁有平等的權利**。

　　針對某個想法進行壓力測試，可以用來幫助學生瞭解構思完備的通則所具備的力量和相關性，同時也顯示出他們的理解具有超越探究單元的相關性和適用性。看到自己的想法在各種情況下得到驗證時，學生同時獲得培力增能。

▶ 影片：通則壓力測試（十一年級）

　　在這段影片中，我們將回到大衛・懷特老師的十一年級 IB 英語及文學課（請參閱第八章的概念銀行，第 220 頁）。學生針對文本中**距離**與**聲音**的功能創造出了一些通則之後，大衛老師促使學生討論他們的理解的應用性。**哪種理解最適用於小說？哪種理解同時適用於他們所探索的小說、戲劇和詩歌等三種文本類型**？在觀看影片時，請考慮以下問題：

▶ 照片 9.2・學生用讀過的其他文本對通則進行壓力測試
來源：David French

1. 記錄和展示通則如何幫助學生遷移他們的理解？
2. 教師用什麼方式要求學生為自己的思考提出證明？

　　你可以在我們的會員專屬網站（www.connectthedotsinternational.com/members-only）觀看這段影片。

線上討論（On the Line）

如何運用：線上討論策略教導學生證明通則和調整用語。運用這個策略時，教師先分享了幾個薄弱的通則，然後詢問學生根據之前的學習同意或不同意這些通則。線上討論提示學生運用事實證據支持他們的觀點，進而促進綜效性思考。同時，教師分享薄弱的通則來接受評析也提供了一個安全的環境，讓學生認識到初步思考可能需要修正。以下是運作方式：

1. 創出通則：設計四到六個通則，包括精心設計的通則與較薄弱的通則。薄弱的通則包括不精確或過度簡化的想法，例如：**人們感到被壓迫時總是會發生革命。**如果不恰當的使用總是（always）、通常（usually）、經常（often）、有時（sometimes）、很少（rarely）及從不（never）等限定詞，你就可能寫出薄弱的通則。

2. 說明限定詞：對學生展示通則之前，解釋他們可能遇到的限定詞。**總是跟經常有何不同？**開始時先聚焦於限定詞的運用，讓學生可以自信的提出改變通則陳述的建議。

3. 展示通則陳述：展示通則並請學生思考是否同意。告訴學生只要能夠提出單元中的證據支持，同意或不同意都是可以接受的回應。

4. 提供思考時間：根據學生的年齡和技能程度，給予個人、二人或小組思考時間。學生可以一邊複習筆記或課堂檢索圖表，一邊討論他們的想法。最後，學生們決定回應並提出解釋。教師可以讓學生運用以下句子架構：

- 因為……我同意……。
- 因為……我不同意……。
- 在這個個案研究中……。

5. 書寫與懸掛：邀請學生在便利貼或索引卡上引述個案研究中的證據，辯護自己的立場。各組把他們的解釋懸掛在繩子上以表示同意或不同意。

6. 討論：引導全班共同討論他們的意見以及他們選擇來捍衛立場的證據類型，有什麼不同想法嗎？

7. 修正陳述：有鑑於學生的意見，他們認為哪些通則的內容薄弱或不真實？他們如何可能把陳述變得真實可信？

▶ 照片 9.3・潔妮・范・蓋稜老師在香港鰂魚涌小學三年級移民單元的線上討論課堂實作

來源：David French

表 9.5｜線上討論的改編策略

改善通則：讓學生不只更改限定詞而是重寫整個通則。以**人類從未公平的共享自然資源**為例，學生可能會決定運用單元中學到的證據將陳述改變成**政府干預可能導致自然資源的運用更加公平**。加入新概念會增加通則的複雜性，教師可以運用「如何？」「為什麼？」和「重要性是什麼？」等引導問題幫學生搭建鷹架。	**說出來：**儘管書面回答時，思考時間及顯現出對想法的信念都很有價值，本策略也可以讓學生實際站在線上，用口語辯護自己的思考。鼓勵學生選擇立場，運用合理的論據來證明自己的想法。

考慮你的一個單元，你可以為學生提供哪些「薄弱」的通則以鼓勵他們測試並證明自己的概念性理解？ 在這種情況下，理解的證據會是什麼樣子呢？

⬚ 證明！（Prove It!）

如何運用：「證明！」讓學生運用他們的概念性理解和溝通技能來證明教師提供的陳述正確與否。這個策略可以用於各學科，但對於數學證明題特別有效（參見 Marks Krpan, 2017 以深入研究這個策略）。「證明！」的目的是讓學生藉由辯護自己的思考來提升他們的綜效性思考。以下是運用方式：

1. 探索證明的理念：討論證明的意義，詢問學生在生活中曾經做過的證明實例。

2. 分享事實性或概念性陳述：分享一個事實性或概念性陳述並詢問學生認為該陳述是對或錯。以下有幾個例子：

數學	0.25 大於 0.52。
自然科學	鴕鳥是哺乳動物。
經濟學	供給過剩會提高商品和服務的價格。

註：本步驟分享的陳述應該依據單元之前所學且淺顯易懂，我們的目標是檢視學生如何運用推理與溝通技能來說明自己的理解。

3. 提供思考時間：讓學生有機會思考陳述的內容、可以如何來證明或反駁。例如，他們可以跟一個夥伴討論或跟全班分享一些想法。

4. 傳達想法：運用數位工具或大尺寸實體紙張，鼓勵學生們運用圖片、符號、圖表、模型或字詞創造表達想法的論點。他們必須引用之前所學作為證據，來證明自己的論證。

5. 建構支持的理由：當學生建構支持的理由時，傾聽他們如何運用：

- 支持或反駁原本陳述的正例與反例
- 概念，包括定義與屬性
- 概念之間的關係
- 引述之前全班共同探索所建構的通則

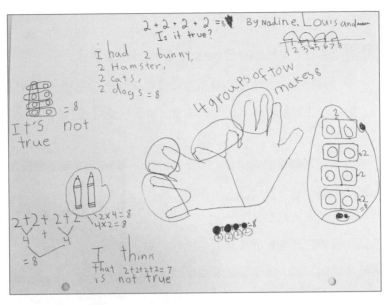

▶ 照片 9.4・重複加法的數學證明：2+2+2+2=7 對嗎？請證明！

▶ 影片：證明！（二年級）

在這段影片中，法蘭克福國際學校西雅・哈伯德老師班上的一名二年級學生運用**部分**和**全部**這兩個概念，辯護他對一道是非陳述題的回應。觀看影片時，考慮以下問題：

1. 在學生的證明中，以何種方式展現與分數相關的推理與溝通技能？
2. 本示例運用的是事實性陳述。這個陳述如何提供教師評量學生概念性理解的機會？

你可以在我們的會員專屬網站（www.connectthedotsinternational.com/members-only）觀看此影片。

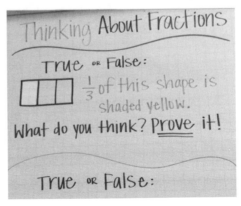

▶ 照片 9.5・分數的數學證明
來源：Shea Hubbard

如何連結？（How Does It Connect？）

如何運用：這個策略藉由複習學年中已經形成的通則，提供學生瞭解新個案研究的機會。以下是運用的方式：

1. 呈現新個案研究：跟全班分享與之前形成的通則相關的新個案研究。可能是一篇新聞報導、影片、個人軼事或時事。

2. 建立連結：請學生比較新個案研究與之前的個案研究**如何連結**？這個問題。鼓勵學生運用概念或概念性理解連結兩個個案研究（見照片 9.6）。我們可以保持提示的開放性，或更具體的直接引用我們想要評估的概念或通則。

3. 學生回應：學生可以透過圖片或圖表、小組或全班討論、運用藝術或戲劇、簡短的書面陳述或論文等多種方式分享思考。其實，也可以簡單到用便利貼寫下回應並跟夥伴分享！

4. 促進綜效性思考：尋找學生往返於事實層級思考與概念層級思考之間的證據，亦即綜效性思考的證據。學生為自己的思考提供了什麼證據？

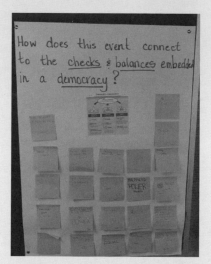

▶ 照片 9.6・如何連結？的課堂實作
（譯按：照片上的文字為：這個事件如何連結到根植於民主中的牽制與平衡？）

表 9.6 │「如何連結？」的改編策略

即席討論：經驗豐富的概念為本探究教師和學生能夠在新訊息和以前探討過的個案研究與通則之間建立連結。傾聽等待這樣的機會並促進討論，鼓勵學生建立明確的連結。重返以下的問題：「它們如何連結？是什麼讓你這樣講？」提供我們一個對話協定。	**記錄**：如果學生在學習日誌或者在課堂展示中記錄通則，務必確保留有空間，以便在學年中持續添加新的佐證示例。以這種方式記錄想法有助於使連結明確清楚。
專注於技能和策略：有時學生需要提醒才會應用先前形成，與技能和策略相關的概念性理解。我們可以提醒他們：「讓我們回想前一個單元的一些通則：**讀者運用自己的先備知識和經驗來推論作者暗示的訊息。**」讓學生參考牆上展示或學習日誌中記錄的通則，以減輕學生的認知負荷。	

以上策略讓學生運用他們的概念性理解來建構新事件和新情境的意義。思考你的一個教學單元，你可能會介紹什麼事件或情境讓學生遷移他們的理解？課堂上會是什麼樣子？

_____

_____

時事（Current Events）

　　如何運用：新聞報導提供了真實自然的機會，讓學生將理解遷移到新的個案研究中。時事讓學生從實際應用中瞭解到所學的實用性。將新聞作為日常或每週例行活動的一部分，可以幫助學生將教室內與教室外的學習連結在一起。

　　為了盡可能將學生的理解遷移到真實世界的事件，我們可以：

　　1. 提供定期閱讀時事的機會：在上學日安排機會讓學生獨立閱讀或全班一起閱讀新聞報導。教師要確保內容適合學生年齡，並與全班一起探索所有必要的詞彙。建立家庭作業常規以鼓勵學生閱讀或查看可靠的新聞來源。例如，將時事的反思作為學習日誌的一部分，蒐集並展示相關媒體供學生查閱，讓時事文本或照片跟單元學習產生關聯。

　　2. 鼓勵批判性討論：在進行新聞報導的討論時，提出問題讓學生評估新聞來源的偏見、觀點、準確性與可信度。我們可以提問以下問題：

- 這一則新聞是從誰的觀點出發？
- 這一則新聞報導中的訊息是否準確？我們怎麼知道？
- 這一則新聞報導中的數據呈現是否誤導？為什麼會或為什麼不會產生誤導？

　　3. 與先前的學習建立連結：時事可以成為「教學契機」，讓我們回顧先前的學習並加深理解。為了幫助學生啟動他們先前的學習，我們會提出以下這些問題：

- 這跟我們所學過的＿＿＿＿＿＿＿如何發生關聯？
- 在探究（時事）中，我們瞭解到＿＿＿＿＿＿＿。這個事件跟我們的理解有關嗎？或者挑戰了我們的理解？為什麼？

表 9.7｜時事的來源

來源	簡要說明	適用於
CNN 10 https://edition.cnn.com/cnn10	每天 10 分鐘的新聞廣播，旨在提供全球新聞的摘要。該節目週一至週五播放，免費提供。	高中生和國中生
新聞背後（Behind the News） http://www.abc.net.au/btn/	用吸引人的方式製作的澳洲新聞管道，供學生尋找當前的議題和事件。可以根據你打算進行的下一個探究，從檔案庫中找到相關的故事。	小學高年級生到高中生
兒童時間（Time for Kids）	兒童時間有數位及印刷等訂閱版本，符合美國各州的標準，並提供學生記者節目。	擁有不同的數位版本，適合 K-1、2、3-4 和 5-6 年級的小學生
BBC Newsrounds http://www.bbc.co.uk/newsround	提供短片和文字新聞報導的英國新聞管道，每天進行三次內容更新。可以按主題搜索該網站。	小學生（K-5 年級）
The Day http:// theday.co.uk / The Day Explorer http://thedayexplorer.co.uk/	英國的訂閱新聞管道，每天都會更新文章，旨在提供不同的觀點。	The Day：中學生和高中生 The Day Explorer：小學生、英語學習者或特殊教育學生

運用時事的課堂實作 I

2010 年，海地太子港市區不遠處發生了災難性地震，那時卡拉・馬修老師正在柏林大都會學校對一群三年級學生授課。他們幾個月前學過**城市系統**。許多孩子開始談論地震：他們看到了城市被破壞的照片，也聽到了救援組織運送物資和服務去海地。這是重新檢視城市系統並反思許多海地人民生活狀況的適當時機。卡拉老師用海報紙記錄了學生在單元中調查過所有的城市系統，包括水、衛生、能源（電力）、健康、教育和娛樂。在查看城市的照片時，學生們討論他們認為哪些系統在太子港可能保持運作或可能停止運作。

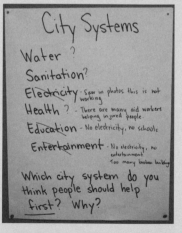

▶ 照片 9.7・分析太子港的城市系統

（續）

為了支持學生主導的行動，卡拉老師提出最後一個問題：「如果太子港的所有城市系統都無法正常運作，你認為最好要先修復哪一個？」這個激發性問題引發了強烈的意見，也提供了一個機會來示範運用論點和證據來構築自己想法的觀念。許多孩子採取行動繼續學習，並運用共享的想法來確定他們認為最需要什麼。

國中生及高中生可以獨立接觸和反思他們所閱讀的不同媒體資源。表 9.8 顯示了東南亞聯合世界書院一位八年級學生的學習日誌節錄。在這一年中，人文學科教師南西・費爾伯恩積極的努力促進學生對時事進行批判性閱讀。

表 9.8 ｜ 針對時事的人文學科學習日誌節錄

時事
激發你對學習進行思考的問題。 今年，我們為自己設定了兩個主要目標…… ・養成閱讀／瀏覽新聞的習慣 ・成為批判性的新聞讀者
今年你閱讀新聞的習慣是否有所改變？ 如果有，是怎樣的改變呢？ 　　是的，今年我閱讀新聞的習慣發生了巨大變化。去年，我對周遭世界發生的時事毫不在意，我唯一會注意的是那些大型的主流活動以及體育賽事。今年，我已經學會了更多知識並培養更常閱讀新聞的興趣。現在我通常至少每兩天看一次新聞；雖然我還需要學習成為更具批判性的讀者，但我已開始會比較各種新聞來源和文章之間的不同觀點和事實了。

表 9.9 ｜ 運用時事的改編策略

家庭作業： 家庭作業可以吸引學生與學校脈絡外的媒體進行互動，讓他們能夠在學習中應用時事。以下是一些作業的範例提示，內容連結到八年級人文學科課程的單元概念：

- **移民：** 從新聞中選擇一篇與移民有關的文章或媒體圖像。請用 140 個字元以內寫出內容提要，並提供你對這個議題的看法。
- **可信度：** 繼續每天閱讀新聞。每週五選擇一篇文章與小組夥伴分享。完成對文章的快速分析以確定文章的可信度。

加到筆記本內： 如果學生在筆記本或學習日誌中記錄通則，請添加提供支持證據的文章和時事。也可以運用超連結，輕鬆的以數位方式進行。	**適合年幼學習者的時事：** 即使是年幼的學習者也可以接觸時事，譬如看天氣的頁面或頭版的照片。地區性的報紙經常報導與年幼學生的探究直接相關的故事，例如社區幫手、交通、農業以及商品和服務。這些報導出現時，伺機協助學生在新聞及探究之間建立連結。

運用時事的課堂實作 II

　　莎拉・克拉克（Sarah Clark）老師的十年級學生探討了政府干預市場的不同個案研究，以瞭解政府對市場的管制可能損及某些公司的利潤，但也會增加其他公司的利潤。然後，莎拉老師提出一個近端遷移的個案研究並問學生：「如果法國、挪威、德國和荷蘭承諾在接下來 20 到 30 年禁止銷售汽油和柴油汽車，對歐洲的汽車公司可能會產生什麼影響？」有了這個通則和激發性問題，有些學生的回答可以增進概念性理解，而其他回應則激發進一步的探究。

請看幾份報紙或期刊雜誌。你可以在時事與你要教的單元之間建立什麼樣的連結？

_____

_____

_____

_____

_____

_____

「如果⋯⋯會怎樣？」問題（"What if...?" Questions）

如何運用：在遷移的階段，我們可以運用激發性問題以提示學生將理解應用於實際或假設情境中。在課程單元中我們可以提出的一種激發性問題是「如果⋯⋯會怎樣？」問題。以下是運用這類問題來促進遷移的方法：

1. 提出一個新個案研究或連結先備知識：在提問「如果⋯⋯會怎樣？」之前，確保學生對新的例子有足夠的事實性知識以連結之前所建立的通則。你可能需要給學生一篇文章或其他相關資源來提供充分的背景資訊。

2. 提出一個激發性問題：運用句子架構**如果⋯⋯會發生什麼？**或**當⋯⋯時，可能會發生什麼？**來構成一個激發性問題。例如，我們可能會在生態系統的學習單元中發問：「如果死亡的生物沒有腐敗分解，會發生什麼？」。

3. 建立連結：儘管課堂上學生的技能水準程度不一，還是要提示學生連結到單元的通則。我們建議運用視覺化呈現，例如運用牆壁展示或數位呈現。

4. 提供思考時間：讓學生考慮他們對問題的反應並和同學討論自己的想法。如果需要的話，提供結構以促進學生回應，例如，我們可以提供下列框架：

我認為⋯⋯（假設）	因為⋯⋯（理由）

5. 分享回應：安排時間讓學生用討論、書面回應、辯論、模型或角色扮演等各種形式分享他們的回應。根據內容、脈絡和時間限制來選擇最適合的形式；或者，教師也可以開放選項，讓學生決定自己的選擇。

6. 辯護自己的回應：當學生分享他們的想法時，安排他們為自己的回應辯護的機會。如果學生需要進一步的提示，可以問：「是什麼讓你這樣講？」或者「你可以多告訴我一點嗎？」注意聽學生建立真實事例和概念性理解之間的連結時，是否展現綜效性思考。

表 9.10 | 「如果……會怎樣？」問題的改編策略

重寫歷史：重寫歷史提供了聚焦於某個事件與情境的機會，並考慮不同因素的重要性。該策略讓學生探索同一因素可能如何影響或改變另一個歷史事件。例如，想像學生研究埃及革命期間，手機網路被切斷這件事帶來始料未及的重要性。這使他們建立以下通則：**執政政權可能會試圖施加審查制度或限制交流以避免政權被顛覆。**學生也可以思考手機對法國大革命可能的影響。	學生提出「如果……會怎樣？」問題：概念為本的探究讚揚會思考的學生。為了培養學生更大的能動性，我們鼓勵學生發展自己的「如果……會怎樣？」問題，傾聽他們的想法，並在我們的課程中留下學生參與的空間。當學生提出問題時，教師需要專心聽，並辨識這些問題對探究的潛在影響。讓學生的問題成為學生預測、討論和辯論的基礎。

「如果……會怎樣？」問題的範例：

自然科學

如果人類突然從地球上消失，會發生什麼？

如果太陽消失了會發生什麼？

如果你無法感到疼痛會發生什麼？

社會科

如果中國在英國或美國之前工業化，可能會發生什麼？

如果所有國家都以議會式民主制度治理，可能會發生什麼？

如果沒有發明汽車、輪船和飛機，世界可能會是什麼樣子？

經濟學

如果採用全球性貨幣會發生什麼？

如果燃料成本上漲超過了全球貿易的利益，會發生什麼？

如果過去曾經有時薪 8 美元這樣的全球最低工資，會發生什麼？

音樂

如果我們沒有共通的樂譜形式，作曲會變成什麼樣子？

如果我們只透過口述傳統來傳承音樂理念，音樂會變成什麼樣子？

如果沒有發明電視和廣播，流行音樂會變成什麼樣子？

⅏ 可測試的假設（Testable Hypotheses）

如何運用：在概念為本的探究課堂中，我們可以讓學生形成假設並證明假設以展現他們的理解。藉著詢問：「是什麼讓你這樣講？」鼓勵學生提出假設之後進一步進行預測。

以下是一些幫助學生根據自己的概念性理解來建立假設的重要考慮因素：

1. 提出研究問題：教師或學生提出研究問題。例如：「水的純度如何改變表面張力？」

2. 蒐集背景知識：根據先備知識而異，學生可能需要進行更多研究，才能與先前產出的通則建立連結。如果學生需要更多與議題相關的知識，讓他們有些時間進行調查。

3. 構建假設：鼓勵學生建立自己的假設，描述調查的預期結果。例如，學生可能會提出：「水質越純，表面張力就越高。」

4. 證明假設的合理性：詢問學生：「是什麼讓你這樣講？」鼓勵學生運用先前建立的通則和研究中的真實事例來證明這個假設。學生可能會說：「我們的理解之一是：*液體分子間的內聚力導致表面張力*。水的一端是帶正電荷的氫，一端是帶負電荷的氧，導致分子「黏」在一起，因此我們認為其表面張力會高於其他液體。」

5. 測試假設：提示學生遵循科學方法來測試他們的想法。如果學生尚未學過科學歷程，則需預先進行相關課程。

6. 重新測試：研究者在解決問題之前通常會測試並拒絕多項假設。儘可能讓學生有機會進行重新測試，改善其假設並隨著時間的推移反覆思考。

學生經常在某幾個學科中進行預測和假設檢定，但這些策略可以運用於各種學科。這個策略在你任教的年級和（或）學科領域可以如何呈現呢？

_____

_____

_____

實作評量（Performance Assessment）

如何運用：實作評量要求學生創作產品或實作以展現他們的理解。實作評量有多種形式，學生可以設計實驗、撰寫論文、建立模型或提出口頭報告。我們希望讓實作評量越真實越好，真實意味著要考慮到任務、脈絡和評量基準，以確保學生能夠在最**逼真**的情境中運用他們的學習（Wiggins, 1990）。我們的目標是在**情境脈絡中**進行真實的表現，而不只是某些片段事實或技能在孤立情境的應用。

實作評量應具備定義明確的評量基準，基準說明所期待的學生行為及（或）屬性。通常是以評量規準（rubric）或檢核表（checklist）等評分系統的形式出現，讓每個人盡可能客觀的評估產品或實作。我們如何設計概念為本的實作評量呢？

1. 將通則列表：列出學生在任務完成的結果中應該展現的理解，包括與受評的概念性理解相關的知識和技能等元素。這些將協助我們在第三個步驟中形成評量基準。

2. 設計實作任務：接下來，創造一個讓學生明確展現理解的任務。這聽起來比做出來容易多了，但以下這些要訣可以作為概念為本實作評量的發展基礎：

　　a. **運用通則中的文字**：在任務中藉由運用通則的文字，可以確保我們觸及重要的概念（Erickson, Lanning & French, 2017）。撰寫任務描述時要標記重要概念，同時確認評量和通則之間趨於一致。

　　b. **準備輕薄短小的任務**：實作任務不需要很大。簡短的任務有助於維持學生的動機與興趣，同時讓我們看到學生思考的品質。我們建議為每個通則設計一個短小任務或把兩個通則併進一個任務。但無須費心創建一個涵蓋所有通則的實作任務！

　　c. **需要提供好理由**：實作任務可以讓學生身歷其境。為了協助學生在產出或實作時反思他們的理解，請他們為任務中的思考或選擇提供理由。這意味著學生在參與任務時需要援引個案研究和之前所形成的理解。

3. 制定評量基準（criteria）：制定評量基準來引導學生。基準必須有助於教師和學生衡量知識、技能和理解的精熟程度。我們建議在評量基準中要明確指出解釋想法及辯護自己選擇的重要性。

▶ 影片：實作評量（五年級）

在影片中，克羽絲緹娜・麥凱勒老師宣布關於物質的單元之總結性評量任務。該任務旨在評量以下歷程導向的通則：

進行實驗時，科學家遵循蒐集和分析數據以支持或否定假設的流程。

科學家在進行實驗時力求記錄準確的測量結果。

在觀看影片時，請考慮以下問題：

1. 該任務提供學生哪些機會來展現他們對單元通則的理解？

2. 為了確保單元的知識、技能和理解能被評量到，教師需要在評量規準中添加哪些內容？

你可以在我們的會員專屬網站（www.connectthedotsinternational.com/members-only）觀看此影片。

▶ 照片 9.8・克羽絲緹娜・麥凱勒老師宣布科學課的實作評量

將通則扣合小型實作任務：表 9.11 顯示了蘇黎世國際學校的杰米・饒斯金老師針對五年級的 2D 幾何單元所設計的兩個實作評量。儘管學生會將這些任務視為一個大型專案來完成，請注意這些任務如何扣合不同的通則。設計連結不同通則的多項小任務有助於單純化概念為本實作評量的設計歷程。

表 9.11 │ 扣合通則與實作任務

通則	實作任務
數學家運用精確語言以準確描述二維度圖形的屬性。	**建築挑戰：**世界上最重要的幾何學專家伊瑞古勒（Irregular，譯按：是個虛擬的人名，用以增加實作任務的趣味性；irregular 是不規則的意思）博士發布了設計一棟大樓的全球建築挑戰，邀請世界各地的人們投稿，這些稿件必須由個人完成並提交精準的藍圖。每個建築藍圖必須包括幾個幾何特徵。運用你對二維度圖形屬性的理解，包括如何進行組合或拆解，設計出這項挑戰所要求的建築藍圖。
數學家整理並分類二維度圖形以利於找到它們之間的關係。 依據分類的方式，二維度圖形可以歸類在多個類別中。	Geowiz **謎題：**要獲得參賽資格，每個參賽者必須成功的完成一個幾何階層圖，並解釋該圖像中各種形狀的位置背後的邏輯。（譯按：**Geowiz** 是一種教育性幾何圖形的積木遊戲） ![幾何圖形集合]

來源：Jamie Raskin

創造！（Create It!）

　　如何運用：藉由閱讀或瀏覽他人的作品，學生可以從脈絡中看出概念性理解並應用在自己的作品中。此策略讓學生參與建立以運用歷程性結構通則的行動。這個策略可以跟第十章的共創基準（第 285 頁）及歷程的反思（第 296 頁）等反思策略一起運用。

　　1. 重新檢視通則：我們一再強調記錄通則的重要性。如果希望學生能夠在作品中應用自己的理解，我們可以藉由清楚的連結和期望，為這個歷程搭建鷹架。例如，從全班討論開始問：「當你在構建說服性論述時，這些通則如何可能幫助你創作強而有力的作品？」

（續）

2. **共同創造成功基準**：在學生開始應用他們的學習之前，可以運用通則作為共同創造規準或成功基準的基礎。請學生指出我們如何知道通則是否已經運用到作品中？例如，「如果你將這個通則應用到你的論文中，我們會看到什麼？」或展示樣本並請學生運用他們的理解來評量這些作品以及排名。

3. **運用通則來反思**：鼓勵學生反思自己的作品，與單元通則建立明確連結，這樣可以提供學生一個機會進行對作品的自我評量。

「創造！」的課堂實作

在塞浦路斯美國國際學校裡，基卡·寇爾斯老師的十一年級和十二年級視覺藝術課的學生探索了不同的藝術家如何運用正空間與負空間，並瞭解：**藝術家對比正負空間以平衡構圖**。然後學生自由選擇媒介和作品主題並專注於這項技術。十二年級學生施梅里（Semeli）創作了以下的作品，並記錄了他的反思：「我想要讓密密麻麻的空間到空白空間的轉折流暢，並盡可能留下更多未雕琢的空間，以便於在正負空間之間形成更多的對比。」

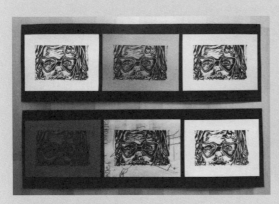

▶ 照片 9.9 a 與 9.9 b．應用歷程導向的通則來創造藝術作品
來源：Semeli Hadjiloizou and Kika Coles

學生主導行動（Student-Led Action）

如何運用：你如何看待你的學生？他們是能夠以行動造成改變的強大變革推動者嗎？你的學生相信他們可以改變這個世界嗎？如果我們希望學生成為負責任的全球公民，我們需要聽取他們的行動要求並賦予學生權能以全力以赴。

有些學習方案如國際文憑課程、愛丁堡公爵國際獎勵計畫、童軍運動都具備服務成分和行動方案，鼓勵學生對感興趣的主題進行開放式探究。以下是促進學生主導行動的幾項建議：

1. 聽取學生的聲音：有時學生所需要的只是確認他們的想法。聆聽並不著痕跡的推動學生在課堂外應用所學的機會。

2. 問問題：詢問學生的想法，可幫助他們釐清和整合自己的想法，同時也顯示你重視他們的想法。如果學生想要採取募款等間接行動，挑戰學生去深思這是不是處理這個需求的最佳方式。我們可能會問：

- 可以跟我多說一點你的行動方案會是什麼樣子嗎？
- 你想在這裡處理什麼需求？
- 這個行動可能有哪些預期（和非預期）的結果？

3. 連結學生與相關對象：幫助學生連結廣大社區的人們和資源。這可能針對某個議題促成面對面、電話或視訊對話。

4. 制定計畫：支持學生制定自己的行動計畫。思考學生如何發展重要的問題解決、溝通或人際關係等技能。仔細考慮學生所需的步驟，並請他們考慮需要的資源。我們可藉由以下提問來引導計畫的制定：

- 為了執行這個行動方案，你可能需要採取哪些步驟？
- 第一步會是什麼？為什麼你認為這是第一步？
- 可能需要誰參與？
- 在團隊中你會如何授權或分擔工作？
- 為使這項行動成功，你可能需要哪些資源？

（續）

5. 採取行動：到了行動時刻，讓學生主導。如果他們需要徵求許可，讓他們自己寫信；如果涉及實作，讓他們自己介紹這個活動。教師和其他成人應該只在必要時提供協助以及讚揚他們的成果。

6. 反思：鼓勵學生反思他們的成果，並找出可能改善之處非常重要。我們可以問他們：

- 哪些部分進展順利？
- 有什麼出乎意料的事？
- 哪些部分可以做得更好？為什麼你這樣說？
- 就你個人以及作為學習者而言，這個行動如何改變了你？

學生主導行動的課堂實作

弗羅芮恩‧葛蘭斯（Florian Glanz）是 IB 小學課程（Primary Year Programme）的五年級學生。在歐洲難民危機課程單元開始時，他計劃為當地難民進行玩具或衣物募捐的活動。在調查中訪談社工之後，他逐漸瞭解到**難民經常在一個新的社區中遭受社會孤立**。反思這個新的理解後，弗羅芮恩決定邀請當地難民營的孩童一起踢足球，他用自己的錢為所有參加的球員購買了參加獎牌，他的父母也同意付錢買披薩，讓這些孩子們賽後可以一起享用一頓大餐。

▶ 影片：學生主導行動（十二年級）

在這段影片中，來自洛杉磯富集研究中心（Los Angeles Center for Enriched Studies）十二年級學生麥肯錫·史塔（Mackenzie Starr）介紹了她所舉辦的「敢於表達自信」活動。這個活動激勵當地社區年輕女性的信心。透過自己的親身經歷，以及與其他人的討論，麥肯錫逐漸瞭解*許多年輕女性因為缺乏自信而遭受折磨。透過這個活動，她發現藉由在當地社區中採取行動，人們會用積極的方式改變周遭環境。*

▶ 照片 9.10 · 麥肯錫 · 史塔採取行動

在觀看影片時，請考慮以下問題：

1. 麥肯錫採取的行動是為社區年輕人舉辦活動。她個人從這次經歷中得到了什麼？

2. 麥肯錫必須獲得其他成人的哪些支援才能舉辦這個活動？

3. 麥肯錫需要什麼技能及策略，才能舉辦這種規模的活動？

你可以透過 YouTube（https://www.youtube.com/）和我們的會員專屬網站（www.connectthedotsinternational.com/members-only）觀看這段影片。

以上連結獲得麥肯錫·史塔同意分享。

如果你的學生決定創造自己的「敢於表達自信」活動，請通知我們（action@connectthedotsinternational.com），以便我們連絡麥肯錫，讓她知道她已經激勵了更多人。

遷移階段的評量

　　在遷移階段，我們評量學生能夠把單元知識、技能和理解應用到新的脈絡與情境的程度。為達此目的，我們設計的評量任務需要利用新的個案研究或邀請學生創作一個產品。身為教師，我們同時觀察學生如何**思索**以及如何**執行**遷移任務，從中蒐集點點滴滴的評量訊息。他們採取什麼思考歷程？他們的思考如何導致遷移活動中的某項行為或選擇？學生將自己的思考外推到未知脈絡的程度如何？為了回答這些問題，我們蒐集以下的證據：

- 學生對新的個案研究或脈絡所提出的問題類型（Bransford & Schwartz, 1999）
- 學生能夠將自己的理解應用到多近（相似脈絡）或多遠（陌生脈絡）
- 學生多麼刻意而審慎的將技能學習應用到新的脈絡
- 學生多麼善於引述先前建立的通則或研究過的個案來證明自己的思考
- 學生跨領域思考的強度

　　在這個階段，我們也希望確保自己對學生理解遷移的能力提供了充分的回饋。對於概念為本探究的教師來說，這是一項關鍵而具挑戰的任務。我們的課堂氛圍必須支持學生承擔風險、探索新想法以及接受可能的失敗。藉著提供學生可以用來自評作品的成功基準與評量規準，我們對學生的遷移活動提供了適當的結構支撐。學生的成功基準中包括引用通則和個案研究作為評量的**證據**，藉此讓學生明白我們的期望。遷移不只是創作一個產品或做完一項任務；遷移更在乎學生是否能夠清楚說明自己的思考，藉以為自己在任務中採行的步驟**提出理由**。這樣一來，我們就培養了具體實踐開放性思維取向、證據思維取向以及堅毅思維取向的學生。

 連結其他探究階段

　　探究的遷移階段提供學生強化和深化概念性思考的機會。當學生投入遷移時，他們需要反思自己的先備知識，並辨識如何將學習應用於新情境。這會需要後設認知的思考，此時學生要進行「自我對話」。在下一章中，我們將深入探討概念為本探究中的反思面向。我們將展示學生如何在整個探究過程中透過**規劃**、**監控**與**評估**自己的學習而獲得增能。

暫停與反思

在規劃課程單元時，請自問以下的問題：

· 你可以運用哪些額外的個案研究來支持學生的遷移？

· 你如何確認學生對新的個案研究擁有足夠的資訊以建立連結？

· 你如何建立系統讓學生經常接觸具有本地和全球重要性的時事？

· 本單元的學習結束後，會產生哪些應用和行動的機會？

· 學生的問題可以如何運用於發展遷移任務？

· 當學生將學習應用於嶄新的情境時，你將如何評量學生理解的遷移？

CHAPTER 10

反思

後設認知技能

通往理解的**路徑**

反思貫穿

所有探究階段
持續發生

反思循環

規劃

評估

監控

反思性實作

1. 例行活動
   - 細心規劃
   - 提供時間

   學習日誌

2. 討論
   「我懷疑……」
   「我相信……」

3. 微課程
   計畫

為什麼?

- 支持自我知識
- 支持自我調節
- 深化概念理解
- 建立學生能動性

我會形成自己的理解!!!

培力增能!

幫助學生練習:

- 降低難度
- 提供經常練習
- 以如何與為什麼為中心反思來發展概念性理解

反思的策略

 總括性

 自我提問　學習日誌

規劃

哪一個?　擁有　需要

監控

出場反思

評估

單元前　單元後

CHAPTER

10

反思

貫穿各探究階段進行反思

階段目標：

- 建立學生的個人能動感
- 使學生能夠規劃並監控自己的學習歷程
- 在探究歷程中與結束後，進行個人與集體的學習進度評估

本階段的主要引導問題：

- 事實性問題
- 概念性問題

反思階段的課堂實作

茱莉亞・布羽格斯老師在哥倫比亞波哥大的哥倫比亞英國學院教授 IB 高階化學。茱莉亞老師在學習過程中融入學生暫停和反思的練習機會。在這些經驗中，學生們規劃、監控並評估自己的學習。當她的十二年級學生開始有關化學鍵結和結構的新單元時，她選擇了問題延伸（第 92 頁）來吸引學生，她也運用維度排序（第 135 頁）將學生的思考聚焦在單元的主導概念上。在這兩個學習體驗之後，茱莉亞老師運用以下概念性問題來幫助學生總結學習：「離子與某些物質結合的方式有何關聯？」然後提供了問題銀行（第 280 頁），邀請學生反思並監控學習歷程中：

- 哪裡有趣？
- 哪裡讓人驚訝？
- 哪裡在預期之外？

茱莉亞老師注意到：「一個常見的反思是有關網路上充斥多少相互矛盾的訊息，而我們也找到一些可靠的資訊來源供學生未來運用。」

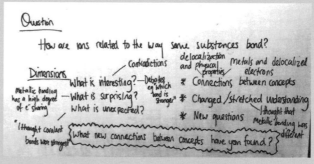

▶ 照片 10.1・全班反思來監控學習
來源：Julia Briggs

認識訊息衝突產生的困惑，並找出可信賴的資訊來源，可賦能學生去制定未來的學習計畫。

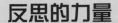

反思的力量

　　反思是協助學生成為有效學習者的強大工具。在探究歷程中，我們反思自己如何學習、我們學了什麼，以及如何透過一套後設認知技能與策略來精進學習。我們在課程單元中反思的方式依據探究的進展而不同。在一個單元中，我們運用反思來規劃、監控並延伸我們的理解，因而讓我們可以回答這些問題：「到目前為止，我們瞭解什麼？」和「我們可以如何釐清我們的理解？」在單元的最後，我們會評估自己的學習進度，並將視野延伸到單元範圍之外，探索在真實世界的應用。我們可能會問學生：「相較於**單元開始時**的理解，**現在**有何不同？」或「我們的學習對日常生活有什麼重要性？」

　　課堂中的反思性問題與培育扎實的概念思考者息息相關。研究指出積極評估自我學習的學生，對單元的目標概念顯示出更深刻的理解（Wang & Lin, 2008）。同樣，能夠熟練的進行後設認知思考是確認學習已經發生的必要條件，否則可能需要更加努力才能理解一個概念（Flavell, Miller, & Miller, 2002）。找出理解的落差是建立正確概念性關係的前導指標。在概念為本的探究中，反思是發展概念性理解、鼓勵學生能動性和自我覺察的核心。

反思循環

　　在概念為本的探究中，反思是**規劃**（planning）、**監控**（monitoring）以及**評估**（evaluating）三者所構成之循環的一部分，這三個不同策略交互作用而奠立概念性理解的發展基礎（見圖 10.1）。

　　我們用這個場景來仔細想想：一位七年級學生必須在英文課寫一篇說服性論文（persuasive essay）。她從這個作業、她的個人優勢，以及可供準時完成作業的資源開始思考。以上**規劃**階段幫她為接下來的學習做好準備。

　　接著，她開始撰寫草稿，執行自己制定的計畫。眾所周知，投入任何任務都需要大量的內在對話或「自我對話」，我們在這些對話中根據目標做出選擇。以上**監控**階段讓我們能夠思慮周詳的行動並應用學習策略。

　　最後，學生完成了論文的最終版本修改。她評估自己的進步，辨識未來還可以改進的某些學習領域。在**評估**的階段要瞻前顧後：學習者評估自己的作品及新的概念性理解，同時決定接下來的步驟。

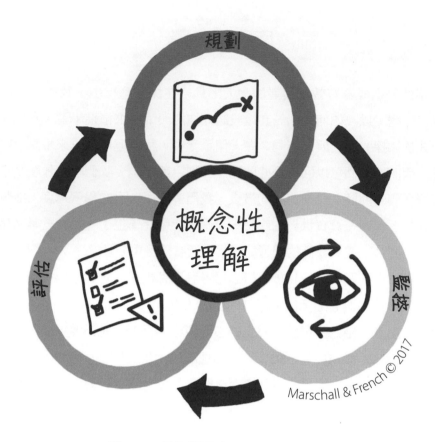

規劃

概念性
理解

評估

監控

Marschall & French © 2017

▶ 圖 10.1・反思循環（The Reflective Cycle）

　　以上三種策略協同作用可以促使學生調節自己的學習和表現。每種策略都建構了對自己和他人的知識、各種任務類型認知需求的知識，以及改善學習的策略知識。而**概念性理解**則是刻意運用這三種策略的基礎。當學習者創建自己有關後設認知技能和策略的通則時，他們就可以將通則遷移到新的學習情境。闡明這些概念性理解有助於學生發現成為有效學習者的要素。

奠立能動性

　　只有後設認知策略不足以讓學生成為獨立的學習者。在概念為本的探究中，我們認真的建構學生的自我意識，以培養具有能力的**行動者**（agents），進而展現學習的自主權。藉由運用歸納式教學，學生認為自己有能力形成自己的理解，因此無需依賴或採用教師的想法。在決定學習中什麼是重要時，能動性增強了學生在課堂上的聲音。

我們必須覺察自我信念對培養思維開放、敢於在學習中冒險的思考者的影響。阮達斯與齊末曼（Ramdass & Zimmerman, 2008）聲稱：「課堂實作不只要培養成功所需的知識，也應該孕育『我會成功』的信念」（p. 37）。讓我們的學生有機會反思自己的**學習信念**及**學習歷程**，是任何探究單元不可或缺的部分。

貫穿探究歷程的反思

反思和所有的歷程一樣，可以因應課程規劃目標而拆解成策略與技能。讓學生有時間反思未必會促成後設認知的發展；同樣的，期待學生未經刻意練習就成為熟練的反思性思考者也不切實際。如同其他思考類型一樣，後設認知思考需要認知的發展能力（Lan, Repman, & Chyung, 1998）。如果學生沒有經常練習後設認知策略直到成為學習歷程中不假思索的一部分，那麼對實作表現只有些許益處甚至毫無影響（Bjorklund, Miller, Coyle, & Slawinsky, 1997）。

為了防止這種情形，我們在課堂上採取以下三種方法：

1. **降低難度**：當學生正在學習或練習後設認知策略時，先降低任務的難度以減少學生的認知負荷；包括提供後設認知思考的示範以奠立基礎。

2. **經常練習**：我們提供學生刻意練習的機會，讓學生在後設認知技能與策略的運用中發展出自動化。

3. **發展概念性理解**：我們以**如何**與**為什麼**為中心進行反思並形成概念性理解，因此學生瞭解反思的目的，並有目標的運用技能和策略（見圖 10.1）。

我們將反思性實作融入探究歷程的各個階段，使後設性思考在單元學習中與批判性、創造性和概念性思考一起發展。那麼，看起來是什麼樣子呢？在概念為本的探究中，我們會運用以下多種方法為反思奠立基礎。

例行活動（Routines）：例行活動能讓學生重溫並練習後設認知的技能和策略。經常運用學習日誌或反思部落格等工具可以建立學生表達思考的自信和能力。例行活動可以讓學生檢視自己的學習態度，或特定學習領域的進度等如何隨著時間推移而改變。

討論（Discussions）：討論讓學生有機會聽到同學的反思性思考，顯示技能或策略的

應用會因為學習者和脈絡不同而異。提供談話提示或問題銀行策略等學習鷹架，讓學生能夠聚焦於分享自己的想法。在討論中，教師可以示範成長心態的重要性，亦即，我們可以藉由持續練習在某方面變得越來越好的智能漸增觀點（Dweck, 2012）。

微課程（Mini-Lessons）：微課程可以讓教師設定場景中的難度並創造獨立練習的條件。我們用微課程來介紹特定的後設認知技能，以引導學生規劃、監控或評估。在直接教學的脈絡中，微課程可作為技能操作和應用的示範。放聲思考是微課程中的一種，用以展示後設認知策略如何與個人態度在學習情境中合作無間。

由於技能源自歷程性結構中的策略和歷程，因此我們可以將三種後設認知策略分解為更明確的技能，以設計具有可行性的反思性任務，表 10.1 顯示如何將這些策略分解為技能與對應的通則。

表 10.1 ｜ 從後設認知策略中建構通則

策略	技能示例	通則示例
規劃	辨認一個任務的構成部分	學習者將任務拆解成構成部件，以辨識較簡單與較具挑戰性的面向。
監控	在完成任務的歷程中，調節努力的程度	在完成任務時，學習者自我「確認狀態」（check in）以判斷是否需要投入更多努力。
評估	任務結束後決定新的學習目標	評估完任務中的表現後，學習者辨識並設定新的學習目標。

本章策略依據下列分類彙整：

總括性策略	規劃策略	監控策略	評估策略
為反思循環各階段建立後設認知思考基礎的策略，具有跨越年級與學科的高度遷移性。	使學生能夠評量自己當下的理解、任務中的困難、如何著手處理任務，以及做到怎樣是成功達標的相關策略。	讓學生監控自己的理解、學習態度及表現的相關策略。	讓學生能夠運用自訂或共同的基準進行自我評量與評估的策略，尤其著重於評量隨著時間推移所達成的進度。

在探討各項策略之前，請思考本章前述的反思循環。考慮一下你的課堂實作；目前你如何幫助學生規劃、監控與評估他們自己的學習？

_____

_____

_____

反思的策略

表 10.2 ｜反思的策略

策略	概述	頁碼
總括性策略		
建構反思的通則	學生對反思循環和學習態度在學習中的角色形成歸納式的理解。	278
談話提示	學生在反思活動中運用一系列談話提示來進行後設認知的對話。	279
問題銀行	學生在反思活動中運用一系列問題進行自我提問。	280
學習日誌與反思部落格	學生運用反映性繪圖、寫作及（或）螢幕錄影以規劃、監控和評估自己的學習。	281
規劃策略		
任務分析	學生分析一項任務，反思其構成要素以及自己的知識和技能程度。	283
共創基準	學生共同建構評量任務的成功基準。	285
監控策略		
放聲思考	學生參與示範活動，反思自我對話在學習中的角色。	287
出場反思	學生在一堂課或學習活動結束時完成簡短的反思。	289
評估策略		
單元前 / 後的反思	學生在課程單元前、後兩個時間點進行反思，並比較和對比自己反思的結果。	290
檢核表與評量規準	學生運用檢核表或評量規準反思自己的學習成果。	294
歷程的反思	學生反思歷程導向通則的應用情形。	296

建構反思的通則（Generalizing About Reflection）

如何運用：通常學生能夠描述自己做了什麼才得以完成任務，但在解釋如何將技能或策略應用於更廣泛的學習情境時則顯得力不從心。本策略運用一套問題指南（protocol）以幫助學生建構有關後設認知技能與策略的通則。第一個問題要求學生說出事實層級的學習，接著幫助學生詳細說明概念層級的思考以表達理解。

在提出概念性問題之前，讓學生有足夠時間討論事實層面的思考很重要。教師可以在個別晤談、小組討論或全班討論時運用這個指南。最後，提醒讀者參閱第八章如何產出強而有力的通則。

表 10.3｜提供鷹架支持反思性思考的問題指南

問題	目的
1a. 在這個任務中你聚焦於哪些部分？ 1b. 你曾用哪些技能或策略幫助自己？	學生指出學習的脈絡。 學生敘述他們應用的技能或策略。
2. 以學習者而言這些技能或策略如何幫助你？	學生將技能與策略的運用連結到學習歷程。
3. 就學習者何時與為什麼運用某項技能而言，那些經驗告訴了你什麼？	學生深思所有學習者和技能與策略有關的經驗，為建構通則預做準備。
4. 你可以用「我現在理解……」開始說嗎？	學生將思考建構成通則，例如決定任務中的哪一個環節可能最具挑戰性，可以幫助學習者產出有效的規畫。
5. 繼續運用「如何？」「為什麼？」或「所以呢……會怎樣？」等問題，視需求持續提供思考的鷹架。	學生以清晰與精確為目標改善他們的通則。並參閱第八章概述，如何運用這些問題搭建鷹架，以寫出第二階或第三階通則。

談話提示（Talk Prompts）

如何運用：所有學生都有能力和同儕進行持續而有意義的互動，但他們有時候難以理解反思性的談話如何進行。鼓勵學習者透過談話一起思考和推理，可以讓大家知道彼此的思考，因而有助於知識建構（Larkin, 2014）。談話提示是促進討論的一種方式，讓學生能夠開始產生想法，同時減少認知負荷。對於國中或高中學生，教師可能只需要提供一兩個句型作為例子；對於年齡較小的孩子，教師可以明確示範如何在課堂討論或小組任務中運用談話提示。

　　談話提示的措辭通常會凸顯一個特定的反思策略，例如「這讓我想起了……」可以協助學生監控自己的思考，而「我學到最重要的事情是……」則要求學生採取評價的立場。讓孩子經常模擬、引用及運用這些反思的談話提示非常重要。投入刻意練習有助於學生隨著時間推移而內化這些反思性的語言。

　　提示句型以課堂中使用的主要語言為主，但這種策略也可以用母語進行（見照片10.2），因此具有相似語言背景的學生們可以運用其中一種母語來進行反思性談話。這樣不但能再次肯定學生的多元語言背景，同時也促進學生運用後設認知技能。

▶ 照片 10.2・英語／西班牙語的談話提示錨形圖

問題銀行（Question Bank）

如何運用：當孩子們在課堂上接觸到一系列可預測的問題時，他們習得並內化反思性談話所需的詞彙。問題銀行的作用是針對有效學習者常問自己的問題類型創造出視覺化提醒。像課堂上的任何常規一樣，學生必須練習運用問題銀行，進而瞭解如何將問題銀行適切而有意義的運用於日常的學習。光是在牆上貼反思問題並不能提高學生的後設認知技能；我們必須運用這些問題積極的搭建反思性談話的鷹架。

類似於談話提示，問題銀行可以在課堂上以各種方式運用。教師可以要求學生「聚焦」於一個特定問題，或請學生和自己的小組夥伴運用一系列問題彼此訪問。讀者可以在照片 10.3a 和 10.3b 中找到用於規劃與監控的問題銀行範例，也可以在我們的會員專屬網站（www.connectthedotsinternational.com/members-only）找到這些問題的可下載海報。

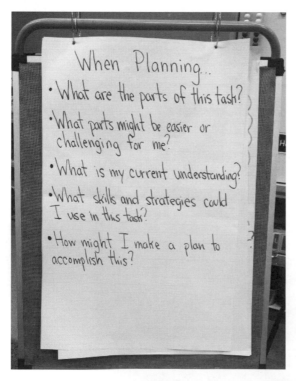

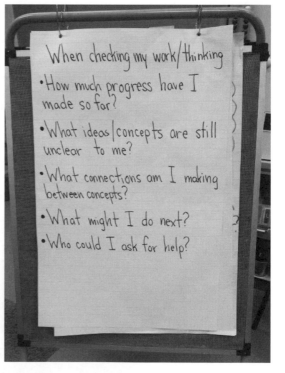

▶ 照片 10.3a 與 10.3b・問題銀行的範例（規劃與監控）

學習日誌與反思部落格（Learning Journals and Reflection Blogs）

如何運用： 不同於只呈現最佳作品的實作檔案，學習日誌是學習進行中蒐集證據的資料庫。學習日誌可以包括前測資料以顯示初步思考、進步的反思，以及總結性評量資料。

其中包括學生的自我評量或目標設定，小學低年級的學生可以跟教師共同創造學習日誌，並用螢幕錄影或繪圖應用程式記錄自己的思考。年紀較大的學生就可能擁有自己的部落格，或與各學科教師共有的多元反思日誌。

學習日誌可以採用多種紙本或數位形式。對學生人數動輒高達 120 位的國、高中教師而言，學習日誌可以採用簡單的 Google 文件或其他易於分享的文書處理檔案。

反思部落格： 反思部落格與學習日誌相似，但屬於集體性而非個人紀錄。因此全班學生可以共同反思學習進度，並在彼此的理解上繼續添加想法。引導學生參與班級部落格時，教師務必要討論回應彼此貼文的原則，讓學生感覺可以安全的分享觀點與想法。反思部落格可以當作家庭作業讓學生在家中回應，或者在教學單元結束時，由全班共同回應部落格上頭的一則提示語。

學習日誌的課堂實作

內森紐・海斯坦老師是塞浦路斯美國國際學校的數學科主任，他的十年級學生用筆記本來完成數學問題，也採用數學日誌作為學習的記錄。對於內森紐老師的學生來說，這些日誌是重新檢視學習時可以運用的強大資源。學生的日誌同時運用事實性和概念性問題，以結構化的方式引發綜效性思考。

在線性函數單元的結束階段，內森紐老師提出問題請學生運用三種不同的策略來解決，藉此提供學生機會評量自己的知識和技能。內森紐老師倡導概念性和反思性思考，並鼓勵學生反思自己的策略選擇。他首先提出事實性問題：「哪種策略最適合這個特定問題？」接下來用句子架構帶動學生進入概念性層面：**解決問題的策略選擇取決於……** 透過反思自己的學習並聆聽他人解決問題的方式，學生得以評估自己解決數學問題的方式。

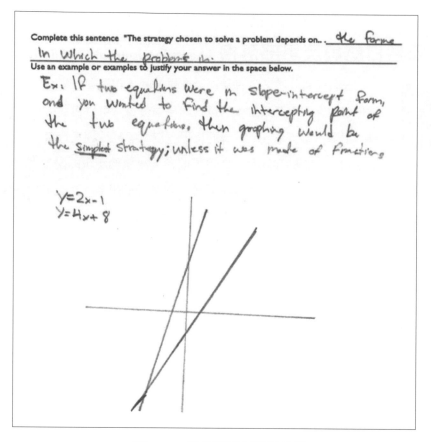

Complete this sentence "The strategy chosen to solve a problem depends on... the forme

In which the problent is.

Use an example or examples to justify your answer in the space below.

Ex: If two equations were in slope-intercept form, and you wanted to find the intercepting point of the two equations, then graphing would be the simplest strategy; unless it was made of fractions

$y = 2x - 1$
$y = 4x + 8$

▶ 圖 10.2・數學學習日誌的範例

來源：Nathaniel Highstein

反思部落格的課堂實作

　　柏林大都會學校馬克・席利托老師的四年級學生具有高度的能動感。在整學年中，他們建立了班級部落格，為監控和評估自己在探究者課堂中的學習奠立基礎。該班剛調查過光和聲音的屬性。進行了幾次實驗之後，他們藉由製作概念卡通（Concept Cartoons）統整了自己的思考，並上傳到部落格以促進討論。馬克老師強調了孩子們如何評論彼此的想法，並建議學生運用這個平台來記錄他們新的理解。馬克老師的熱忱促使許多孩子運用部落格來反思自己的學習，分享他們的研究成果以及研究如何改變了他們的想法。

　　在光和聲音的單元中，有幾個孩子在家裡進行科學實驗。他們回答了「為什麼天是藍的，而太陽是黃的？」之類的問題，並上傳照片供他人查看。學生們回應同學的部落格貼文，提出激發進一步調查的回饋。馬克老師在課堂討論中提到了這些個人的探究，並強調反思對於提升教室內外學習的重要性。

如果你正在班上運用學生學習日誌或班級部落格，請寫下你對以下兩個問題的回答：

1. 學習日誌或班級部落格提供多少機會讓學生規劃、監控和評估學習？

2. 當學生在事實性和概念性想法之間轉換時，有什麼綜效性思考的證據？

如果你現在沒有運用學生學習日誌或班級部落格，請思考如果導入其中之一，對培養反思性思考有那些好處與挑戰。

_____

_____

_____

任務分析（Task Analysis）

如何運用：這個策略讓學生拆解學習任務以提供個人或小組規劃所需的資訊。學習任務可以由教師提供，也可以由學生在進行個人或小組探究時決定。任務分析這個大標題通常含有正式參與學習任務或專案之前需要的幾個技能，包括：

· 分析任務的部件或構成要素。

· 確定任務中較簡單和較具挑戰性的面向。

· 辨識任務中需要的個人技能或知識。

· 考慮個人資源，例如書籍和數位資源的取得管道。

· 建構任務成功的樣貌，例如建立成功的基準。

· 估量與任務相關的個人動機及（或）焦慮程度。

有些學科的學習任務比其他學科容易分析。例如，在數學中，學生可能更有效的檢視問題、評估自己回答問題的能力，然後解題（Klassen, 2002）。也因為如此，儘管核心技能相同，但各個學科的任務分析可能會看起來不同。圖 10.3 呈現了兩個簡單策略以說明如何進行課堂中的任務分析。

魚骨圖（Fishbone Diagram）分析任務部件

魚骨圖可以分解任何任務或專案。學生在圖上加上「魚骨」代表一個部件或構成要素。例如：「按比例繪製城市地圖」可能包括確認城市面積、決定適當比例以及創造地圖網格等部件。我們建議鼓勵學生以小組形式來完成他們的圖表，以便在遇到困難時有更多的支持。完成魚骨圖後，學生可以個別反思任務中較容易或更具挑戰性的部件，並用兩種顏色凸顯這兩個部分。讀者可以在會員專屬網站（www.connect thedotsinternational.com/members-only）下載此圖。

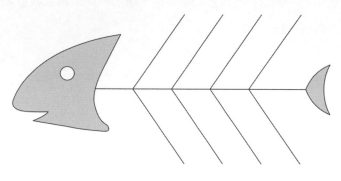

▶ 圖 10.3a・魚骨圖

共識圖（Consensogram）

這種簡易的調查技術可以讓學生評估自己對單元主題或概念的態度、觀點或知識。教師對學生提出一個問題，要求他們運用圓點貼紙或手繪方式將他們的想法記錄在班級圖表上。每個學生貼一個圓點，等所有學生都在共識圖貼上標記後，全班一起分析共識圖的結果，以及對下一步學習的啟示。這種策略對於快速蒐集學生對主題某個面向的看法（例如個人偏好）特別有用。這也可以用來作為自我評量的活動。如果學生把名字或符號加在圓點上，他們就可以在單元進行中修改他們的回應。學生還可以運用不同顏色的圓點來顯示思考的變化。

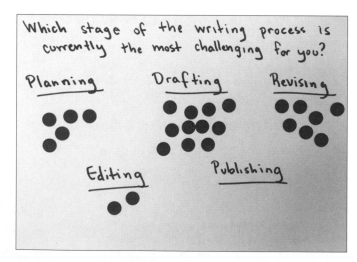

▶ 照片 10.4・寫作單元的共識圖

▶ 圖 10.3・任務分析的策略

共創基準（Co-constructing Criteria）

如何運用：學生必須能夠自信的回答以下問題：「我的目標是什麼？」「我做得如何？」和「接下來去哪裡？」才能銜接目前產出與期望表現之間的落差（Hattie, 2010）。共 創基準或成功達到學習目標的敘述可以幫助學生詳細回答以上問題。這可讓學生探索單元學習中對不同成功等級的描述，同時有機會「掌握」學習目標。以下是共創基準的一種方法：

1. 確定學習目標：學習目標直接取自課綱，包括待發展的知識、技能與理解。本策略先從單元中確定單一或多重學習目標。在確定評量的產出之前，去除學習脈絡，讓學習目標更能夠遷移。例如，「評論並分析畢卡索的《格爾尼卡》（Guernica）的重要性」可以變成「評論並分析藝術作品的重要性」。避免運用**理解**或**學習**等「含糊」的動詞，而採用**撰寫**或**測試**等具體的動詞。

2. 決定評量的產出：學生必須有機會展現以證明自己達成學習目標。根據步驟一選擇的學習目標來確定適合的評量產出。針對步驟一示例的學習目標，學生可能會被要求「撰寫一篇藝術評論，以詮釋和判斷藝術作品的重要性」。

3. 腦力激盪：對學生介紹過學習目標和評量產出後，他們可以腦力激盪出成功的基準。盡可能提供學生範例，讓他們看到脈絡中的知識、技能與理解。為了理解什麼是有力的藝術評論，教師可以給各小組四則簡短的段落進行分析和排行。光譜排序（第 129 頁）或鑽石分層（第 131 頁）等策略也可用於協助學生對這些例子進行排行。邀請學生在便利貼上寫下基準，並建立一個清單與全班共享。

4. 組織：在這個步驟中，引導各小組分享成功基準，記錄全班的共通點。接著全班集體協商成功基準需要具備什麼並確認定稿。努力保持基準簡潔但含意深遠。

5. 建立錨形圖：全班確認成功基準後，設計一份錨形圖以供學生參考。照片 10.5 顯示運用證據來證明自己主張的錨形圖。在整個探究歷程中，學生可以修改或延伸錨形圖。

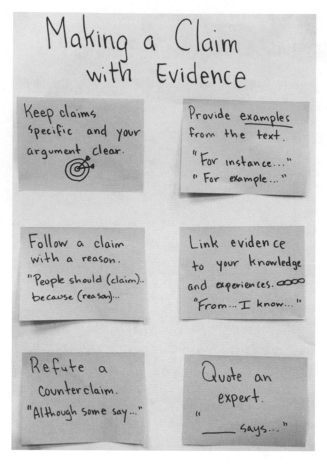

▶ 照片 10.5・運用證據來支持主張的錨形圖

放聲思考（Think Aloud）

如何運用：放聲思考是教師示範思考的一種形式，讓學生們聽見在情境脈絡中如何運用學習技能和策略。許多小學課堂會運用放聲思考，特別用來進行讀寫教學。雖然青少年學習者也受益於這種思考示範，但研究顯示這種技能在中學課堂中經常被忽視（Shelley & Thomas, 1996）。

學生練習特定技能或策略前，教師通常以微型課程形式帶領放聲思考。除了在單元中可能需要的閱讀理解等學科技能外，我們還運用放聲思考奠立學生發展探究技能的基礎。因此，在規劃放聲思考時，除了考慮學校課程外，務必擴及探究技能。以下是放聲思考的運用方式：

1. 選擇待發展的技能及（或）策略：考慮學生的需求，再決定用放聲思考示範的少量技能及（或）策略。在主動練習階段時，我們建議專注在一到兩個技能或策略讓學生聚焦學習。

2. 規劃放聲思考的流程：規劃時我們運用一種或多種資源來設計出一系列的停留點（stopping point）。我們應該在每個停留點示範探究或學科技能以及自我對話。停留點可以在文本中按照順序出現，例如，按照書籍的頁碼，或是改變焦點的方向，例如，表10.4 中的放聲思考範例首先關注白板上的問題，然後轉移到地板上的一組資源。我們把這些資訊記錄在規劃模板（改編自 Ness & Kenny, 2015）。這個放聲思考規劃模板可以從會員專屬網站（www.connectthedotsinternational.com/members-only）下載。

3. 書寫出教師的思考：接下來，用第一人稱寫出我們要說什麼。要強調在脈絡中如何運用焦點技能或策略和自我監控的技能，務必也融入示範不斷掙扎和堅持不懈的自我對話。在課堂運用時，我們會把關鍵詞或片語寫在便利貼上，建議在每個停留點貼一張便利貼，這樣就不會跳過任何部分。

4. 進行放聲思考：最後，開始進行放聲思考。我們建議每次放聲思考最多不超過 5 到 7 分鐘。這個想法基於只示範部分思考流程，之後讓學生可以自行練習這個技能。記住：即使學生有機會參與對話或貢獻想法，但在這個階段學生仍以聆聽為主。

5. 提供主動練習的機會：最後，要確保學生有機會主動練習以磨練技能或策略的運用。我們知道教完放聲思考後不一定會有機會練習，但務必盡快規劃安排練習的機會。

表 10.4 | 有關研究問題的放聲思考範例（一年級）

焦點 （停留點）	教師的思考 （第一人稱的描述）	示範的技能或 策略*
白板上的問題	前幾天，我寫下一些我想解答的有關如何製作食物的問題。這些問題都有點難以解答，但我決定這是我想要先回答的問題：**牛奶如何變成起司和優格這些產品？** 　　在進行研究之前，我想我需要弄清楚這個問題需要什麼資訊。讓我想想：我知道我需要特別注意牛奶還有牛奶如何**改變**。我想可能還有其他東西……也許，我需要尋找一系列的步驟嗎？例如，牛奶如何會透過一個**歷程**改變？這有點挑戰，但我想我的方向是對的。我要把這些字寫下來才不會忘記我要找什麼：**牛奶、改變、步驟／歷程**（寫在白板上），我想在我找尋資源時，這些字詞會幫到我。	分析問題
地毯上的資源	所以，現在我知道我需要哪些資訊了。下一步是弄清楚我可以運用哪些資源來回答我的問題。我已經有這些東西：一瓶牛奶、牛奶公司的電話號碼，以及幾本食品製作的書。 　　我會逐一考慮這些資源。首先，**一瓶牛奶**，我不確定目前牛奶對我有多少幫助，因為我不知道牛奶的變化如何發生！但也許之後我可以用牛奶來進行調查？ 　　好吧，下一個是**本地牧場的電話號碼**。好，也許我可以打電話給他們，但酪農通常不是只飼養動物然後擠奶嗎？我不知道他們是否能告訴我起司和優格的製造方式，還是只有牛奶的生產方式。這一點我已經知道了。 　　最後，我有**幾本書**，書提供我們大量資訊，嗯，但是哪一本最有用呢？我覺得有一點卡住，但我要繼續下去！也許我可以看圖片來瀏覽整本書。裡面可能會有一些牛奶或乳牛的照片，然後我可以停下來閱讀。（翻閱書籍。）哦，看！我可能發現了一些東西。這一頁有個流程圖顯示牛奶如何變成起司！這裡有很多字，也許我可以請朋友幫我！我想我會從這裡開始，記錄起司製作的歷程，然後再跟其他乳製品比較，像這樣來回答我的問題：**牛奶如何變成起司和優格這些產品？**	扣合問題與研究方法

*可以是探究或學科技能／策略。

出場反思（Exit Reflections）

如何運用：收尾是教學單元的關鍵要素，同時為學生遷移單元中所學知識、技能與理解的能力奠定基礎（Lynch & Warner, 2008）。出場反思是幫助學生連結當下思考與單元內容的簡單方式，並且提供學生發展與實踐後設認知技能的機會，同時也減少了課中必須暫停或慎思的時間。等到學生習慣於運用出場反思時，這個策略大約只花五分鐘時間。以下是實施的方式之一：

1. **導入談話提示與問題銀行：**在本章前段我們介紹了談話提示與問題銀行這兩種策略，作為支撐學生反思性談話的鷹架，正式實施出場反思之前，我們建議先教學生這兩種策略。透過教師示範與同儕分享，學生得以熟悉後設認知的特點，例如自我對話（self-talk）與自我提問（self-questioning）。當學生熟悉提示與問題後，這些可在出場反思時用來幫助他們思考。

2. **安排出場反思的時間：**就設計面而言，出場反思快速又簡易，但是為了讓它成為學生思考的真實重現，我們需要創造一個可預測的架構來實施。雖然我們相信學生每天做會有用，但我們也知道對忙碌的學校不一定可行。一旦學生習慣了這些模式，頻率可以降到一星期幾次即可。

3. **提供回饋的機會：**出場反思的實施重點在於提供教師或同儕回饋的機會，創造反思系統是達成這點的一種方法。例如：在牆壁上設計一個海報網格，學生可以貼上便利貼回饋，便於我們在一天結束時閱讀留言（參見照片 10.6）。隔天將回饋彙總給學生，例如：「你們很多人留言說還不確定如何計算斜率」，就是一個展現出場反思能夠有效引導教學與學習的簡單方式。

▶ 照片 10.6．出場反思的班級系統

來源：Nancy Fairburn

仔細想想你如何請學生在學習任務或一系列課程結束後反思自己的學習。課堂會像什麼樣子？你如何對學生提供回饋？

_____

_____

_____

單元前 / 後的反思（Pre-/Post-reflections）

如何運用：邀請學生比較他們在單元開始和結束時的思考，讓他們看到自己如何建構理解。在設計單元前 / 後的反思時，我們希望越清楚看到思考的改變越好，這樣學生就可以清楚表達自己的思考如何成長。最後我們要結合學生作品範例的進展，和讓他們進行比較與對比前後作品的反思性問題。以下是運作方式：

（續）

1. 投入單元前反思： 在單元剛開始的時候，運用概念構圖（第 225 頁）等策略，讓學生看到他們目前對主題和單元概念的理解。我們建議要確定這些活動都有高度結構性，這樣可以讓學生有機會直接比較單元開始和結束的單元作品範例。在反思結束時，學生可以運用某些句子結構來創造自己理解的陳述，例如，**我想我明白了……** 或者**目前我不確定的一件事是……**。請注意，單元前的反思同時啟動學生的先備知識並提供初步思考的記錄。因此，第四章中許多投入策略可以修改來進行前／後的反思。完成單元前的反思後，將它們掛在牆上或存放在櫃子裡以備日後運用。最重要的是，要留下這些反思記錄！

2. 用單元後的反思來做總結： 接近單元結束時，邀請學生進行與單元剛開始時一樣的活動。在學生開始前，先複習概念或問題以確保全班共享的理解。鼓勵學生運用他們之前做的筆記或單元的其他資源。

3. 比較和對比反思內容： 單元前與單元後的反思完成後，讓學生進行比較和對比。這個步驟鼓勵學生找到相同與不同，並確認自己理解的最大改變是什麼。學生可以運用引導問題來輔助思考，例如：

- 兩個反思之間有什麼相同處？
- 兩個反思之間有什麼不同？
- 為什麼你認為某些方面保持不變？
- 為什麼你認為某些方面已經改變了？

4. 摘要思考的變化： 在這個步驟中，學生會確認什麼是自己的理解中最顯著的改變。教師可以讓學生決定他們最大與次大的改變來引導學生。我們可能這樣問，「你覺得你的理解發生的最重大改變是什麼？為什麼？」照片 10.7 和 10.8 是蘇黎世國際學校凱薩琳・德意志老師的五年級同一組學生的概念圖：一個來自單元開始時的反思，一個來自單元後的反思。在第二次反思時，教師選擇提供學生概念標籤貼在便利貼上，來幫助學生專注於整體的結構，以及他們運用於概念之間的連接詞。許多投入這個策略的學生都注意到概念圖的視覺組織如何鏡映他們思考的重組！

（續）

單元開始時

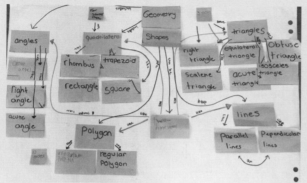

單元結束時

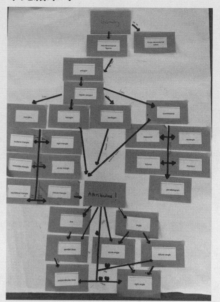

▶ 照片 10.7 與 10.8・幾何單元開始及結束的概念圖

來源：Katherine Deutsch

　　5. 歷程的反思：最後，讓學生注意到發展理解的歷程：「像什麼？如何發生的？」這個步驟可以協助學生超越該單元的範圍，進而思考學習如何發生。這裡我們可以問一個問題：「就人們如何發展理解而言，比較你反思的變化透露出什麼？」採用這樣的策略來協助學生分享他們的結論，例如，我們可在這時候提供句子架構：「人們藉由⋯⋯發展理解。」或者「⋯⋯幫助人們啟發理解。」或者也可以運用類比等策略（如照片 10.9 所示），這群五年級學生需要完成這個想法：「發展理解就像⋯⋯」。可以在接下來的影片看到這個策略的課堂實作。

Developing understanding is like riding your Bike for the first time because it gets easier when you practice and learn.

Developing understanding is like.... being able to see through a crystal clean pond because your understanding is clear.

▶ 照片 10.9・形成理解的類比

來源：Katherine Deutsch

▶ 影片：運用概念圖進行單元前／後的反思（五年級）

這段影片顯示蘇黎世國際學校凱薩琳·德意志老師的幾位五年級學生對幾何單元的反思。他們利用單元開始時和單元結束時所建構的概念圖來進行反思。觀看影片時，請思考以下問題：

來源：Katherine Deutsch

1. 在單元的開始和結束時建立概念圖，如何能讓學生比較自己前後的理解？
2. 教師在協助學生的反思性思考中扮演什麼角色？
3. 課堂討論如何展現概念為本探究的文化，包括如何促進並鼓勵持續性的思考？

你可以在我們的會員專屬網站（www.connectthedotsinternational.com/members-only）觀看此影片。

單元前／後的反思是一種看見學生的學習隨時間推移而改變的有效方法。你可以如何依據學生的年齡和技能程度，設計有意義的單元前／後反思活動？而這些反思在不同學科領域中看起來會有哪些相同或不同的呢？

_____

_____

_____

_____

_____

_____

檢核表與評量規準（Checklists and Rubrics）

如何運用：檢核表與評量規準可以當作學生評估自己學習成果的有效自我評量工具。儘管這些是許多教室中常見的評量工具，但在概念為本的探究中，我們要扣合基準與通則。為此，我們將通則「分解」成單獨的知識或技能成分，以幫助學習者瞭解在實務中理解的應用看起來是什麼樣子。以下是建立和運用概念為本的檢核表與評量規準的幾點要訣：

從通則逆向設計：建立檢核表與評量規準時，從單元通則開始逆向思考。首先探索每個通則中的主要概念，以及如何描述對這些主要概念的「理解」。圖 10.4 顯示了表演藝術中理解的檢核表：*舞者運用不同的身體高度和形狀產生一系列引發觀眾興趣的動作*。因為是一年級學生，**身體高度**和**身體形狀**的概念被拆解成高、中、低三個層級和球型、牆型、針型與扭轉四種常見的舞蹈身形，然後將這些通則的向度置入學生的檢核表中。學生據以創造自己的「舞蹈地圖」記錄自己在舞台上動作的軌跡，並完成旁邊的檢核表。

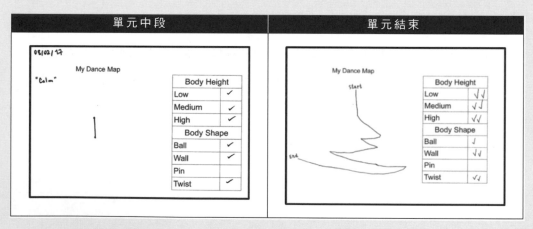

▶ 圖 10.4・從單元中段到單元結束的舞蹈地圖

保持簡單而明確：努力讓學生覺得評量工具簡單且明確。探討單元通則中的概念之後，決定**最重要**的基準應該包括哪些元素。在檢核表或評量規準中，務必使用學生看得懂的文字。

（續）

納入評量的「檢核點」：為了能讓通則的遷移和應用更加明顯可見，我們建議在實作任務的中途加入一個「檢核點」，讓學生運用評量工具來反思到目前的進度和成果。這時學生自問：「到目前為止，我把單元通則應用得有多好？可能如何改善自己的作品？」完成後，跟最終作品進行比較。單元中途的反思提供寶貴的機會以進行回饋和目標設定。

融合學生建立的檢核表和評量規準：讓學生有機會建立自己的評量工具。儘管並非每個單元都可以讓學生建立檢核表和評量規準，但培養學生建立自己的成功標準是一種寶貴的技能。這時學生可以自問：「如果我應用這個通則，看起來會是什麼樣子？我需要什麼證據才知道自己做得很好？」

▶ 影片：運用檢核表與評量規準（一年級）

這段影片顯示了卡拉・馬修老師和東南亞聯合世界書院一年級學生的學習。運用表演藝術單元所形成的通則，學生用舞蹈地圖和檢核表來反思自己的舞蹈表演。觀看影片時，請考慮以下問題：

1. 教師如何檢視全班共同形成的舞蹈通則？
2. 單元前／後的反思（舞蹈地圖和檢核表）如何幫助學生確定他們是否已經把單元通則應用在自己的表演裡？
3. 影片中的書面評量工具如何幫助學生進行自我評量？

來源：David French

你可以在我們的會員專屬網站（www.connectthedotsinternational.com/members-only）觀看這段影片。

挑一個你認為可能適合運用檢核表與評量規準的單元通則。你會拆解出哪些概念？你會納入哪些輔助性知識或技能呢？

_____

_____

歷程的反思（Reflection on Process）

如何運用：我們在遷移階段讓學生投入各種策略以應用自己的理解。之後，重要的是學生反思自己將理解遷移應用到任務進行的完善程度。歷程的反思請學生分析評量產出，以確定歷程導向的理解在真實脈絡中的應用情形。只要學生需要評估技能的應用，這個策略可以應用於所有的學科。以下說明如何運用：

1. 跟學生一起發展通則：本策略預設在課程前段已經運用歸納式教學，並且和學生共同發展出一系列的通則，這些單元通則至少扣合到一個可遷移的評量產出。

2. 創造評量產出：為了讓學生看到自己運用單元通則的情形，首先他們需要設計評量產出——可能是小範圍的實作評量或全面性的專案。仔細設計這些足以展現學生技能與理解的產出。也可共創基準來幫助學生瞭解在這些評量中成功看起來是什麼樣子。

3. 分析產出：學生完成對歷程導向通則理解的產出後，就可以開始分析。分析可以運用資料組織圖或協定等多種形式以搭建學生思考的鷹架。下列反思性問題可以用來啟發思考：

· 我把下列理解_____應用到任務中的程度如何？

· 在我的任務中，哪一項理解最不明顯可見？

· 在我的任務中，最明顯的是哪一項理解？

· 我有什麼證據可以支持我的反思？

4. 記錄歷程的反思：讓學生有機會記錄反思中獲得的重點。基本上，這樣的自我評估會讓學生重新清點連結到產出與相關通則的重要成就（或待發展領域）。這個終點反思可以記錄在學習日誌或學生筆記中；或者可作為評量的附件並標示為任務的一部分，然後歷程的反思就可用在其他評量相關的活動，例如：學生主導的晤談（Student-Led Conferences）。

歷程反思的課堂實作

　　蒂芙妮・布朗老師經常在國中英語文課運用歷程的反思策略，以幫助學生評估自己的學習和單元通則的應用情形。在以下範例中（表 10.5），一位學生反思自己的個人敘事如何展現她針對**無需讀者經歷親身體驗，有效的個人敘事傳達意義深遠的生命課題**的理解。請注意學生必須如何引述文本中的句子作為自己的反思證據。

表 10.5 │ 個人敘事的精簡版歷程反思

作者的歷程反思

通則：無需讀者經歷親身體驗，有效的個人敘事傳達意義深遠的生命課題。

第一部分：你如何在個人敘事中展現通則？

我的個人敘事為讀者創造了意義深遠的經驗，因為我寫出自己在新體驗開始時會緊張，多數人會有同感。如果讀者可以連結到故事中的細節，他們會感受到更多情感連結，進而更可能獲得意義深遠的經驗。敘事中包括描繪以粗魯而隨性的方式對別人說話與表達自我的人物敘寫，這些敘述在讀者腦中呈現出人物的圖像，讓讀者看到故事中的人物，並環繞著人物建立場景。在我的個人敘事中，最後一種創造意義深遠經驗的方式是透過結尾的反思。我回顧故事中的事件，並促使讀者思考發生了什麼事，當讀者把我的想法應用到他們有同感的情節時，情感因而觸動；最終創造了與個人敘事深刻的連結。

第二部分：用個人敘事中的證據來支持你的反思。

你嘗試了什麼策略？	從個人敘事中引述。	為什麼這是有效書寫的範例？
感官細節	「我被推著向上時，空氣變冷。但我絲毫不覺得凍，我聽不見任何人說了什麼或做了什麼，但即使透過耳塞，我依稀聽到風扇嗡嗡作響，以及空氣快速掠過我的輕微咻咻聲。」	讓讀者置身於情境中並且感受我在當下的感受。
細節敘述	「男人的一頭黑髮幾乎垂到下巴，鬍渣襯著同一片陰影中的下巴。皮膚微顯棕褐色，但沒有跡象顯示他的膚色得自於頻繁的戶外生活。他賣弄著他潔白的牙齒，咧嘴笑著走進來，當他笑的時候棕色的眼睛稍稍拉長。他的腳步連走帶跳，從他踏進的那一刻，我看得出他將是我所遇到最積極的人。」	像是在讀者腦袋裡放了一幅畫，呈現我描述的男人，讓讀者清楚看到他。

評量貫穿探究階段的反思

　　反思是任何有效評量任務的關鍵成分，讓學生得以考慮他們的學習歷程或整體成就。本章的策略鼓勵學生「深入發掘」，以瞭解評量產出及導向評量產出的步驟。投入這個歷程時，我們可能會請學生辨識成功的樣貌，或反思自己的理解如何與時俱進。這些策略為學生成為自我導向（self-directed）和自我調節（self-regulated）的學習者奠立基礎，因為他們在學習歷程中體驗了高度的能動性。

　　在此探究階段，我們要自問以下評量學生的問題：

- 學生如何闡明他們對後設認知技能和策略的運用？
- 學生自我評估自己的進步與成果的準確性有多高？
- 學生如何在評量產出中展現自己的概念性理解？包括特定單元的通則以及總括性的後設認知技能與策略。
- 學生如何將他們對「有效學習者」建立的通則遷移到新的脈絡與情境？

　　如果我們注意到學生對於說明自己學習歷程的想法有困難，不妨讓他們先在較不複雜的任務結束後進行反思，或者更頻繁的進行反思。記錄和展示有關反思的班級通則，顯示了後設認知思考對成為有效學習者的重要性。

🔗 連結其他探究階段

　　反思遍佈在探究的所有階段中，讓學生有機會退一步、放慢腳步，然後思考。儘管反思應該是學生學習經驗中普遍存在的一環，但我們仍需要刻意規劃反思。因此，我們必須在每個發展特定後設認知技能和策略的探究階段中指定任務。這樣一來，我們培養了學生的能動感並讓學生理解在探究中的學習是屬於他們的。

暫停與反思

當你為課程單元挑選反思策略時，問問自己以下問題：

· 哪些策略可以變成課堂中的一種例行活動來實施？考慮到學生的年齡和能力，你的課堂會變成什麼模樣呢？

· 你的學生可能需要什麼微型課程，來瞭解脈絡中的後設認知技能與策略？

· 在整個探究過程中，你會如何運用討論來深化學生的反思性思考？

· 你如何對學生說明評量任務，以及他們如何共同建構成功的基準？

· 你的評量活動如何提供學生饒富意義的機會，讓學生反思概念性理解如何形成？

· 如何讓學生在投入獨立探究或小組探究中進行反思？

CHAPTER

11

結束感言

願景：創造思考的教室

我們想要找出在世界各地學校中，所有已經發生的概念為本嚴謹實作。再次感謝開放教室大門和我們分享他們的學習，並將我們的概念為本探究模式付諸實踐的所有學生跟教師。這些思考的教室正在培養新世代的探究者與思考者，我們希望有更多教育工作者運用我們的模式，逐漸培力而能夠以理解為目的進行教學。

誠如理察・薩其曼（J. Richard Suchman, 1965）的壯言：「探究乃是意義的追尋」（p.26），藉由支持學生形成概念並建構自己的通則，我們強化了學生為自己的問題尋求解答的能力。在思考的教室中，學生以能動感武裝自己，他們看到理解如何賦予自己**力量**，使他們能夠批判的分析、建立論點、以證據推理進而倡議自己的理念。在動盪而快速變遷的世界，偏差的報導與事實的扭曲漸漸成為普遍現象時，我們的學生必須學會「看穿」風潮並形成自己的見解。學生在建構、評析，並將理解應用到新的脈絡與情境中時，概念為本的探究可以促進獨立思考。

作為教育工作者，我們對培養批判性、創造性與概念性思考者扮演重要的支持角色。藉由運用本書的探究模式，我們採取歸納法以吸引學生投入綜效性思考，並且不著痕跡的推動他們構成通則。我們幫助學生在與證據角力以及參與同儕討論時，相信自己和自己的想法。亦即學生的想法不應該存在於沒有回饋與互動的「黑箱」裡，我們必須讓學生有機會嘗試如何將自己的通則應用於周遭的世界；我們這樣示範作為共同建構理解的探究者社群成員的真諦，而且不僅在課堂發生，還會擴及真實世界。

瞭解與改編

我們鼓勵你把這本書放在手邊，每當尋找課程規劃靈感時就翻翻它。一頭栽進各種策略，並開始專挑喜歡的策略加進既有課程單元的想法可能很誘人，然而，如果我們的目標是運用探究作為深入概念性理解的工具，那麼關鍵則在於瞭解每個探究階段的**目的**，以及探究階段之間如何彼此連結與互相支持。

是時候該突破了，單元規劃應該超越收集學習經驗然後完成終點專題作終。雖然舉出許多策略，但本書不只跟策略有關。在某一探究階段敘述的策略通常也可以用在其他階段，本書探討的所有策略都可以調整或改編，當然，還可以加上很多本書沒提到的策略。

有效單元規劃的關鍵是**意圖**，一旦我們瞭解了每個探究階段的目的，我們可以因應學生的需求彈性運用或改編這些策略。

　　成功的概念為本探究始於規劃歷程，我們詳細說明希望學生學會的知識、技能與概念性理解。一旦我們清楚了這些學習目標，我們就可以思考學生要經歷的探究歷程。從吸引學習者投入學習單元開始，找出他們的疑問並啟動他們的先備知識。

　　接著，聚焦於單元的概念透鏡與主導概念，我們設定計畫幫助學生成功。當學生對概念形成初步的理解後，接著就可以去調查不同的個案研究。調查階段提供全班、小組或個人探索個案研究的機會，此時學生同時發展了知識與技能；學生在調查時，我們運用一系列策略來整理調查發現，組織資料使學生能夠看出模式並建立連結，同時降低認知負荷。組織階段奠立綜效性思考的基礎，並且搭建學生建構自己的通則所需的鷹架。接著，這些學生建構的理解歷經討論與評析，學生將需要展現開放性思維取向、證據思維取向以及堅毅思維取向。最終，概念為本的探究目標是促進遷移，而遷移可能發生在探究範圍之內或者超越探究範圍。

　　我們對概念為本的探究以及協助學生、教師和學校建立概念性思考的能力滿懷熱忱。讀完《概念為本的探究實作》後，我們希望你已經下定決心要在課堂中實踐這種方法。

　　但，你無需孤軍奮戰！

　　我們想邀你參加本書會員獨享的群組，你可以接觸到其他同樣實施概念為本探究的教師！購買本書後，你已經擁有免費的基本會員資格，可以看到 20 支以上的影片、規劃表範例，以及立即可以下載的資源——今天就可以跟你的學生一起試用。

請造訪 www.connectthedotsinternational.com/members-only 立即取用。

　　我們滿心期待聽到你採用或改編我們在書中分享的想法並在課堂中的實際運用方法，請將電子郵件傳送到 action@conceptbasedinquiry.com。

資源 **A**

概念為本探究的術語彙編

調適（Accommodation）：因為接觸新資訊而改變或修改個人心智基模的認知歷程。

同化（Assimilation）：新資訊融入既有心智基模的認知歷程。

個案研究（Case study）：可供調查以說明某概念或通則的具體通例或範例，例如：事件、人物、時代、難題或假設情境。

認知負荷（Cognitive load）：在一個任務中工作記憶所需的心智努力量。

概念（Concept）：從主題或歷程中提取出來，可以遷移到新的情境與脈絡的心智構念。

概念透鏡（Conceptual lens）：通常為宏觀概念，用以提供詮釋的焦點並創造了低階層次與高階層次思考之間的智識性綜效〔譯按：intellectual synergy 意謂學習者在低階層次的真實事例與高階層次的概念之間的交互辯證歷程。包括從真實事例中提取概念，以及從新脈絡的事實中連結既有概念，都需要學習者交互往返進行對比與分析，進行創造性與批判性的辨識歷程。概念為本系列書籍中類似用語包括綜效性思考（synergistic thinking），或綜效性交互激盪（synergistic interplay）〕。

概念性理解（Conceptual understanding）：詳見通則。

建構主義（Constructivism）：一種學習理論，基本理念為學習是學習者從經驗中建構意義的主動歷程。

演繹式取徑（Deductive approach）：一種由上而下的學習方式，教師先告訴學生學習完成會瞭解什麼，再進行反映這個通則的真實事例的調查。

直接教學法（Direct instruction）：一種運用演講、教導、示範等講述為主的教學方式。

發現式學習（Discovery learning）：學生運用先備知識在問題解決的情境中「發現」想法與概念的學習方式。

主導概念（Driving concepts）：構成單元學習的一組（通常是學科專屬的）概念，提供概念為本探究的結構與範圍。

評估（Evaluating）：一種反思性策略，包括運用個人或共同基準，經歷一段時間後衡量表現或學習進展。

事實（Facts）：事實是構成主題的基礎，跟主題一樣鎖定在時間、地點或情境中，無法遷移。

通則（Generalization）：兩個或更多概念之間關係的陳述，也稱為概念性理解。

引導式探究（Guided inquiry）：一種探究式學習的方式，其中教師提出的問題通常著重於調查，而賦予學生較多如何研究與分享發現方式的選擇。

歸納式取徑（Inductive approach）：一種由下而上的學習方式，由學生探究真實事例，尋求事例之間的共通點，然後形成通則。

心智基模（Mental schema）：將資訊組織成類別，並建立類別之間的模式與關係的心智結構。

監控（Monitoring）：涉及完成任務的過程中監控知識、技能、理解、態度或表現的一種反思策略。

開放式探究（Open inquiry）：一種探究式學習的方式，其特色為專注於學生提出問題並由學生設計歷程，以解決教師或學生提出的問題。

組織圖（Organizer）：幫助學生從概念、之前經驗或先備知識（個案研究）中提取意義的一種工具或心智模型。

規劃（Planning）：涉及考慮知識、技能與理解的層次，在承接任務之前先分析並規劃如何成功的一種反思策略。

原理（Principles）：任何學科的基本規則或真理，在陳述中不需加上限定詞。

歷程（Processes）：歷程是導向欲求的目標或最終結果的系列行動。歷程具有持續性、包括將步驟或離散的動作結合起來支持歷程的總體目標；歷程可以分解成幾個策略。

搭建鷹架（Scaffolding）：提供學生結構與支持的教學策略，逐步推動學生獲得更高的獨立性。

技能（Skills）：技能是使策略奏效的細部成分或操作。

策略（Strategy）：學習者運用後設認知去順應並監控以改善學習表現的系統性計畫。

結構式探究（Structured inquiry）：一種探究式學習的方式，學生通常透過預設的步驟來調查一個教師設計的引導問題。

綜效性思考（Synergistic thinking）：當事實性與概念性層級的思考交互作用並一同運作時所發生的一種思考類型。

理論（Theory）：理論是運用現有最佳證據對特定現象的解釋。

主題（Topic）：主題指明學習的焦點。主題鎖定在時間、地點或情境中，因此無法遷移。

資源 **B** ——————————————————————————

概念為本的探究規劃表

單元標題：   學   校：

概念透鏡：   年   級：

主導概念：   教師（群）：

單元網絡連結：   持 續 時 間：

概念性理解／通則： 學生將理解……	引導問題： 事實性（F）、概念性（C）與激發性（P）
U1.	
U2.	
U3.	
U4.	
U5.	

關鍵內容與主要技能 為了發展以上理解，必須具備哪些關鍵內容與主要技能？	
知識： 學生會知道……	技能（學科與跨學科）： 學生將能夠……
K1.	S1.
K2.	S2.
K3.	S3.
K4.	S4.

總結性評量任務 你如何能夠知道學生已經達到學習目標？		
評量 KUD （知道、理解、會做）	總結性任務	評量工具 （評量規準、檢核表等）

探究資源與調查策略 可以取得哪些資訊來源？

將圖標複製到規劃表的下一部分，以指明各項學習任務的目的。
注意：一項學習任務可能代表一個以上的探究階段。

投入	聚焦	調查	組織	建立通則	遷移	反思

	學習任務 哪些學習任務將主導探究並引導單元理解的發展？		
探究階段	KUD 焦點	評量	學習任務
投入			

反思 反思探究的結果。學生的知識、技能和理解進展到什麼程度？學生如何展現？學生如何遷移理解？ 如果重教這個單元，你建議做出什麼改變？

資源 C

概念為本的探究規劃表範例：工業化單元

　　本單元規劃表最初由新加坡東南亞聯合世界書院的南西・費爾伯恩老師暨八年級人文學科團隊共同研發，以下版本修改自原版並為讀者添加更多細節，依據單元規劃表中的學習經驗發展成教學單元計畫。我們慎重提醒：單元規劃表不可能捕捉課堂經驗的豐富全貌，我們呈現這個節略版本的目的是讓讀者感受單元規劃歷程的結構。請留意本書涵蓋的策略均以**粗明體**標示並顯示頁碼。

單元標題：工業化的好、壞與醜陋面　　　　**學　　校**：新加坡東南亞聯合世界書院
概念透鏡：改變／證據　　　　　　　　　　**年　　級**：八（13 至 14 歲）
主導概念：工業化、工作、生產、科技、生活　**教師（群）**：八年級人文學科團隊
　　　　　　　條件、歷史學者　　　　　　　　**持續時間**：八週
單元網絡連結：UNIT WEB

概念性理解／通則： 學生將理解……	引導問題： 事實性（F）、概念性（C）與激發性（P）
U1. 工業化改變了人們如何工作與生活，帶來新的機會與改變。	1a. 工業化的結果如何改變工作與生活？（C） 1b. 工業革命前英國的生活是什麼樣子？（F） 1c. 為什麼從鄉下到都市的遷移趨勢普遍存在於工業化國家？（C） 1d. 遷移與工業化有什麼關係？（C） 1e. 工業化導致哪些社會面與經濟面的機會與挑戰？（C） 1f. 在工業化的時代，不同群體的生活如何改變？（C） 1g. 如果工業化發生或沒有發生，世界會更美好嗎？（P）（註：這個激發性問題將貫穿整個單元。）
U2. 藉由發展科技運用並設定低效率限制，生產系統得以增加貨物的產量。	2a. 如何區別家庭生產制度與工廠制度？（F） 2b. 工廠制度如何使貨物生產更有效能與效率？（C） 2c. 工廠制度如何比家庭生產制度以更低的成本及更快的速度生產貨物？（C） 2d. 科技在減少低效率方面扮演什麼角色？（C）

（續）

概念性理解／通則： 學生將理解……	引導問題： 事實性（F）、概念性（C）與激發性（P）
U3. 企業可能剝削勞工以滿足消費者需求並獲得經濟利益。	3a. 工業革命期間勞工如何被剝削？（F） 3b. 工業革命期間為什麼期望兒童去工作？（F） 3c. 法律與工會如何有助於保護勞工？（C） 3d. 企業為什麼會剝削員工？（C） 3e. 誰對勞工權益負有責任？（P） 3f. 任何年紀的兒童是否都應該有工作的權利？（P）
U4. 複雜的因果因素網絡造成改變，進而導致相互關聯的短期與長期後果。	4a. 促成工業革命的最重要因果因素有哪些？（F） 4b. 工業革命導致哪些短期與長期後果？（F） 4c. 歷史學者如何理解歷史事件？（C）
U5. 歷史學者依據受眾與目的，運用適合的術語以多種形式溝通理念、論點與觀點。	5a. 「適合的術語」是什麼意思？（F） 5b. 作者或講者運用什麼特定術語形塑論點並強化自己的主張？（F）（這個問題與特定脈絡有關，因而是事實性問題。） 5c. 作者或講者運用了哪種學科的特定術語？（F） 5d. 文本中的轉折語詞（transition words）如何幫助引導讀者？（F） 5e. 歷史學者如何傳達他們對某段期間的知識以使自己成為某項主題的權威？（C） 5f. 歷史學者如何運用術語形塑論點並強化自己的主張？（C） 5g. 歷史學者的術語會如何因應受眾與目的而改變？（C）
U6. 歷史學者列舉證據以建構並發表歷史主張，同時也承認並回應相對主張。	6a. 什麼是歷史主張？（F） 6b. 這位歷史學者提出什麼主張？（F） 6c. 作者舉出什麼證據？（F） 6d. 為歷史主張提出有力的證據需要多少細節？（C） 6e. 歷史學者為什麼會舉出相對主張？（C） 6f. 承認並回應相對主張如何強化了論點？（C） 6g. 歷史學者如何建構並發表主張？（C） 6h. 確認來源如何支持歷史學者理解過去？（C）

關鍵內容與主要技能
為了發展以上理解，必須具備哪些關鍵內容與主要技能？
本單元取材自 Standards from the ACARA、The Ontario Curriculum 以及 *The Big Six* (Seixas & Morton, 2012)

知識： 學生會知道……	技能（學科與跨學科）： 學生將能夠……
K1. 工業革命的本質與重要性，以及如何影響生活與工作條件。（ACOKFH016）	S1. 證據：分析並詮釋多種來源以建立有適切而可信證據支持的歷史紀錄。（Seixas & Morton, 2012）
K2. 工業革命期間男人、女人及兒童的經驗，以及他們變動的生活方式。（ACDSEH081）	S2. 證據：運用適切而可信的證據確認歷史主張。（Seixas & Morton, 2012）
K3. 導致工業革命的科技創新以及其他影響英國工業化的條件。（ACDSEH017）	S3. 證據：運用適當的書面形式引述來源。（Social Studies, The Ontario Curriculum, 2013）
K4. 工業化時期的人口移動與變動的定居模式。（ACDSEH080）	S4. 重要性：運用基準分析歷史事件並確定其歷史重要性。（Seixas & Morton, 2012）
K5. 工業革命的短期與長期衝擊。（ACDSEH082）	S5. 年表（chronology）：運用年表順序展示事件之間的關係，以及在不同時期與地方的發展。（ACHHS164）
K6. 回應工業革命衝擊的貿易聯盟成長。（ACDSEH082）	S6. 因果：運用模型來呈現短期與長期因果關係的複雜網絡。（Seixas & Morton, 2012）
	S7. 溝通：依據受眾與目的運用適當的術語，以多種形式溝通理念、論點與觀點。（Social Studies, The Ontario Curriculum, 2013）

探究資源與調查策略
可以取得哪些資訊來源？

工業革命之前、期間、之後的歐洲地圖

描繪當代人們如何生活與工作的繪畫：《收割者》（*Harvesters*; Pieter Bruegel the Elder, 1565）、《繪製紡織》（*Representing Spinning*; William Hincks, 1783）、《參觀農場》（*The Visit to the Farm*; Pieter Bruegel the Younger, 1622）

紀錄影片

非小說書籍

將圖標複製到規劃表的下一部分，以指明各項學習任務的目的。
注意：一項學習任務可能代表一個以上的探究階段。

投入	聚焦	調查	組織	建立通則	遷移	反思

學習任務
哪些學習任務將主導探究並引導單元理解的發展？

探究階段	KUD 焦點	評量	學習任務
投入 	U1. **工業化改變了人們如何工作與生活，帶來新的機會與改變。** K2. 工業革命期間男人、女人及兒童的經驗，以及他們變動的生活方式。 （ACDSEH081）	四角辯論 軼事記錄聚焦於迷思概念與先備知識 反應日誌（Response Journal）以評量該時代的先備知識	工業化的結果如何改變工作與生活？（C） 工業革命前英國的生活是什麼樣子？（F） **四角辯論（第 80 頁）** 證實時間：年表 —— 英國歷史學者阿諾・湯恩比（Arnold Toynbee）指出，在 1750 年之後，農業與工業「革命」同時發生。現在許多歷史學者挑戰這個想法。他們把轉捩點挪得更早，同時認為改變較緩慢漸進（KS3 Bitesize）。檢視這段期間的時間線並決定你是否認同湯恩比？然後選取一個立場，在四角辯論中準備舉出證據支持自己的觀點。 **模擬（第 86 頁）** 難題：現在是 1700 年，你正從薩克森（譯按：今德國薩克森自由邦）旅行去英格蘭。在旅途中，你唯一的一條長褲破到無法修補，跟那時多數人一樣，你買不起布料，更別說請裁縫了。你把腦筋動到旅途中裝馬匹穀物的粗麻布袋，你把粗麻布剪成適合形狀，從破褲子抽出線來縫補。 — 請學生縫一小塊粗麻布或粗布，只給他們剛好的時間，約十到十五分鐘做。讓學生感受完成這件工作所需的時間、技能與勞力。 — 運用**對話協定：代幣交談（第 94 頁）**匯報必要的時間、勞力與技能如何塑造人們生活的方式。 **證實地點** — 聆聽巴哈的音樂。學生在 1700 年的歐洲地圖上標示自己從薩克森到英格蘭可能選擇的旅行路徑。

（續）

			學習任務 哪些學習任務將主導探究並引導單元理解的發展？
探究階段	KUD 焦點	評量	學習任務
調查 組織 反思			— 運用**對話協定：代幣交談**描述 1700 年跟現在比較，城市數量、國家名稱，以及疆界位置的重大差異。 **自定進度影片（第 156 頁之視覺資源）** — 看西歐前工業化生活的影片以思考人們如何生活。 — 看影片時，同時完成**交叉比對表（第 174 頁）**左側，記錄工業革命發生前生活的樣貌。 — 運用**對話協定：代幣交談**匯報必要的時間、勞力與技能如何塑造人們生活的方式。 **學習日誌與反思部落格（第 281 頁）** — 學生回應以下一個或多個**談話提示（第 279 頁）** — 在模擬與比對之前，我以前認為……，現在我認為…… — 我滿訝異…… — 我還是很好奇……
聚焦 調查 組織	U6. **歷史學思考要求歷史學者詮釋並分析證據，然後對過去形成有根據的主張。** S1. 分析並詮譯多項來源，以形成具備相關且可靠證據支持的歷史記述。（證據） U1. **工業化改變了人們如何工作與生活，帶來新的機會與改變。** K2. 工業革命期間男人、女人及兒童的經驗，以及他們變動的生活方式。 （ACDSEH081）	檢核表 註記學生分析圖像並運用證據提出證明的能力。	**工業化的結果如何改變工作與生活？（C）** ·**工業革命前英國的生活是什麼樣子？（F）** **分析來源** — 微型課程：閱覽圖像尋找證據。 — 歷史學者仔細檢視細節、提問並利用先備知識來分析圖像，以對人物、地點與事件產生合理的推論。 — 影片：分析並解釋圖像（Critical Thinking Consortium，批判性思考聯盟） — 運用 5Ws 表（Critical Thinking Consortium）以分析並彙總指定的圖像。 **做個偵探** — 分析不同時期工具的第一手圖像資料，猜測它們是什麼以及如何操作。學生用相應的資訊卡片檢視自己的推理，就操作這些工具所需的時間、勞力與技能如何影響日常生活，進行**對話協定：思考方塊（第 94 頁）**討論。

（續）

學習任務 哪些學習任務將主導探究並引導單元理解的發展？			
探究階段	KUD 焦點	評量	學習任務
調查 組織 反思 組織		完成蜘蛛網圖表 註記討論中與討論後學生的發言 評量規準 時光機：自評與教師評量	— 指定每組一種顏色進行巴士站策略。〔Bus Stop，譯按：在教室中放置幾張桌子代表巴士站，每張桌子標示不同顏色，讓學生依小組顏色站在桌前，限時完成桌上的任務後，迅速轉移到下一桌（下一站），依此繼續快速輪轉，最後回到原桌的活動方式〕 — 小組輪流轉動以分析並詮釋不同時期描繪人們如何工作與生活的不同畫作，記錄觀察與合理的解釋。 **非小說閱讀** — 針對英國在前工業化時代的階級制度邀集**蜘蛛網討論（第 95 頁）**，以避免產生當時所有人的生活與工作方式都一樣的迷思概念。 — 提供第二手資料以確定上流社會、商人與農夫普遍的生活與工作樣態。運用**註解（第190 頁）**策略，並將發現記錄在交叉比對表上。 **出場反思（第 289 頁）** — 這段期間不同群體人們的生活與工作如何不同？ **時光機作業** — 運用非小說文本的資訊，旅行回到 1700 年的英國鄉下，寫一封書信（第 196 頁）解釋英國在工業革命之前的生活是什麼樣子？ — 運用下列概念組織調查：家庭生活、工作、獲取收入的途徑、取得貨品的途徑、運輸與傳播的基礎架構、接受教育、娛樂，以及醫療的途徑。

（續）

學習任務
哪些學習任務將主導探究並引導單元理解的發展？

探究階段	KUD 焦點	評量	學習任務
投入	U1. **工業化改變了人們如何工作與生活，帶來新的機會與改變。** K2. 工業革命期間男人、女人及兒童的經驗，以及他們變動的生活方式。 （ACDSEH081）	在辯論中記錄筆記，聚焦於迷思概念、先備知識以及辯護想法。	**工作與生活因為工業化如何而改變？（C）** ·**前工業化與工業化的差別是什麼？（C）** **四角辯論（第80頁）** — 陳述示例：當一個社會開始工業化，生活同時發生全面改變；工業化的好處彌補了環境付出的代價，世界因為工業化變成更好的地方。 **光譜表態（第83頁）** — 學生把寫了名字的便利貼貼到牆面的光譜上，光譜陳述運用與**四角辯論**相同的陳述：因為工業化，世界變成更美好的地方。學生每週重新檢視光譜表態，如果觀點改變可以移動便利貼的位置。
聚焦		**檢核表** 出場任務：沒有看過的工業化或前工業化的例子/非例子圖像	**弗瑞爾模型（第114頁）** — 學生運用工業化的定義與其中的關鍵字共同建構特色，將圖像區分為例子與非例子，並討論選擇的理由。 **是/不是（第115頁）** — 找出例子/非例子兩類圖像之間的關係，運用以下句子結構：**在工業化之前……例如，大多數的工作靠人力（或風力/水力）與簡單工具完成；在工業化時代……例如，人力勞工經常被機器取代。**完成的關係可以用單元錨型圖彙整資訊。 — 出場任務：用兩張沒見過的工業化/前工業化生活圖像，學生各自判斷是屬於工業化或前工業化，並將理由寫在背面。

（續）

	學習任務		
哪些學習任務將主導探究並引導單元理解的發展？			
探究階段	KUD 焦點	評量	學習任務
	U1. **工業化改變了人們如何工作與生活，帶來新的機會與改變。**	**檢核表** 短期與長期的因果因素	工業化的結果如何改變工作與生活？（C） ・促成工業革命的最重要因果因素有哪些？（F） ・工業革命導致哪些短期與長期後果？（F） ・歷史學者如何理解歷史事件？（C）
調查	**K2.** 工業革命期間男人、女人及兒童的經驗，以及他們變動的生活方式。 （ACDSEH081）	**評量規準** 寫出一項歷史主張：同一基準將用於總結性論文作業	**非小說閱讀與因果圖（第 187 頁）** — 閱讀訊息類文本以辨識因果因素與支持證據，並記錄在個別的提示卡片上。 — 將英國發生工業革命的原因區分出短期與長期因素，整理成因果圖以確認因素之間的關係。全班一起討論相似與不同點。 — 將工業革命的結果區分為短期與長期因素，整理成因果圖以確認彼此之間的關係。全班一起比較並討論相似與不同點。
組織	**U4.** **複雜的因果因素網絡造成改變，進而導致相互關聯的短期與長期後果。**		**概念銀行（第 219 頁）** — 因素、原因、改變、短期結果與長期結果之間有什麼連結？
建立通則	**S6.** 因果：運用模型來呈現短期與長期因果關係的複雜網絡。 （Seixas & Morton, 2012）		**通則壓力測試（第 246 頁）** — 選擇一個不同的歷史事件並草擬因果圖。 — 學生測試通則：**一系列引起改變的因素經常導致短期與長期的結果。** 〔*在學年的每個後續單元重新檢視這個通則，運用**如何連結？（第 252 頁）**策略。〕
遷移			

（續）

學習任務
哪些學習任務將主導探究並引導單元理解的發展？

探究階段	KUD 焦點	評量	學習任務
調查	U5. **歷史學者依據受眾與目的，運用適合的術語以多種形式溝通理念、論點與觀點。**	學生分析歷史主張後建立的通則	工業化的結果如何改變工作與生活？（C） •歷史學者如何建構並發表主張？（C） **歷史主張** — 學生分析三個包含相對主張的不同歷史主張，運用**註解**策略，辨識文本中的主張、證據與相對主張，用不同顏色註解。 — 比較註解並尋找文本結構中的模式。 — 運用以下句子架構建立通則：歷史學者運用**（證據同時承認並回應相對主張）……建構並發表主張。**
組織 建立通則	S7. 溝通：依據聽眾與目的運用適當的術語，以多種形式溝通理念、論點與觀點。 （Social Studies, The Ontario Curriculum, 2013）		**鑽石分層（第 131 頁）** — 運用基準探討歷史重要性（先備知識），例如：深度、廣度與時間長度等。學生運用**鑽石分層**策略論證引發工業革命最重要原因的一個觀點。
聚焦 遷移	U6. **歷史學者列舉證據以建構並發表歷史主張，同時也承認並回應相對主張。** S2. 證據：運用適切而可信的證據確認歷史主張。 （Seixas & Morton, 2012）	學生歷史主張：尋找主張、相對主張、證據以及重要因果因素的命名	**撰寫一個歷史主張** — 參考**創造！（第 262 頁）**重新檢視有關歷史主張的通則，再開始撰寫歷史主張，論證工業革命最重要的因果因素。其中要包括一個相對主張，且在主張中要引述資料來源。

（續）

	學習任務		
	哪些學習任務將主導探究並引導單元理解的發展？		
探究階段	KUD 焦點	評量	學習任務
調查 組織 建立通則	U1. **工業化改變了人們如何工作與生活，帶來新的機會與改變。** K4. 工業化時期的人口移動與變動的定居模式。 （ACDSEH080）	學生針對從鄉下遷移到都市的通則 學生連結人口成長與工業等概念的通則	工業化的結果如何改變工作與生活？（C） ・從鄉下到都市的遷移趨勢普遍存在於工業化國家嗎？（C） ・遷移與工業化有什麼關係？（C） **連結四方（第216頁）** — 從英國、美國、日本與澳大利亞等不同國家中，選取聚焦於人口移動與改變定居模式的四個個案研究。 — 建立工業化期間從鄉下遷移到都市相關概念的通則，學生形成的將會是一個微觀通則，例如：**人們尋求工廠的工作機會而搬遷，工業化推動了鄉下到都市的遷移。** **用地圖調查** — 運用面量圖（choropleth map）在交叉比對表上比較人口成長與工業，建構一個通則以陳述人口成長與工業之間的關係。
調查	U1. **工業化改變了人們如何工作與生活，帶來新的機會與改變。** K2. 工業革命期間男人、女人及兒童的經驗，以及他們變動的生活方式。 （ACDSEH081）	**出場券（Exit Ticket）：** 從交叉比對表中選擇一個群體並選取立場，運用證據辯護你選擇的群體因為工業化而過得更好或更差。考慮短期與長期的結果。	工業化的結果如何改變工作與生活？（C） — 工業化導致哪些社會面與經濟面的機會與挑戰？（C） — 重新檢視交叉比對表並記錄工業革命期間不同群體生活的樣態。 **非小說閱讀** — 閱讀訊息類文本並運用交叉比對表，選擇社會中的一個群體，組織與記錄他們在工業革命期間所面臨社會面與經濟面的挑戰與機會。

（續）

學習任務
哪些學習任務將主導探究並引導單元理解的發展？

探究階段	KUD 焦點	評量	學習任務
組織 建立通則 遷移	U6. **歷史學者列舉證據以建構並發表歷史主張，同時也承認並回應相對主張。** S1. 證據：分析並詮釋多種來源以建立有適切而可信證據支持的歷史紀錄。 （Seixas & Morton, 2012）	視需求使用檢核表與軼事記錄 學生運用句子架構建立有關工業化結果的通則。 學生作業：檢視其他國家時，看學生如何應用自己的通則並舉出事實證據。	**建立微通則（第 232 頁）以及句子架構（第 221 頁）** — **當一個社會工業化**……例如，當一個社會工業化，勞工剝削經常發生；對不同群體的雇用機會增加；新的機會為創業家興起。 **回應日誌** — 回顧筆記中的微通則。 — 句子架構：工業化改變了人們如何_____ 　　　　_____ 選取另一個已經工業化的國家，運用第一手與第二手資訊來源進行調查工業化之前與過程中生活的樣態，加入**之前**與**過程中**的圖表。 **遷移** 重新檢視微通則及前一課的通則 U1，這些通則在其他國家發生工業化時都適用嗎？

參考文獻

Alfieri, L., Brooks, P., Aldrich, N., & Tenenbaum, H. (2011). Does discovery-based instruction enhance learning? *Journal of Educational Psychology, 103*(1), 1–18. http://dx.doi.org/10.1037/a0021017

Andrews, G., Woodruff, E., MacKinnon, K., & Yoon, S. (2003). Concept development for kindergarten children through a health simulation. *Journal of Computer Assisted Learning, 19*(2), 209–219. http://dx.doi.org/10.1046/j.0266-4909.2003.00021.x

Baddeley, A., & Hitch, G. (1974). *Working memory* (pp. 47–89). New York, NY: Academic Press.

Berger Kaye, C. (2010). *The complete guide to service learning.* Minneapolis, MN: Free Spirit Pub.

Bjorklund, D., Miller, P., Coyle, T., & Slawinski, J. (1997). Instructing children to use memory strategies: Evidence of utilization deficiencies in memory training studies. *Developmental Review, 17*(4), 411–441. http://dx.doi.org/10.1006/drev.1997.0440

Bransford, J. (2000). *How people learn.* Washington, DC: National Academies Press.

Bransford, J., & Schwartz, D. (1999). Rethinking transfer: A simple proposal with multiple implications. *Review of Research in Education, 24,* 61. http://dx.doi.org/10.2307/1167267

Bruner, J. (1961). The act of discovery. *Harvard Educational Review, 31,* 21–32.

Bruner, J. (1966). *Toward a theory of instruction.* Cambridge, MA: Belknap Press.

Carey, S. (1987). *Conceptual change in childhood.* Cambridge, MA: MIT Press.

Claxton, G., Chambers, M., Powell, G., & Lucas, B. (2011). *The learning-powered school.* Bristol, UK: TLO.

DeLoura, M. (2013). *Games that can change the world. The White House.* Retrieved from https://obamawhitehouse.archive.gov/blog/2013/12/13/games-can-change-world

Dewey, J. (1938). *Experience and education.* New York, NY: Collier.

Duke, N. (2000). 3.6 minutes per day: The scarcity of informational texts in first grade. *Reading Research Quarterly, 35*(2), 202–224. http://dx.doi.org/10.1598/rrq.35.2.1

Durkin, M. (1993). *Thinking through class discussion.* Lancaster, PA: Technomic Pub.

Dweck, C. (2012). *Mindset.* London, UK: Robinson.

Elkonin, D. (2005). The psychology of play. *Journal of Russian and East European Psychology, 43*(1), 11–21.

Ellen MacArthur Foundation. (2016). *Lesson 2: Exploring the circular economy* (pp. 1–13). Retrieved from https://www.ellenmacarthurfoundation.org/assets/downloads/Schools-Colleges-WLL-Lesson-Plan-2-V2.pdf

Erickson, H. (1995). *Stirring the head, heart, and soul.* Thousand Oaks, CA: Corwin.

Erickson, H. (2007). *Concept-based curriculum and instruction for the thinking classroom.* Thousand Oaks, CA: Corwin.

Erickson, H., & Lanning, L. (2014). *Transitioning to concept-based curriculum and instruction.* Thousand Oaks, CA: Corwin.

Erickson, H., Lanning, L., & French, R. (2017) *Concept-based curriculum and instruction for the thinking classroom.* Thousand Oaks, CA: Corwin.

Fisher, D., & Frey, N. (2014). *Checking for Understanding.* Alexandria, VA: ASCD.

Flavell, J., Miller, P., & Miller, S. (2002). *Cognitive development.* Upper Saddle River, NJ: Prentice Hall.

Gabora, L., Rosch, E., & Aerts, D. (2008). Toward an ecological theory of concepts. *Ecological Psychology, 20*(1), 84–116. http://dx.doi.org/10.1080/10407410701766676

Gagné, R. (1965). The learning of concepts. *The School Review, 73*(3), 187–196. http://dx.doi.org/10.1086/442739

Geertsen, H. (2003). Rethinking thinking about higher-level thinking. *Teaching Sociology, 31*(1), 1. http://dx.doi.org/10.2307/3211421

Gerrig, R., & Zimbardo, P. (2002). *Glossary of psychological terms. American Psychological Association.* Retrieved December 11, 2017, from http://www.apa.org/research/action/glossary.aspx

Harlen, W., & Jelly, S. (1997). *Developing primary science* (2nd revised ed.). London, UK: Longman.

Harris, T., & Hodges, R. (1995). *The literacy dictionary.* Newark, DE: International Reading Association.

Hattie, J. (2010). *Visible learning.* London, UK: Routledge.

Hattie, J., & Timperley, H. (2007). The power of feedback. *Review of Educational Research, 77*(1), 81–112. http://dx.doi.org/10.3102/003465430298487

Hawkins, D. (1974). *The informed vision.* New York, NY: Agathon Press.

Ingram, J., & Elliott, V. (2015). A critical analysis of the role of wait time in classroom interactions and the effect on student and teacher interactional behaviour. *Cambridge Journal of Education, 46*(1), 37–53.

International Baccalaureate Organization. (2009). Making the Primary Years Programme Happen. Cardiff, UK

ISTE Standards for Students. (2016). ISTE. Retrieved from https://www.iste.org/standards/for-students

Jonassen, D. (2006). On the role of concepts in learning and instructional design. *Educational Technology Research and Development, 54*(2), 177–196. http://dx.doi.org/10.1007/s11423-006-8253-9

Juliani, A. (2014). *Inquiry and innovation in the classroom.* New York: Routledge.

Kaplan, A. (2008). Clarifying metacognition, self-regulation, and self-regulated learning: What's the purpose? *Educational Psychology Review, 20*(4), 477–484. http://dx.doi.org/10.1007/s10648-008-9087-2

Keil, F. (1992). *Concepts, kinds, and cognitive development.* Cambridge, MA: MIT Press.

Kirschner, P., Sweller, J., & Clark, R. (2006). Why minimal guidance during instruction does not work: An analysis of the failure of constructivist, discovery, problem-based, experiential, and inquiry-based teaching. *Educational Psychologist, 41*(2), 75–86. http://dx.doi.org/10.1207/s15326985ep4102_1

Klassen, R. (2002). A question of calibration: A review of the self-efficacy beliefs of students with learning disabilities. *Learning Disability Quarterly, 25*(2), 88–102. http://dx.doi.org/10.2307/1511276

Lan, W., Repman, J., & Chyung, S. (1998). Effects of practicing self-monitoring of mathematical problem-solving heuristics on impulsive and reflective college students' heuristics knowledge and problem-solving ability. *The Journal of Experimental Education, 67*(1), 32–52. http://dx.doi.org/10.1080/00220979809598343

Lanning, L. (2012). *Designing a concept-based curriculum for English language arts.* Thousand Oaks, CA: Sage.

Larkin, S. (2014). *Metacognition in young children.* Johanneshov: MTM.

Lindfors, J. (1999). *Children's inquiry.* New York, NY: Teachers College, Columbia University.

Lynch, S., & Warner, L. (2008). Creating lesson plans for all learners. *Kappa Delta Pi Record, 45*(1), 10–15. http://dx.doi.org/10.1080/00228958.2008.10516525

Margulies, N., & Valenza, C. (2005). *Visual thinking: Tools for mapping your ideas.* Bethel, CT: Crown House Publishing.

Markle, S., & Tiemann, P. (1970). "Behavioral" analysis of "cognitive" content. *Educational Technology, 10*, 41–45.

Markman, E. (1991). *Categorization and naming in children*. Cambridge, MA: MIT Press.

Marks Krpan, C. (2017). *Teaching math with meaning: Cultivating self-efficacy through learning competencies*. Toronto, ON: Pearson Education Canada.

Martin-Hansen, L. (2002). Defining inquiry. *The Science Teacher, 69*(2), 34–37.

Mayer, R. (2011). *Applying the science of learning*. Boston, MA: Pearson/Allyn & Bacon.

Medina, J. (2014). *Brain Rules*. Seattle, WA: Pear Press.

Merkt, M., Weigand, S., Heier, A., & Schwan, S. (2011). Learning with videos vs. learning with print: The role of interactive features. *Learning and Instruction*. http://dx.doi.org/10.1016/j.learninstruc.2011.03.004

Moline, S. (2012). *I see what you mean*. Portland, ME: Stenhouse Publishers.

Mother tongue matters: Local language as a key to effective learning. (2008). Paris, France: UNESCO.

Murdoch, K. (1998). *Classroom connections*. Armadale, Victoria, Australia: Eleanor Curtain Pub.

National Research Council. (2000). *Inquiry and the National Science Education Standards: A Guide for Teaching and Learning*. Washington, DC: The National Academies Press. https://doi.org/10.17226/9596

National Science Teachers Association. (2008). *Live animals and dissection: An NSTA position statement. National Science Teachers Association*. Retrieved from http://www.nsta.org/about/positions/animals.aspx

Ness, M., & Kenny, M. (2015). Improving the quality of think-alouds. *The Reading Teacher, 69*(4), 453–460. http://dx.doi.org/10.1002/trtr.1397

Novak, J. (2002). Meaningful learning: The essential factor for conceptual change in limited or inappropriate propositional hierarchies leading to empowerment of learners. *Science Education, 86*(4), 548–571. http://dx.doi.org/10.1002/sce.10032

Novak, J. (2012). *Learning, creating, and using knowledge*. New York, NY: Routledge.

Olson, S., & Loucks-Horsley, S. (2000). *Inquiry and the National Science Education Standards*. Washington, DC: National Academies Press.

Perkins, D.N., & Salomon, G. (1992). Transfer of learning. International Encyclopedia of Education, Second Edition. Oxford, England: Pergamon Press. Retrieved April 13, 2018, from https://www.researchgate.net/file.PostFileLoader.html?id=539ccac5d039b1b6438b460b&assetKey=AS% 3A273546285125640%401442229925004

Piaget, J. (1950). *The Psychology of Intelligence* (1st ed.). London, UK: Routledge.

Piaget, J., & Cook, M. (1952). *The origins of intelligence in children*. New York, NY: International University Press.

Porter-O'Donnell, C. (2004). Beyond the yellow highlighter: Teaching annotation skills to improve reading comprehension. *The English Journal, 93*(5), 82–89.

Ramdass, D., & Zimmerman, B. (2008). Effects of self-correction strategy training on middle school students' self-efficacy, self-evaluation, and mathematics division learning. *Journal of Advanced Academics, 20*(1), 18–41. http://dx.doi.org/10.4219/jaa-2008-869

Rawson, K., Thomas, R., & Jacoby, L. (2015). The power of examples: Illustrative examples enhance conceptual learning of declarative concepts. *Educational Psychology Review, 27*(3), 483–504. http://dx.doi.org/10.1007/s10648-014-9273-3

Resnick, L. (1995). From aptitude to effort: A new foundation for our schools. *Daedalus, 124*(4), 55–62.

Rosch, E. (1999). What are concepts? *Contemporary Psychology, 44*(5), 416–417. http://dx.doi.org/10.1037/002085

Ross, B., & Spaulding, T. (1994). Concepts and categories. In R. Sternberg (Ed.), *Thinking and problem solving* (pp. 119–148). New York, NY: Academic Press.

Sackes, M., Trundle, K., & Flevares, L. (2009). Using children's literature to teach standard-based science concepts in early years. *Early Childhood Education Journal*, *36*(5), 415–422. http://dx .doi.org/10.1007/s10643-009-0304-5

Salomon, G., & Perkins, D. (1989). Rocky roads to transfer: Rethinking mechanism of a neglected phenomenon. *Educational Psychologist*, *24*(2), 113–142. http://dx.doi.org/10.1207/ s15326985ep2402_1

Salomon, G., & Perkins, D. (1998). Individual and social aspects of learning. *Review of Research in Education*, *23*, 1. http://dx.doi.org/10.2307/1167286

Savitch, W. (1984). *Pascal, an introduction to the art and science of programming*. Redwood City, CA: Benjamin/Cummings Pub. Co.

Schwan, S., & Riempp, R. (2004). The cognitive benefits of interactive videos: Learning to tie nautical knots. *Learning and Instruction*, *14*(3), 293–305. http://dx.doi.org/10.1016/j.learnin struc.2004.06.005

Seixas, P., & Morton, T. (2012). *The big six historical thinking concepts*. Canada: Nelson Canada.

Shelley, A., & Thomas, P. (1996). Using metacognitive strategies to enhance learning in the English classroom. *The New England Reading Association Journal*, (32), 3–6.

Short, K. (2009). Inquiry as a stance on curriculum. In S. Davidson & S. Carber, *Taking the PYP forward* (pp. 11–26). Woodbridge, UK: John Catt Educational.

Stanford University. (2013). *Principles for ELL Instruction. Stanford University: Understanding Language*. Retrieved from http://ell.stanford.edu/content/principles-ell-instruction-january-2013

Suchman, J. (1965). The motivation to inquire. *The Instructor*, October, 26–28.

Suchman, J. (1966). A model for the analysis of inquiry in *Analysis of Concept Learning*, Herbert J. Klausmeier and Chester W. Harris (eds.). New York, NY: Academic Press.

Swartz, R., & Parks, S. (1994). *Infusing the teaching of critical and creative thinking in elementary grades*. Pacific Grove, CA: Critical Thinking Press and Software.

Taba, H. (1965). The teaching of thinking. *Elementary English*, *42*(5), 534–542.

Tsamir, P., Tirosh, D., & Levenson, E. (2008). Intuitive nonexamples: The case of triangles. *Educational Studies in Mathematics, 69*(2), 81–95.

United Nations Sustainable Development Goals, Goal #14: Life Under Water. (2015). Retrieved from http://www.undp.org/content/undp/en/home/sustainable-development-goals/goal-14-life-below-water.html

Vygotsky, L. (2004). Imagination and creativity in childhood. *Journal of Russian and East European Psychology*, *42*(1), 7–97.

Wadsworth, B. (2004). *Piaget's theory of cognitive and affective development*. New York, NY: Pearson.

Wang, J., & Lin, S. (2008). Examining reflective thinking: A study of changes in methods students' conceptions and understandings of inquiry teaching. *International Journal of Science and Mathematics Education*, *6*(3), 459–479. http://dx.doi.org/10.1007/s10763-007-9085-8

Wiggins, A. (2017). *The best class you never taught*. Alexandria, VA: ASCD.

Wiggins, G. (1990). *The case for authentic assessment*. Washington, DC: U.S. Department of Education, Office of Educational Research and Improvement, Educational Resources Information Center.

Wiggins, G., & McTighe, J. (2008). *Understanding by design*. Alexandria, VA: ASCD.

Wilkerson-Jerde, M., Gravel, B., & Macrander, C. (2015). Exploring shifts in middle school learners' modeling activity while generating drawings, animations, and computational simulations of molecular diffusion. *Journal of Science Education and Technology*, *24*(2–3), 396–415. http:// dx.doi.org/10.1007/s10956-014-9497-5

Zywica, J., & Gomez, K. (2008). Annotating to support learning in the content areas: Teaching and learning science. *Journal of Adolescent & Adult Literacy*, *52*(2), 155–165. http://dx.doi .org/10.1598/jaal.52.2.6

國家圖書館出版品預行編目（CIP）資料

概念為本的探究實作：促進理解與遷移的策略寶庫 / 卡拉·馬修（Carla Marschall），
瑞秋·法蘭奇（Rachel French）著 ; 劉恆昌, 李壹明譯. -- 初版. --
新北市：心理出版社股份有限公司, 2021.11
　面；　公分. --（課程教學系列；41338）
譯自：Concept-based inquiry in action: strategies to promote transferable
understanding.
　ISBN 978-986-0744-32-3（平裝）

1. 教學研究　2. 教學設計　3. 教學法

521.4　　　　　　　　　　　　　　　　　　　　　　　110015522

課程教學系列 41338

概念為本的探究實作：促進理解與遷移的策略寶庫

作　　者：卡拉·馬修（Carla Marschall）、瑞秋·法蘭奇（Rachel French）
譯　　者：劉恆昌、李壹明
執行編輯：陳文玲
總 編 輯：林敬堯
發 行 人：洪有義
出 版 者：心理出版社股份有限公司
地　　址：231026 新北市新店區光明街 288 號 7 樓
電　　話：(02) 29150566
傳　　真：(02) 29152928
郵撥帳號：19293172 心理出版社股份有限公司
網　　址：https://www.psy.com.tw
電子信箱：psychoco@ms15.hinet.net
排 版 者：菩薩蠻數位文化有限公司
印 刷 者：辰皓國際出版製作有限公司
初版一刷：2021 年 11 月
初版三刷：2024 年 5 月
I S B N：978-986-0744-32-3
定　　價：新台幣 450 元